国家社科基金重点项目"人工智能技术背景下加快国际传……
（项目号：22AZD072）支持成果

2022

中国海外网络

传播力建设报告

THE REPORT OF CHINESE OVERSEAS NETWORK
COMMUNICATION IN 2022

张洪忠　方增泉　周　敏 ◎ 编著

联合发布方
北京师范大学新媒体传播研究中心
中国日报网、光明网
北京师范大学教育新闻与传媒研究中心
北京师范大学新闻传播学院国际传播策略与效果评估研究中心

经济管理出版社
ECONOMY & MANAGEMENT PUBLISHING HOUSE

图书在版编目（CIP）数据

2022 中国海外网络传播力建设报告/张洪忠，方增泉，周敏编著．—北京：经济管理出版社，2023.7
ISBN 978-7-5096-9121-2

Ⅰ．①2… Ⅱ．①张… ②方… ③周… Ⅲ．①网络传播—研究报告—中国—2022 Ⅳ．①G206.2

中国国家版本馆 CIP 数据核字（2023）第 118831 号

组稿编辑：杜　菲
责任编辑：杜　菲
责任印制：许　艳
责任校对：陈　颖

出版发行：经济管理出版社
　　　　　（北京市海淀区北蜂窝 8 号中雅大厦 A 座 11 层　100038）
网　　　址：www.E-mp.com.cn
电　　　话：（010）51915602
印　　　刷：唐山玺诚印务有限公司
经　　　销：新华书店
开　　　本：787mm×1092mm/16
印　　　张：16.25
字　　　数：385 千字
版　　　次：2023 年 7 月第 1 版　　2023 年 7 月第 1 次印刷
书　　　号：ISBN 978-7-5096-9121-2
定　　　价：98.00 元

课题组成员

总负责人：张洪忠　方增泉　周　敏

课题组参与人员：
《**2022 中国大学海外网络传播力建设报告**》
课题组成员：祁雪晶　姚俊臣　张亦心　蒋宇楼
　　　　　　贾　红　何欣雨　孙诗涵
数据处理：苏世兰

《**2022 中央企业海外网络传播力建设报告**》
课题组成员：林　润　朱　玲　刘山山　陈　齐
　　　　　　叶语欣　王紫涵
数据处理：苏世兰

《**2022 中国城市海外网络传播力建设报告**》
课题组成员：夏以柠　王　璐　温烨宁　陈思羽
　　　　　　张　婷　曾雨欣　乔　彬
数据处理：苏世兰

联合发布方：
北京师范大学新媒体传播研究中心
中国日报网
光明网
北京师范大学教育新闻与传媒研究中心
北京师范大学新闻传播学院国际传播策略与效果评估研究中心

序

　　北京师范大学新闻传播学院团队从2014年开始发布大学海外网络传播力报告，《光明日报》在"教育数据"版做了摘选刊发，2015年也做了摘选报道，这对团队既是一种鼓励，更是一种鞭策。连续9年开展这项工作，我们一直试图探索一个具有可行性与科学性的模型，并跟进互联网演进要求，模型既要具有一定稳定性，又具有一定可拓展性。

　　互联网是人类最大的一条信息沟通渠道，互联网像现实社会一样构成多样，有Google、Bing等搜索平台，有Facebook、Twitter、Youtube等头部的社交媒体平台，有新兴的TikTok等短视频平台，有私密性较高的Telegram等平台，还有更多的中小用户规模平台，以及细分化用户的各类平台，更有不同语言的异构网络空间等。要评估我国大学、城市、中央企业的海外网络传播力效果难度很大，也不可能有完美的评估模型，不同的评估模型会有不同的侧重点。9年时间也是团队对海外网络传播力评估模型不断理解与修订的过程。

　　对"海外网络传播力"理解分为在场、关注、承认、认同四个层次。2022年的考察指标权重也从第一个层次的"在场"向第二层次和第三层次转向，不仅仅是考察主体有多少海外社交媒体账号、发了多少内容，更需要考察引起什么话题，得到多少关注与评价甚至得到多少承认。由于互联网空间的多样性，不可能对所有平台或者所有数据进行采集，团队主要选择了头部互联网平台开展测量。同样，因为语言不同而存在互联网异构空间，不同语言的互联网空间会呈现不同的景观，对多种语言的数据采集与处理也是有难度的，研究团队选择互联网空间使用量最大的英语开展测量。

　　9年来，我们坚定恪守学术原则，保持中立态度，团队核心成员在项目开展期间不和考评方接触，完全是背靠背的分析，使用自有课题经费来开展工作。海外网络传播力项目也成为北京师范大学新闻传播学院的一项常规科研工作。2022年的海外网络传播力建设报告与往年流程基本一样，有10位研究生一年级同学作为核心成员参与，另外还有一二十位本科生和研究生参与具体数据采集、标注等辅助工作，张洪忠、方增泉、周敏三位老师设计分析框架和把握项目进度，并和苏世兰博士一起设计指标体系权重等。该项目也成为训练研究生一年级同学数据挖掘和分析能力的手段之一。

项目在每年的 10 月正式启动，年底发布报告，会邀请相关专家学者参与，并对当期报告提出很多完善意见。特别感谢 9 年来参与报告发布会的各位专家学者的支持和建议。发布会后，我们就集结成书交给出版社，来年出版，并举办一次国际传播的研讨会。

张洪忠

北京师范大学新闻传播学院　教授

北京师范大学新媒体传播研究中心主任

目　录

第一章　2022中国大学海外网络传播力建设报告

摘　要

党的二十大报告指出，要加快构建中国话语和中国叙事体系，讲好中国故事、传播好中国声音，展现可信、可爱、可敬的中国形象。中国大学既是中国形象国际传播的重要主体，也是中国形象对外展示的有机组成部分。本报告选取了141所中国内地大学（涵盖全部"双一流"大学和原"211工程"大学）、41所中国港澳台大学作为研究对象，并以4所日韩大学、4所美国大学为参照分析，从 Google、Wikipedia、Twitter、Facebook、Instagram、YouTube 6个平台采集数据进行分析。

2022年中国大学的海外网络传播力综合指数排名靠前的依次是清华大学、北京大学、香港大学、香港中文大学、香港理工大学、台湾大学、浙江大学、上海交通大学、成功大学（台湾）和复旦大学。

2022年中国内地大学的海外网络传播力综合指数排名靠前的依次是清华大学、北京大学、浙江大学、上海交通大学、复旦大学、中国美术学院、南京大学、北京外国语大学、山东大学和上海大学。

研究发现，2022年中国大学海外网络传播力具有以下8个特征：

（1）2022年中国大学海外网络传播力，内地大学与港澳台大学均有不俗表现。在指数排名靠前的20所大学中，内地有8所大学入围，香港有5所大学入围，澳门有1所大学入围，台湾有6所大学入围。

（2）内地大学海外网络传播力综合指数基本呈正态分布，清华大学和北京大学头部效应优势进一步凸显。内地141所高校的综合指数平均分为13.31，共有41所大学超过平均值。综合指数在30以上的有7所，占比4.96%，其中清华大学为100，北京大学为94.36，在内地大学中遥遥领先；综合指数在10~30的有78所，占比55.32%；综合指数在10以下的有56所，占比39.72%。

（3）中国大学海外网络传播力建设不断加强，社交平台活跃度显著提升。在 Facebook 平台上，2022年中国大学账号平均好友数量为62473，比上年的48460增长了28.92%。在 Twitter 平台上，各大学粉丝数量均有不同程度的上涨，重庆大学粉丝量增长了1513%，北京大学粉丝量增长了113%，浙江大学粉丝量增长了85%，表现尤为亮眼。在 Instagram 平台上，中国大学账号单条视频信息最高播放量为北京大学的477000次，远高于上年的 241000 次。中国大学账号单条视频信息平均最高点击量为 6783 次，较上年增长了 77.43%。

（4）中国大学各社交平台建设用力不均，内地大学在 Facebook、Twitter 平台较为活跃，而在 Instagram 和 YouTube 2 个主要以图片和视频为载体的社交媒体平台建设力度相对较弱。通过比较内地大学与港澳台大学在 Facebook、Twitter、YouTube、Instagram 4 个海外社交平台上的传播力指数差异发现，首先是内地大学在 Twitter 平台的传播力最高，其次是 Facebook 平台，而在 Instagram 平台和 YouTube 平台上传播力指数大幅落后于港澳台大学。内地大学下一步应当完善社交平台建设，重视图片与视频等新传播形式的运用，以顺应视觉化传播的趋势，在巩固 Twitter 和 Facebook 平台的既有优势的基础上，优化 Instagram 和 YouTube 平台建设。

（5）中国头部大学平台建设已超过日韩参照大学，但与美国参照大学相比仍有一定差距。研究比较五年来各地区首位大学的海外网络传播力指数，发现内地得分第 1 的大学已经明显超过港澳台大学得分第 1 以及日韩参照大学得分第 1。与美国参照大学得分第 1 名比较，内地大学仍有一定的差距，尤其在社交平台的关注度与讨论度上欠缺不小，但在平台自身建设方面，内地头部的清华大学、北京大学已经逐渐赶上，差距正在显著缩小。

（6）学术成果和传统文化成为内地各个大学海外传播的突出亮点。在 Google 平台上，学术成果是国际媒体报道、关注与评价大学的重要议题。在 Facebook 平台上，内地各大学利用图片、视频等形式发布校内师生学术研究、科技成果、竞赛成绩的相关信息，向世界展示了中国大学的科研与学术水平。传统文化也是内地各大学展示自身特色，弘扬中华文化的重要发布内容，其点赞量（或转发量）与评论量明显优于其他主题，中国美术学院在 Instagram 平台上利用学科优势，致力于弘扬包括书法、国画、丝织品、剪纸在内的中华优秀传统文化，将发布内容融入中国传统文化的视觉符号，打造中国名片，讲好中国故事，弘扬中国精神。

（7）国际化议题和海外文化符号助力中国大学海外社交媒体平台传播声量增长。为了适应海外传播需要，中国大学在社交平台发布了众多具有全球性、公共性审美意趣的图片与视频。在所配的文案上不是简单将中文译成外文，而是用外国人能够理解的方式传播我们的思想与内容。此外，通过将海外元素引入传播内容，中国大学的社交平台建设直达国际用户。例如，北京大学在国际文化节期间，通过不同国家与民族学生的自白、合照与视频展现兼容并包的校园文化，也为不同国家的师生抒发情感提供意义空间，有效提升了对外话语的适切性与感召力。

（8）内地大学整体互动性有待提高，大学间互动、平台间联动成为发挥集群优势的新方式。数据显示，内地大学的平台点击量、点赞量、转发量与评论量总体不高，相较于港澳台大学有一定差距。为了解决互动意识薄弱、互动形式单一、用户回应缺乏等问题，各大学可以从提高用户触达率和提高内容感召力等方面优化整改。例如，从内容上，可以积极转发其他兄弟高校或平台博主的优质内容、与其他大学积极互动，采取有奖问答、公开征集、趣味抽奖等方式吸引用户参与互动，扩大账号影响力。

一、背景

党的二十大报告强调，要增强中华文明传播力影响力。坚守中华文化立场，提炼展示中华文明的精神标识和文化精髓，加快构建中国话语和中国叙事体系，讲好中国故事、传播好中国声音，展现可信、可爱、可敬的中国形象。加强国际传播能力建设，全面提升国际传播效能，形成同我国综合国力和国际地位相匹配的国际话语权。中国大学既是中国形象国际传播的重要载体，也是中国形象对外展示的有机组成部分。

大学的海外传播力是大学在国际上受关注的程度，反映着大学品牌的国际影响力和国际知名度。同时，海外网络平台已经成为我国大学提高海外传播力的重要渠道，助力中国大学在国际社会中展示中国形象。为了更科学、准确地评价中国大学的海外传播力建设状况，为中国大学推进国际传播提供更具针对性的参考，本报告选取 Google、Wikipedia、Twitter、Facebook、Instagram、YouTube 6 个平台作为中国大学海外网络传播力的分析维度，全面考察中国大学的海外传播力建设现状。

本报告认为传播力分为三个层次：第一个层次是"在场"，衡量标准是一个国家在互联网场域中的出现频率，操作化定义是提及率；第二个层次是"评价"，即"在场"内容是否引起评价以及评价的正面或负面效果；第三个层次是"承认"，即互联网世界对一个国家传播内容的价值认可程度。在多元文化背景下的海外传播环境中，"在场"是基础，只有具备"在场"的前提，才可能有后面的层次。而"评价"则是重点，直接影响着大学代表的形象。因此，本报告从第一层次的"在场"维度和第二层次的"评价"维度来考察中国大学在海外的传播力指数。

在研究设计中，本报告选取 141 所中国内地大学、41 所港澳台大学作为研究样本，并选择 8 所国外大学作为参照，通过抓取国际搜索网站和大型社交平台数据，设定具体的维度和指标进行比对分析，以期了解中国大学的海外网络传播力现状，以提高中国大学海外传播能力，完善中国海外网络传播体系建设，进而提升中国整体的国际传播实力。

二、方法

（一）平台介绍

为了更科学、准确地评价中国大学传播力建设的状况，为中国大学海外影响力提升以及为中国国际传播新格局建设提供更具针对性的参考，本报告选取 Google、Wikipedia、Twitter、Facebook、Instagram、YouTube 6 个平台作为中国大学海外网络传播力的考察维度，以量化研究中国大学的海外传播力现状。

Google 是全球最大的搜索引擎，提供 30 多种语言服务，在全球搜索引擎平台中占据主导地位。同时也是世界范围内英文新闻最大的集合渠道之一，涵盖全球主流媒体新闻报道。因此，以 Google 为平台分析中国大学海外报道的新闻内容和报道数量。

Wikipedia 不仅是基于多种语言写成的网络百科全书，而且是一个动态的、可自由访问与编辑的全球知识体，拥有广泛的用户群体。Wikipedia 上英文词条完整性能够在一定程度上反映中国大学面向全球编辑和完善英文媒体资料的主动性和积极性。

Twitter 是极富典型性和代表性的全球性社交媒体平台，话题讨论多样，参与群体多元，于 2022 年被埃隆·马斯克收购。Twitter 每月有 4.36 亿活跃用户，受众分布在世界多地。Twitter 为受众提供一个公共讨论平台，不同地理空间的信息都可以通过社交网络传播扩散，有着很强的国际影响力。对 Twitter 中的中国大学自身建设和全平台传播数据进行统计，可在一定程度上反映中国大学在海外普通用户群体中传播的深度与广度。

Facebook 是以"熟人"社交模式主打的社交媒体平台，用户可以利用该平台发布各类内容，与拥有共同兴趣的好友交流讨论观点、分享网络信息。根据 Locowise2022 年 1 月的报告，Facebook 的月活跃用户数为 29.12 亿，是全球最活跃的社交媒体平台。截至 2022 年 1 月，Facebook 的月活跃用户约占全球人口的 36.8%。由于 Facebook 仅限 13 岁以上人群使用，所以在满足年龄要求的人群中，有 47.1% 的人已经成为 Facebook 的用户。此外，在 Facebook 所有的月活跃用户中，66%（19.29 亿）的人每天都会登录该平台。

Instagram 于 2010 年 10 月推出，不同于传统社交媒体，它更专注于图片分享，主推图片社交，深受年轻人欢迎。自问世以来其用户数量一直保持高速增长，每月有超过 10 亿人次使用 Instagram，其在海外青年群体中影响力较强。Simon Kemp 的报告显示，在年轻的用户中 Instagram 的优势则更加明显。在 16~24 岁的互联网用户中，有 48.4% 的人将 Instagram 选为自己最喜欢的社交平台。因而，Instagram 也是中国大学海外传播的重要渠道。

YouTube 是海外主要视频网站，用户可在平台内自主上传和浏览全球范围的视频内容。应用程序 Annie 的数据显示，YouTube 用户平均每月在线时间长达 23.7 小时，是用户平均使用时间最长的平台。根据 Locowise2022 年 7 月的报告显示，YouTube 吸引了 24.76 亿用户，是全球规模最大和最有影响力的视频网站，深受不同群体用户青睐。在 YouTube 平台上进行视频传播可以做到快速、大范围扩散，吸引不同国家用户成为国内大学粉丝。

（二）指标

本研究采用专家法设立指标和权重。

研究择取 Google、Wikipedia、Twitter、Facebook、Instagram、YouTube 6 个平台作为考

察维度。各维度下设具体指标，各指标以不同权重参与维度评估，各维度以不同指标共同参与中国大学与参照大学海外网络传播力评估。6个维度共有二级指标30个，逐一赋予权重进行量化统计和分析，得出182所中国大学海外网络传播力指数。

与2021年中国大学的海外网络传播力指标体系相比，本报告将往年Twitter平台"他建数据"指标细化为一年内正向转发总量、一年内正向评论总数、正向传播量3个指标。Facebook平台的"他建数据"指标同样细化为一年内正向评论总量、一年内正向点赞总量、正向传播量3个指标，并采用专家法对指标体系进行调整。正如上文提及，"网络传播力"可分为"在场"、"评价"和"承认"三个层次。新增的各二级维度，即是从"评价"维度全面考察中国大学在互联网英文世界中的传播力。本报告主要是借助大数据挖掘分析法，使用Python爬虫程序，以大学英文全称为关键词，检索、收集Twitter平台和Facebook平台相关数据，并对获取的信息进行正负面判断，最终得到各大学的正向传播量数据。

表1-1　中国大学海外网络传播力指标维度及权重　　　　　单位：%

指标维度				
维度		指标	权重	
Google		正向新闻数量	25	25
Wikipedia		词条完整性	2	8
		一年内词条被编辑的次数	2	
		一年内参与词条编辑的用户数	2	
		链接情况（What Links Here）	2	
Twitter	自有账号建设	是否有官方认证账号	1	16
		粉丝数量	1	
		一年内发布的内容数量	1	
		一年内最高转发量	1	
		一年内最高评论量	1	
	他建数据	一年内正向转发总量	3	
		一年内正向评论总数	3	
		正向传播量	5	
Facebook	自有账号建设	是否有官方认证账号	1	20
		好友数量	2	
		一年内最高点赞量	2	
		一年内最高评论量	2	
	他建数据	一年内正向评论总量	4	
		一年内正向点赞总量	4	
		正向传播量	5	

续表

指标维度			
Instagram	是否有官方认证账号	1	15
	粉丝数量	2.8	
	一年内发布的内容数量	2.8	
	一年内最多回复数量	2.8	
	一年内图文最高点赞量	2.8	
	一年内视频最高点击量	2.8	
YouTube	是否有官方认证账号	1	16
	订阅数量	5	
	一年内发布的内容数量	5	
	一年内最高点击量	5	

（三）算法

首先，数据整理。将非定量数据转化成定量数据，非定量数据所在指标分别为：Wikipedia 中的"词条完整性"。Twitter 中的"是否有官方认证账号"。Facebook 中的"是否有官方认证账号"。Instagram 中的"是否有官方认证账号"。YouTube 中的"是否有官方认证账号"等。

其次，计算各个指标的指数。

$$x_j = \frac{\sum_{i=1}^{6} \beta_i y_{ij}}{\max_j \left(\sum_{i=1}^{6} \beta_i y_{ij} \right)} \times 100$$

$x_j \in [0, 100]$：大学 j 的海外传播力综合得分。

β_i：任意一级指标的权重，$i = 1, 2, 3, 4, 5, 6$。

$y_{1j} = \frac{z_{1j}}{\max_j(z_{1j})} \times 100$：大学 j 在 Google 的网络传播力得分，其中 z_{1j} 是大学 j 在 Google 的正面数值。

$$y_{2j} = \frac{(1/\beta_2) \sum_{k=1}^{4} \alpha_{2k} \times \dfrac{z_{2j}^k}{\max_j(z_{2j}^k)} \times 100}{\max_j \left((1/\beta_2) \sum_{k=1}^{4} \alpha_{2k} \times \dfrac{z_{2j}^k}{\max_j(z_{2j}^k)} \times 100 \right)} \times 100$$：大学 j 在 Wikipedia 的网络传播力

得分，其中 z_{2j}^k 是大学 j 在 Wikipedia 任意二级指标上的数值，α_{2k} 为一级指标 Wikipedia 下任意二级指标的权重，$k = 1, 2, 3, 4$。

$$y_{3j} = \frac{(1/\beta_3) \sum\limits_{k=1}^{8} \alpha_{3k} \times \dfrac{z_{3j}^k}{\max\limits_{j}(z_{3j}^k)} \times 100}{\max\limits_{j}\left((1/\beta_3) \sum\limits_{k=1}^{8} \alpha_{3k} \times \dfrac{z_{3j}^k}{\max\limits_{j}(z_{3j}^k)} \times 100\right)} \times 100：大学 j 在 Twitter 的网络传播力得$$

分，其中 z_{3j}^k 是大学 j 在 Twitter 任意二级指标上的数值，α_{3k} 为一级指标 Twitter 下任意二级指标的权重，$k=1$，2，3，4，5，6，7，8。

$$y_{4j} = \frac{(1/\beta_4) \sum\limits_{k=1}^{7} \alpha_{4k} \times \dfrac{z_{4j}^k}{\max\limits_{j}(z_{4j}^k)} \times 100}{\max\limits_{j}\left((1/\beta_4) \sum\limits_{k=1}^{7} \alpha_{4k} \times \dfrac{z_{4j}^k}{\max\limits_{j}(z_{4j}^k)} \times 100\right)} \times 100：大学 j 在 Facebook 的网络传播力得$$

分，其中 z_{4j}^k 是大学 j 在 Facebook 任意二级指标上的数值，α_{4k} 为一级指标 Facebook 下任意二级指标的权重，$k=1$，2，3，4，5，6，7。

$$y_{5j} = \frac{(1/\beta_5) \sum\limits_{k=1}^{6} \alpha_{5k} \times \dfrac{z_{5j}^k}{\max\limits_{j}(z_{5j}^k)} \times 100}{\max\limits_{j}\left((1/\beta_5) \sum\limits_{k=1}^{6} \alpha_{5k} \times \dfrac{z_{5j}^k}{\max\limits_{j}(z_{5j}^k)} \times 100\right)} \times 100：大学 j 在 Instagram 的网络传播力得$$

分，其中 z_{5j}^k 是大学 j 在 Instagram 任意二级指标上的数值，α_{5k} 为一级指标 Instagram 下任意二级指标的权重，$k=1$，2，3，4，5，6。

$$y_{6j} = \frac{(1/\beta_6) \sum\limits_{k=1}^{4} \alpha_{6k} \times \dfrac{z_{6j}^k}{\max\limits_{j}(z_{6j}^k)} \times 100}{\max\limits_{j}\left((1/\beta_6) \sum\limits_{k=1}^{4} \alpha_{6k} \times \dfrac{z_{6j}^k}{\max\limits_{j}(z_{6j}^k)} \times 100\right)} \times 100：大学 j 在 YouTube 的网络传播力得$$

分，其中 z_{6j}^k 是大学 j 在 YouTube 任意二级指标上的数值，α_{6k} 为一级指标 YouTube 下任意二级指标的权重，$k=1$，2，3，4。

（四）数据采集时间

本报告中 Google、Wikipedia、Twitter、Facebook、Instagram、YouTube 6 个维度 30 个二级指标的采集时间均为 2021 年 10 月 16 日至 2022 年 10 月 15 日，覆盖时间为一年整。

（五）研究对象

1. 中国大学

本报告选取 182 所中国大学作为研究对象，包括 141 所内地大学以及 41 所港澳台大学，试图对中国大学的海外网络传播力做全景分析。同时选择了 4 所日韩大学、4 所美国大学作为参照分析。

2017 年 9 月 21 日，教育部、财政部、国家发展改革委联合发布《关于公布世界一流大学和一流学科建设大学及建设学科名单的通知》，在既有"985 工程"、"211 工程"大学名单基础上，正式确认世界一流大学和一流学科建设大学及建设学科名单，首批"双一流"建设名单中大学共计 137 所。本报告在以往大学海外网络传播力研究的基础上，在原"211 工程"大学名单中加入新增"双一流"建设的大学，最终共计 141 所中国内地大学。这些大学建设较为成熟或发展优势突出，代表了中国内地高等教育的领先水平，对其研究能一窥中国内地大学海外网络传播力发展的前沿现状。

研究选取 41 所入选 QS 亚洲 200 强的中国港澳台大学作为探究香港、澳门、台湾三地大学网络传播力发展现状的研究样本，具体而言，香港 7 所、澳门 1 所、台湾 33 所。相比 2021 年，因阳明大学、交通大学和阳明交通大学三校合并为阳明交通大学，所以台湾大学数量减少 2 所。这 41 所大学在亚洲大学排名中均表现较好，能代表港澳台地区高等教育领先水平，选择其作为研究对象对了解中国港澳台大学海外网络传播力有重大意义。

2. 参照大学

为与亚洲其他国家大学进行海外网络传播力对比，选取入选 QS 亚洲 200 强排名、在其国家大学排名靠前的 4 所大学作为参照对象，具体是日本东京大学、日本京都大学、韩国首尔大学、韩国高丽大学。同时选取了 4 所美国大学作为参照。这 4 所大学可以代表全球高等教育的顶尖水平，选择其作为样本对于研究中国大学的海外网络传播力具有重要参考价值，包括哈佛大学、斯坦福大学、耶鲁大学、麻省理工学院。

在参照分析时，选择了海外网络传播力综合指数排名第 1 的哈佛大学作为参照分析。因为绝对数值一直处于波动状态，所以在对比参考大学进行绝对数值的分析时，采用百分比的形式，并将哈佛大学作为第 1 进行比较。

表 1-2　中国大学名单及英文名称

中文名称	英文名称	中文名称	英文名称
安徽大学	Anhui University	天津大学	Tianjin University
北京大学	Peking University	天津工业大学	Tiangong University
北京工业大学	Beijing University of Technology	天津医科大学	Tianjin Medical University
北京航空航天大学	Beihang University	天津中医药大学	Tianjin University of Traditional Chinese Medicine
北京化工大学	Beijing University of Chemical Technology	同济大学	Tongji University
北京交通大学	Beijing Jiaotong University	外交学院	China Foreign Affairs University
北京科技大学	University of Science and Technology Beijing	武汉大学	Wuhan University
北京理工大学	Beijing Institute of Technology	武汉理工大学	Wuhan University of Technology
北京林业大学	Beijing Forestry University	西安电子科技大学	Xidian University

续表

中文名称	英文名称	中文名称	英文名称
北京师范大学	Beijing Normal University	西安交通大学	Xi'an Jiaotong University
北京体育大学	Beijing Sport University	西北大学	Northwest University（China）
北京外国语大学	Beijing Foreign Studies University	西北工业大学	Northwestern Polytechnical University
北京协和医学院	Peking Union Medical College	西北农林科技大学	Northwest Agriculture and Forestry University
北京邮电大学	Beijing University of Posts and Telecommunications	西藏大学	Tibet University
北京中医药大学	Beijing University of Chinese Medicine	西南财经大学	Southwestern University of Finance and Economics
成都理工大学	Chengdu University of Technology	西南大学	Southwest University（China）
成都中医药大学	Chengdu University of TCM	西南交通大学	Southwest Jiaotong University
大连海事大学	Dalian Maritime University	西南石油大学	Southwest Petroleum University
大连理工大学	Dalian University of Technology	新疆大学	Xinjiang University
中国人民解放军海军军医大学	Naval Medical University	延边大学	Yanbian University
中国人民解放军空军军医大学	Air Force Medical University	云南大学	Yunnan University
电子科技大学	University of Electronic Science and Technology of China	长安大学	Chang'an University
东北大学	Northeastern University（China）	浙江大学	Zhejiang University
东北林业大学	Northeast Forestry University	郑州大学	Zhengzhou University
东北农业大学	Northeast Agricultural University	中国传媒大学	Communication University of China
东北师范大学	Northeast Normal University	中国地质大学（北京）	China University of Geosciences, Beijing
东华大学	Donghua University	中国地质大学（武汉）	China University of Geosciences, Wuhan
东南大学	Southeast University（China）	中国海洋大学	Ocean University of China
对外经济贸易大学	University of International Business and Economics	中国科学技术大学	University of Science and Technology of China
福州大学	Fuzhou University	中国科学院大学	University of Chinese Academy of Sciences
复旦大学	Fudan University	中国矿业大学（北京）	China University of Mining and Technology, Beijing
广西大学	Guangxi University	中国矿业大学（徐州）	China University of Mining and Technology
广州中医药大学	Guangzhou University of Chinese Medicine	中国美术学院	China Academy of Art
贵州大学	Guizhou University	中国农业大学	China Agricultural University
国防科技大学	National University of Defense Technology	中国人民大学	Renmin University of China

中文名称	英文名称	中文名称	英文名称
哈尔滨工程大学	Harbin Engineering University	中国人民公安大学	People's Public Security University of China
哈尔滨工业大学	Harbin Institute of Technology	中国石油大学（北京）	China University of Petroleum, Beijing
海南大学	Hainan University	中国石油大学（华东）	China University of Petroleum
合肥工业大学	HeFei University of Technology	中国药科大学	China Pharmaceutical University
河北工业大学	Hebei University of Technology	中国音乐学院	China Conservatory of Music
河海大学	Hohai University	中国政法大学	China University of Political Science and Law
河南大学	Henan University	中南财经政法大学	Zhongnan University of Economics and Law
湖南大学	Hunan University	中南大学	Central South University
湖南师范大学	Hunan Normal University	中山大学	Sun Yat-sen University
华北电力大学（保定）	North China Electric Power University (Baoding)	中央财经大学	Central University of Finance and Economics
华北电力大学（北京）	North China Electric Power University (Beijing)	中央美术学院	Central Academy of Fine Arts
华东理工大学	East China University of Science and Technology	中央民族大学	Minzu University of China
华东师范大学	East China Normal University	中央戏剧学院	The Central Academy of Drama
华南理工大学	South China University of Technology	中央音乐学院	Central Conservatory of Music
华南师范大学	South China Normal University	重庆大学	Chongqing University
华中科技大学	Huazhong University of Science and Technology	澳门大学＊	University of Macau
华中农业大学	Huazhong Agricultural University	大同大学＊	Tatung University
华中师范大学	Central China Normal University	东海大学＊	Tunghai University
吉林大学	Jilin University	东吴大学＊	Soochow University (Taiwan)
暨南大学	Jinan University (China)	逢甲大学＊	Feng Chia University
江南大学	Jiangnan University	辅仁大学＊	Fu Jen Catholic University
兰州大学	Lanzhou University	高雄医学大学＊	Kaohsiung Medical University
辽宁大学	Liaoning University	成功大学（台湾）＊	National Cheng Kung University
南昌大学	Nanchang University	东华大学（台湾）＊	National Dong Hwa University
南京大学	Nanjing University	高雄科技大学（台湾）＊	National Kaohsiung University of Science and Technology

续表

中文名称	英文名称	中文名称	英文名称
南京航空航天大学	Nanjing University of Aeronautics and Astronautics	暨南国际大学（台湾）＊	National Chi Nan University
南京理工大学	Nanjing University of Science and Technology	清华大学（台湾）＊	National Tsing Hua University
南京林业大学	Nanjing Forestry University	台北大学（台湾）＊	National Taipei University
南京农业大学	Nanjing Agricultural University	台北科技大学＊	National Taipei University of Technology
南京师范大学	Nanjing Normal University	台湾大学＊	National Taiwan University
南京信息工程大学	Nanjing University of Information Science & Technology	台湾海洋大学＊	National Taiwan Ocean University
南京邮电大学	Nanjing University of Posts and Telecommunications	台湾科技大学＊	National Taiwan University of Science and Technology（Taiwan Tech）
南京中医药大学	Nanjing University of Chinese Medicine	台湾师范大学＊	National Taiwan Normal University
南开大学	Nankai University	阳明交通大学（台湾）＊	National Yang Ming Chiao Tung University
内蒙古大学	Inner Mongolia University	云林科技大学（台湾）＊	National Yunlin University of Science and Technology
宁波大学	Ningbo University	彰化师范大学＊	National Changhua University of Education
宁夏大学	Ningxia University	政治大学（台湾）＊	National Chengchi University
青海大学	Qinghai University	中山大学（台湾）＊	National Sun Yat-sen University
清华大学	Tsinghua University	中兴大学（台湾）＊	National Chung Hsing University
厦门大学	Xiamen University	中央大学（台湾）＊	National Central University
山东大学	Shandong University	中正大学（台湾）＊	National Chung Cheng University
陕西师范大学	Shaanxi Normal University	岭南大学＊	Lingnan University，Hong Kong
上海财经大学	Shanghai University of Finance and Economics	台北医学大学＊	Taipei Medical University
上海大学	Shanghai University	台湾淡江大学＊	Tamkang University
上海海洋大学	Shanghai Ocean University	香港城市大学＊	City University of Hong Kong
上海交通大学	Shanghai Jiao Tong University	香港大学＊	The University of Hong Kong
上海体育学院	Shanghai University of Sport	香港浸会大学＊	Hong Kong Baptist University
上海外国语大学	Shanghai International Studies University	香港科技大学＊	The Hong Kong University of Science and Technology
上海音乐学院	Shanghai Conservatory of Music	香港理工大学＊	The Hong Kong Polytechnic University

中文名称	英文名称	中文名称	英文名称
上海中医药大学	Shanghai University of Traditional Chinese Medicine	香港中文大学*	The Chinese University of Hong Kong
石河子大学	Shihezi University	亚洲大学*	Asia University, Taiwan
首都师范大学	Capital Normal University	元智大学*	Yuan Ze University
四川大学	Sichuan University	长庚大学*	Chang Gung University
四川农业大学	Sichuan Agricultural University	中国医药大学（台湾）*	China Medical University
苏州大学	Soochow University（Suzhou）	中华大学*	Chung Hua University
太原理工大学	Taiyuan University of Technology	中原大学*	Chung Yuan Christian University

注：带*为港澳台大学，下同。

表 1-3　参照大学名单及英文名称

日韩参照大学	
中文名称	英文名称
东京大学**	The University of Tokyo
高丽大学**	Korea University
京都大学**	Kyoto University
首尔大学**	Seoul National University
美国参照大学	
中文名称	英文名称
哈佛大学**	Harvard University
斯坦福大学**	Stanford University
耶鲁大学**	Yale University
麻省理工学院**	Massachusetts Institute of Technology

注：带**为海外参照大学，下同。

三、中国大学海外网络传播力综合指数

（一）中国大学海外网络传播力综合指数分布

本报告汇集中国 182 所大学，包括 141 所内地大学，41 所港澳台大学，在 Google、Wikipedia、Twitter、Facebook、Instagram 以及 YouTube 6 个海外网络平台上的建设信息，对 6 个维度下 30 个具体指标进行统计，通过综合模型计算得出中国 182 所大学海外网络传播力相对指数总得分。

182 所中国大学海外网络传播力综合指数排名靠前的依次为清华大学、北京大学、香港大学、香港中文大学、香港理工大学、台湾大学、浙江大学、上海交通大学、成功大学（台湾）、复旦大学。其中，内地有 5 所、香港有 3 所、台湾有 2 所。

表 1-4 中国大学海外网络传播力综合指数

序号	中文名称	综合指数	序号	中文名称	综合指数
1	清华大学	100.00	30	亚洲大学（台湾）*	20.79
2	北京大学	94.36	31	中山大学	20.63
3	香港大学 *	71.73	32	阳明交通大学（台湾）*	20.61
4	香港中文大学 *	57.22	33	北京航空航天大学	18.47
5	香港理工大学 *	39.13	34	东海大学（台湾）*	18.06
6	台湾大学 *	38.73	35	东南大学	17.80
7	浙江大学	38.72	36	北京师范大学	17.51
8	上海交通大学	38.52	37	天津大学	17.51
9	成功大学（台湾）*	37.85	38	厦门大学	17.40
10	复旦大学	35.62	39	中山大学（台湾）*	17.19
11	中央大学（台湾）*	33.16	40	台北医学大学 *	17.15
12	中国美术学院	32.60	41	中国人民大学	16.82
13	香港城市大学 *	32.41	42	华南师范大学	16.33
14	香港浸会大学 *	31.89	43	上海外国语大学	16.18
15	南京大学	31.07	44	辅仁大学（台湾）*	16.13
16	台湾师范大学 *	28.36	45	武汉大学	15.91
17	澳门大学 *	27.39	46	中兴大学（台湾）*	15.57
18	中华大学（台湾）*	26.32	47	中南大学	15.48
19	北京外国语大学	25.78	48	中国传媒大学	15.46
20	政治大学（台湾）*	24.99	49	暨南大学	15.20
21	香港科技大学 *	24.98	50	中国人民解放军空军军医大学	15.17
22	岭南大学 *	24.67	51	南京航空航天大学	15.05
23	山东大学	23.25	52	中国科学技术大学	14.96
24	清华大学（台湾）*	23.23	53	南京理工大学	14.63
25	台北大学（台湾）*	23.18	54	中央美术学院	14.60
26	上海大学	23.08	55	对外经济贸易大学	14.54
27	逢甲大学（台湾）*	22.95	56	台湾科技大学 *	14.52
28	湖南师范大学	22.82	57	南开大学	14.52
29	四川大学	22.74	58	华南理工大学	14.51

续表

序号	中文名称	综合指数	序号	中文名称	综合指数
59	中正大学（台湾）*	14.46	94	北京邮电大学	11.66
60	电子科技大学	14.31	95	福州大学	11.45
61	哈尔滨工程大学	14.12	96	上海音乐学院	11.44
62	同济大学	14.02	97	西安交通大学	11.41
63	宁波大学	14.01	98	北京林业大学	11.38
64	西北工业大学	13.90	99	台湾淡江大学*	11.30
65	外交学院	13.61	100	南京信息工程大学	11.29
66	云林科技大学（台湾）*	13.58	101	元智大学（台湾）*	11.29
67	华东师范大学	13.23	102	北京工业大学	11.18
68	重庆大学	13.21	103	南昌大学	11.14
69	宁夏大学	13.12	104	石河子大学	11.03
70	首都师范大学	13.10	105	中央戏剧学院	11.01
71	内蒙古大学	13.04	106	新疆大学	11.00
72	华中科技大学	12.78	107	云南大学	10.98
73	南京农业大学	12.76	108	北京交通大学	10.78
74	华中师范大学	12.66	109	台北科技大学*	10.63
75	东华大学	12.64	110	北京体育大学	10.57
76	海南大学	12.62	111	长庚大学（台湾）*	10.53
77	北京协和医学院	12.61	112	南京师范大学	10.48
78	中国科学院大学	12.53	113	中原大学（台湾）*	10.42
79	中国农业大学	12.47	114	西南石油大学	10.40
80	东华大学（台湾）*	12.39	115	苏州大学	10.37
81	北京科技大学	12.38	116	中央音乐学院	10.29
82	湖南大学	12.33	117	西北大学	10.19
83	高雄科技大学*	12.16	118	西藏大学	10.18
84	西南交通大学	12.06	119	华中农业大学	10.09
85	辽宁大学	12.05	120	天津医科大学	10.04
86	郑州大学	11.96	121	河南大学	9.98
87	国防科技大学	11.81	122	中国政法大学	9.95
88	台湾海洋大学*	11.78	123	武汉理工大学	9.86
89	中国人民解放军海军军医大学	11.76	124	成都理工大学	9.75
90	哈尔滨工业大学	11.73	125	大连理工大学	9.68
91	兰州大学	11.69	126	东北农业大学	9.62
92	华东理工大学	11.68	127	东北师范大学	9.59
93	北京理工大学	11.66	128	东北大学	9.46

序号	中文名称	综合指数	序号	中文名称	综合指数
129	东吴大学（台湾）*	9.33	156	彰化师范大学*	7.74
130	西安电子科技大学	9.27	157	中国音乐学院	7.74
131	吉林大学	9.17	158	太原理工大学	7.72
132	大连海事大学	9.14	159	广西大学	7.70
133	暨南国际大学（台湾）*	9.14	160	北京中医药大学	7.67
134	河北工业大学	9.13	161	西南财经大学	7.58
135	中国医药大学（台湾）*	9.07	162	上海中医药大学	7.48
136	安徽大学	9.06	163	青海大学	7.47
137	南京林业大学	9.05	164	陕西师范大学	7.38
138	华北电力大学（北京）	8.85	165	江南大学	7.29
139	长安大学	8.85	166	中国石油大学（北京）	7.10
140	上海财经大学	8.84	167	北京化工大学	6.78
141	中国药科大学	8.79	168	西北农林科技大学	6.69
142	河海大学	8.70	169	中国矿业大学（徐州）	6.56
143	西南大学	8.63	170	天津中医药大学	6.50
144	上海海洋大学	8.55	171	成都中医药大学	6.48
145	中南财经政法大学	8.54	172	贵州大学	6.39
146	合肥工业大学	8.44	173	中国地质大学（武汉）	6.31
147	中国人民公安大学	8.18	174	中央民族大学	6.31
148	中国海洋大学	8.17	175	中国地质大学（北京）	6.07
149	高雄医学大学*	8.13	176	广州中医药大学	5.85
150	中央财经大学	8.09	177	延边大学	5.83
151	上海体育学院	8.05	178	南京邮电大学	5.83
152	南京中医药大学	7.89	179	中国矿业大学（北京）	5.56
153	四川农业大学	7.86	180	华北电力大学（保定）	5.35
154	东北林业大学	7.85	181	大同大学（台湾）*	5.33
155	中国石油大学（华东）	7.75	182	天津工业大学	4.27

（二）中国内地大学海外网络传播力综合指数分布

　　141 所内地大学海外网络传播力综合指数排名靠前的依次为清华大学、北京大学、浙江大学、上海交通大学、复旦大学、中国美术学院、南京大学、北京外国语大学、山东大学和上海大学。其中，京津地区 3 所、华东地区 7 所。

表 1-5　内地大学海外网络传播力综合指数

序号	中文名称	综合指数	序号	中文名称	综合指数
1	清华大学	100.00	36	同济大学	14.02
2	北京大学	94.36	37	宁波大学	14.01
3	浙江大学	38.72	38	西北工业大学	13.90
4	上海交通大学	38.52	39	外交学院	13.61
5	复旦大学	35.62	40	华东师范大学	13.23
6	中国美术学院	32.60	41	重庆大学	13.21
7	南京大学	31.07	42	宁夏大学	13.12
8	北京外国语大学	25.78	43	首都师范大学	13.10
9	山东大学	23.25	44	内蒙古大学	13.04
10	上海大学	23.08	45	华中科技大学	12.78
11	湖南师范大学	22.82	46	南京农业大学	12.76
12	四川大学	22.74	47	华中师范大学	12.66
13	中山大学	20.63	48	东华大学	12.64
14	北京航空航天大学	18.47	49	海南大学	12.62
15	东南大学	17.80	50	北京协和医学院	12.61
16	北京师范大学	17.51	51	中国科学院大学	12.53
17	天津大学	17.51	52	中国农业大学	12.47
18	厦门大学	17.40	53	北京科技大学	12.38
19	中国人民大学	16.82	54	湖南大学	12.33
20	华南师范大学	16.33	55	西南交通大学	12.06
21	上海外国语大学	16.18	56	辽宁大学	12.05
22	武汉大学	15.91	57	郑州大学	11.96
23	中南大学	15.48	58	国防科技大学	11.81
24	中国传媒大学	15.46	59	中国人民解放军海军军医大学	11.76
25	暨南大学	15.20	60	哈尔滨工业大学	11.73
26	中国人民解放军空军军医大学	15.17	61	兰州大学	11.69
27	南京航空航天大学	15.05	62	华东理工大学	11.68
28	中国科学技术大学	14.96	63	北京理工大学	11.66
29	南京理工大学	14.63	64	北京邮电大学	11.66
30	中央美术学院	14.60	65	福州大学	11.45
31	对外经济贸易大学	14.54	66	上海音乐学院	11.44
32	南开大学	14.52	67	西安交通大学	11.41
33	华南理工大学	14.51	68	北京林业大学	11.38
34	电子科技大学	14.31	69	南京信息工程大学	11.29
35	哈尔滨工程大学	14.12	70	北京工业大学	11.18

续表

序号	中文名称	综合指数	序号	中文名称	综合指数
71	南昌大学	11.14	107	中南财经政法大学	8.54
72	石河子大学	11.03	108	合肥工业大学	8.44
73	中央戏剧学院	11.01	109	中国人民公安大学	8.18
74	新疆大学	11.00	110	中国海洋大学	8.17
75	云南大学	10.98	111	中央财经大学	8.09
76	北京交通大学	10.78	112	上海体育学院	8.05
77	北京体育大学	10.57	113	南京中医药大学	7.89
78	南京师范大学	10.48	114	四川农业大学	7.86
79	西南石油大学	10.40	115	东北林业大学	7.85
80	苏州大学	10.37	116	中国石油大学（华东）	7.75
81	中央音乐学院	10.29	117	中国音乐学院	7.74
82	西北大学	10.19	118	太原理工大学	7.72
83	西藏大学	10.18	119	广西大学	7.70
84	华中农业大学	10.09	120	北京中医药大学	7.67
85	天津医科大学	10.04	121	西南财经大学	7.58
86	河南大学	9.98	122	上海中医药大学	7.48
87	中国政法大学	9.95	123	青海大学	7.47
88	武汉理工大学	9.86	124	陕西师范大学	7.38
89	成都理工大学	9.75	125	江南大学	7.29
90	大连理工大学	9.68	126	中国石油大学（北京）	7.10
91	东北农业大学	9.62	127	北京化工大学	6.78
92	东北师范大学	9.59	128	西北农林科技大学	6.69
93	东北大学	9.46	129	中国矿业大学（徐州）	6.56
94	西安电子科技大学	9.27	130	天津中医药大学	6.50
95	吉林大学	9.17	131	成都中医药大学	6.48
96	大连海事大学	9.14	132	贵州大学	6.39
97	河北工业大学	9.13	133	中国地质大学（武汉）	6.31
98	安徽大学	9.06	134	中央民族大学	6.31
99	南京林业大学	9.05	135	中国地质大学（北京）	6.07
100	华北电力大学（北京）	8.85	136	广州中医药大学	5.85
101	长安大学	8.85	137	延边大学	5.83
102	上海财经大学	8.84	138	南京邮电大学	5.83
103	中国药科大学	8.79	139	中国矿业大学（北京）	5.56
104	河海大学	8.70	140	华北电力大学（保定）	5.35
105	西南大学	8.63	141	天津工业大学	4.27
106	上海海洋大学	8.55			

（三）参照分析

选取内地海外网络传播力总排名第 1 位的清华大学、港澳台地区排名第 1 位的香港大学、日韩参照大学中排名第 1 的首尔大学和美国参照大学中排名第 1 的哈佛大学进行比较可以发现，中国大学传播力与日韩相比排名相当，而与美国大学相比仍存在较大差距。

将国内海外网络传播力位居榜首的清华大学与 8 所参照大学进行对比，美国 4 所参照大学在总排名上优势明显。清华大学仅在 Wikipedia 的传播力排名中位居第 1，其余指标则与美国 4 所大学均有差距。与 4 所日韩参照大学相比，清华大学在 Twitter 平台排名落后于高丽大学 1 名，在 YouTube 平台落后首尔大学 2 名，其余各项指标均领先。4 所日韩大学中，在总排名中排名最高的首尔大学位于第 5，排名最低的京都大学位于第 12，相较于上年有了较大的提升，说明各国在高校海外传播建设工作中付出了更多的努力，同时海外网络传播力的竞争日益激烈。

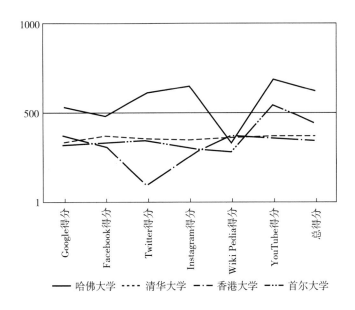

图 1-1　海外网络传播力综合指数参照分析

四、维度一：中国大学Google传播力

本报告通过在 Google 搜索引擎的新闻检索，了解中国大学在国外英文网站上新闻出现的总体数量，并分析其新闻的正向报道数量，从而整体把握中国大学在海外的受关注程

度与正向传播程度。Google 传播力采用正向新闻传播量指标进行评估。

（一）中国大学 Google 传播力指数分布

在 Google 的分类栏下，输入各大学官方英文名字（带双引号），并限定一年确定时间，检索各大学新闻数量并分析正面新闻数据情况。在正向新闻分析的过程中，共有 2 位编码员配合展开工作。通过对新闻内容进行等距抽样的信度分析，编码员的编码信度为 98.56%，信度较好。最后根据算法，得出 182 所中国大学的 Google 传播力指数。

Google 传播力指数排名靠前的中国大学依次为香港大学、清华大学、北京大学、香港中文大学、四川大学、复旦大学、台湾大学、香港城市大学、浙江大学和南京大学。香港大学居首位，其传播力指数为 100.00。

表 1-6　中国大学 Google 传播力指数

序号	中文名称	得分	序号	中文名称	得分
1	香港大学 *	100.00	25	中华大学（台湾）*	7.74
2	清华大学	63.53	26	同济大学	7.51
3	北京大学	57.58	27	成功大学（台湾）*	6.82
4	香港中文大学 *	37.48	28	华东师范大学	6.76
5	四川大学	30.39	29	北京协和医学院	6.24
6	复旦大学	30.20	30	山东大学	5.79
7	台湾大学 *	25.18	31	中国农业大学	5.71
8	香港城市大学 *	21.36	32	政治大学（台湾）*	5.69
9	浙江大学	18.14	33	中南大学	5.36
10	南京大学	16.57	34	华中科技大学	5.25
11	中国人民大学	15.59	35	天津大学	5.01
12	香港浸会大学 *	13.69	36	南开大学	4.97
13	上海交通大学	13.65	37	北京理工大学	4.95
14	中山大学	13.34	38	西安交通大学	4.81
15	中国科学技术大学	11.67	39	中国医药大学（台湾）*	4.56
16	武汉大学	10.49	40	吉林大学	4.19
17	香港科技大学 *	10.10	41	西北工业大学	3.77
18	中国科学院大学	9.78	42	兰州大学	3.64
19	北京外国语大学	9.32	43	哈尔滨工业大学	3.61
20	北京师范大学	8.85	44	对外经济贸易大学	3.44
21	香港理工大学 *	8.56	45	亚洲大学（台湾）*	3.43
22	澳门大学 *	8.27	46	阳明交通大学（台湾）*	3.39
23	厦门大学	7.91	47	台北大学（台湾）*	3.38
24	上海大学	7.85	48	贵州大学	3.32

序号	中文名称	得分	序号	中文名称	得分
49	郑州大学	2.92	84	南昌大学	1.27
50	华南理工大学	2.88	85	中山大学（台湾）＊	1.27
51	北京航空航天大学	2.81	86	长庚大学（台湾）＊	1.16
52	台北科技大学（台湾）＊	2.79	87	广西大学	1.14
53	台湾师范大学＊	2.63	88	南京航空航天大学	1.12
54	中兴大学（台湾）＊	2.62	89	华中农业大学	1.12
55	中央美术学院	2.58	90	国防科技大学	1.10
56	南京理工大学	2.38	91	北京交通大学	1.10
57	中国政法大学	2.32	92	苏州大学	1.03
58	重庆大学	2.26	93	西安电子科技大学	1.03
59	中国美术学院	2.23	94	华东理工大学	1.01
60	外交学院	2.22	95	上海中医药大学	0.96
61	清华大学（台湾）＊	2.17	96	上海音乐学院	0.95
62	台北医学大学（台湾）＊	2.14	97	高雄医学大学（台湾）＊	0.95
63	西南交通大学	2.11	98	合肥工业大学	0.94
64	河南大学	2.10	99	东华大学	0.93
65	云南大学	2.07	100	北京林业大学	0.93
66	天津医科大学	2.03	101	北京中医药大学	0.90
67	上海外国语大学	1.85	102	北京化工大学	0.90
68	南京师范大学	1.78	103	东海大学（台湾）＊	0.87
69	湖南大学	1.72	104	大连理工大学	0.86
70	中央大学（台湾）＊	1.69	105	上海体育学院	0.84
71	电子科技大学	1.68	106	华中师范大学	0.82
72	台湾淡江大学＊	1.62	107	辅仁大学（台湾）＊	0.81
73	中国海洋大学	1.57	108	中央音乐学院	0.81
74	武汉理工大学	1.50	109	中国石油大学（华东）	0.81
75	中国矿业大学（徐州）	1.50	110	中正大学（台湾）＊	0.80
76	海南大学	1.45	111	中国药科大学	0.78
77	北京科技大学	1.40	112	中国人民解放军海军军医大学	0.76
78	南京农业大学	1.38	113	江南大学	0.76
79	华南师范大学	1.36	114	北京工业大学	0.75
80	中央财经大学	1.33	115	广州中医药大学	0.75
81	上海财经大学	1.31	116	宁波大学	0.73
82	首都师范大学	1.30	117	安徽大学	0.73
83	中国传媒大学	1.29	118	北京体育大学	0.72

续表

序号	中文名称	得分	序号	中文名称	得分
119	中国地质大学（武汉）	0.69	151	石河子大学	0.32
120	东华大学（台湾）*	0.68	152	河北工业大学	0.31
121	河海大学	0.68	153	东北林业大学	0.25
122	中国地质大学（北京）	0.66	154	中国音乐学院	0.23
123	中央戏剧学院	0.64	155	西南石油大学	0.22
124	北京邮电大学	0.63	156	中国石油大学（北京）	0.22
125	中央民族大学	0.63	157	西藏大学	0.19
126	福州大学	0.62	158	东北农业大学	0.19
127	新疆大学	0.61	159	逢甲大学（台湾）*	0.18
128	南京中医药大学	0.61	160	云林科技大学（台湾）*	0.18
129	四川农业大学	0.56	161	青海大学	0.18
130	辽宁大学	0.55	162	南京邮电大学	0.18
131	上海海洋大学	0.55	163	彰化师范大学（台湾）*	0.17
132	西南财经大学	0.55	164	太原理工大学	0.17
133	岭南大学*	0.54	165	延边大学	0.17
134	天津中医药大学	0.53	166	元智大学（台湾）*	0.16
135	台湾海洋大学*	0.51	167	中国人民解放军空军军医大学	0.14
136	大连海事大学	0.50	168	中国矿业大学（北京）	0.14
137	东北师范大学	0.49	169	暨南国际大学（台湾）*	0.13
138	湖南师范大学	0.48	170	西南大学	0.12
139	宁夏大学	0.48	171	天津工业大学	0.11
140	中南财经政法大学	0.43	172	东吴大学（台湾）*	0.09
141	南京信息工程大学	0.41	173	台湾科技大学*	0.08
142	哈尔滨工程大学	0.40	174	西北大学	0.07
143	内蒙古大学	0.40	175	暨南大学	0.06
144	南京林业大学	0.40	176	东北大学	0.06
145	成都理工大学	0.37	177	中国人民公安大学	0.06
146	长安大学	0.34	178	西北农林科技大学	0.06
147	东南大学	0.33	179	成都中医药大学	0.06
148	中原大学（台湾）*	0.33	180	大同大学（台湾）*	0.06
149	陕西师范大学	0.33	181	华北电力大学（北京）	0.04
150	高雄科技大学（台湾）*	0.32	182	华北电力大学（保定）	0.02

（二）中国内地大学 Google 传播力指数分布

Google 传播力指数排名靠前的内地大学依次为清华大学、北京大学、四川大学、复旦大学、浙江大学、南京大学、中国人民大学、上海交通大学、中山大学、中国科学技术大学。其中，3 所大学位于北京、5 所大学位于华东地区、1 所大学位于华中地区、1 所大学位于华南地区。

与上年相比，四川大学跃升至排名前三，南京邮电大学、西北工业大学、河南大学、海南大学、中国矿业大学（徐州）、北京科技大学、合肥工业大学、中国地质大学（北京）排名上升显著，均上升超过 30 个名次，其中，南京邮电大学上升 72 个名次。

表 1-7　内地大学 Google 传播力指数

序号	中文名称	得分	序号	中文名称	得分
1	清华大学	63.53	29	西北工业大学	3.77
2	北京大学	57.58	30	兰州大学	3.64
3	四川大学	30.39	31	哈尔滨工业大学	3.61
4	复旦大学	30.20	32	对外经济贸易大学	3.44
5	浙江大学	18.14	33	贵州大学	3.32
6	南京大学	16.57	34	郑州大学	2.92
7	中国人民大学	15.59	35	华南理工大学	2.88
8	上海交通大学	13.65	36	北京航空航天大学	2.81
9	中山大学	13.34	37	中央美术学院	2.58
10	中国科学技术大学	11.67	38	南京理工大学	2.38
11	武汉大学	10.49	39	中国政法大学	2.32
12	中国科学院大学	9.78	40	重庆大学	2.26
13	北京外国语大学	9.32	41	中国美术学院	2.23
14	北京师范大学	8.85	42	外交学院	2.22
15	厦门大学	7.91	43	西南交通大学	2.11
16	上海大学	7.85	44	河南大学	2.10
17	同济大学	7.51	45	云南大学	2.07
18	华东师范大学	6.76	46	天津医科大学	2.03
19	北京协和医学院	6.24	47	上海外国语大学	1.85
20	山东大学	5.79	48	南京师范大学	1.78
21	中国农业大学	5.71	49	湖南大学	1.72
22	中南大学	5.36	50	电子科技大学	1.68
23	华中科技大学	5.25	51	中国海洋大学	1.57
24	天津大学	5.01	52	武汉理工大学	1.50
25	南开大学	4.97	53	中国矿业大学（徐州）	1.50
26	北京理工大学	4.95	54	海南大学	1.45
27	西安交通大学	4.81	55	北京科技大学	1.40
28	吉林大学	4.19	56	南京农业大学	1.38

序号	中文名称	得分	序号	中文名称	得分
57	华南师范大学	1.36	92	河海大学	0.68
58	中央财经大学	1.33	93	中国地质大学（北京）	0.66
59	上海财经大学	1.31	94	中央戏剧学院	0.64
60	首都师范大学	1.30	95	北京邮电大学	0.63
61	中国传媒大学	1.29	96	中央民族大学	0.63
62	南昌大学	1.27	97	福州大学	0.62
63	广西大学	1.14	98	新疆大学	0.61
64	南京航空航天大学	1.12	99	南京中医药大学	0.61
65	华中农业大学	1.12	100	四川农业大学	0.56
66	国防科技大学	1.10	101	辽宁大学	0.55
67	北京交通大学	1.10	102	上海海洋大学	0.55
68	苏州大学	1.03	103	西南财经大学	0.55
69	西安电子科技大学	1.03	104	天津中医药大学	0.53
70	华东理工大学	1.01	105	大连海事大学	0.50
71	上海中医药大学	0.96	106	东北师范大学	0.49
72	上海音乐学院	0.95	107	湖南师范大学	0.48
73	合肥工业大学	0.94	108	宁夏大学	0.48
74	东华大学	0.93	109	中南财经政法大学	0.43
75	北京林业大学	0.93	110	南京信息工程大学	0.41
76	北京中医药大学	0.90	111	哈尔滨工程大学	0.40
77	北京化工大学	0.90	112	内蒙古大学	0.40
78	大连理工大学	0.86	113	南京林业大学	0.40
79	上海体育学院	0.84	114	成都理工大学	0.37
80	华中师范大学	0.82	115	长安大学	0.34
81	中央音乐学院	0.81	116	东南大学	0.33
82	中国石油大学（华东）	0.81	117	陕西师范大学	0.33
83	中国药科大学	0.78	118	石河子大学	0.32
84	中国人民解放军海军军医大学	0.76	119	河北工业大学	0.31
85	江南大学	0.76	120	东北林业大学	0.25
86	北京工业大学	0.75	121	中国音乐学院	0.23
87	广州中医药大学	0.75	122	西南石油大学	0.22
88	宁波大学	0.73	123	中国石油大学（北京）	0.22
89	安徽大学	0.73	124	西藏大学	0.19
90	北京体育大学	0.72	125	东北农业大学	0.19
91	中国地质大学（武汉）	0.69	126	青海大学	0.18

续表

序号	中文名称	得分	序号	中文名称	得分
127	南京邮电大学	0.18	135	暨南大学	0.06
128	太原理工大学	0.17	136	东北大学	0.06
129	延边大学	0.17	137	中国人民公安大学	0.06
130	中国人民解放军空军军医大学	0.14	138	西北农林科技大学	0.06
131	中国矿业大学（北京）	0.14	139	成都中医药大学	0.06
132	西南大学	0.12	140	华北电力大学（北京）	0.04
133	天津工业大学	0.11	141	华北电力大学（保定）	0.02
134	西北大学	0.07			

（三）Google 传播力具体指标分析

Google 传播力维度下的分析指标为正向新闻传播量，权重为 25%。Google 正向新闻传播量根据 Google 搜索引擎进行新闻搜索，并对新闻内容进行正负向区分，减去负面新闻，得出正向新闻总数。

对于 Google 的正向新闻传播量，主要有以下发现：

第一，港澳台大学正向新闻平均条数大幅度高于内地大学。港澳台大学正向新闻平均数量为 707 条，内地大学正向新闻平均数量为 366 条。港澳台大学相较于内地大学，正向新闻平均量高 91 个百分点，相较于上年，内地大学与港澳台大学的差距增加。内地大学在 Google 上的正向传播能力有待进一步提升。

第二，在正向新闻数量排名前十的大学中，港澳台地区有 4 所、内地有 6 所，清华大学、北京大学分别居第 2 和第 3。相较于上年数据，排名前十的大学中，港澳台地区大学占比有所增加。

第三，从内地大学来看，排名前十的大学均为国家"世界一流大学建设高校"，清华

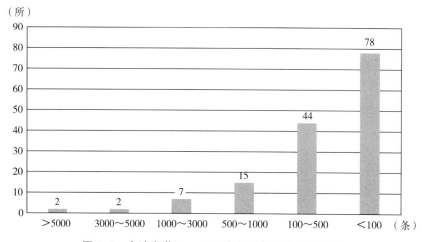

图 1-2　内地大学 Google 正向新闻数量的分布统计

大学、北京大学、四川大学正面新闻数量依次排名前三。同时，排名前十的内地大学正向新闻数量高于2000条，相较于上年，排名前十位的内地大学正面新闻数量总量有所减少。但其中北京大学、清华大学正向新闻数量均高于5000条，相较上年增长显著。

（四）参照分析

与海外参照大学相比，中国大学的 Google 传播力指数远低于 4 所美国参照大学的 Google 传播力指数。香港大学传播力指数高于 4 所日韩参照大学传播力指数。内地大学排名第 1 和第 2 的清华大学、北京大学的传播力指数高于 4 所日韩参照大学的传播力指数。

参照大学中，哈佛大学 Google 传播力指数（733.55）大幅领先于香港大学 Google 传播力指数（100.00）。而在 4 所日韩参照大学中，东京大学 Google 传播力指数最高，但低于香港大学、清华大学以及北京大学。

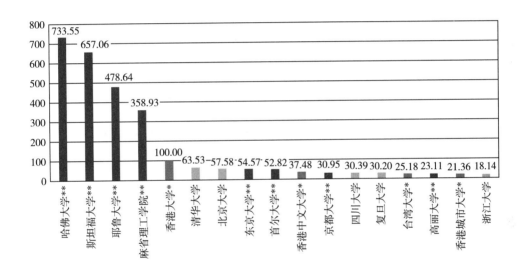

图 1-3 Google 传播力指数参照分析

（五）Google 传播力具体案例分析：南京师范大学

与上年 Google 传播力指数对比，南京师范大学在内地大学排名中上升幅度较大，由上年的 78 名上升为本年的 48 名，进步 30 个名次。南京师范大学在 2021 年 10 月 16 日至 2022 年 10 月 15 日期间共有 Google 正向新闻 182 条，相较于上年正向新闻 98 条，增幅达 85%，正向传播量大幅度提升。

从南京师范大学的正向新闻内容来看，2022 年南京师范大学的新闻报道主题主要为对世界环保研究的成果和中国传统美学研究等学术研究领域的突破。例如，多家媒体报道"中国的碳中和可以缓解全球变暖研究"、"山水画家范扬记录国家变迁"、"用纠缠的双奇异重子探测 CP 对称性和弱相"等方面的成果。

通过两年的对比发现，南京师范大学一方面在环保领域发表成果较多，多分布在碳中和、碳排放以及塑料碎片对生态系统的影响等；另一方面在中国传统美学领域成果突出，主要分布在山水画以及雕塑等艺术领域。

总体来说，2022 年南京师范大学在 Google 维度上的正向传播力的提升在一定程度上得益于大量学术成就的发表，既在自然科学领域不断突破，也在人文艺术领域，特别是涉及中国传统文化方面持续努力，在改善南京师范大学的海外传播状况方面形成强大合力。

图 1-4　南京师范大学学术成果（2022 年）

图 1-5　南京师范大学艺术成果（2022 年）

（六）Google 传播力小结

1. 学术影响力是 Google 维度大学正向传播的主要内容

在对中国大学近一年的 Google 新闻报道分析中发现，学术创新型成果、研究重大突破以及开办或参与国际性会议和论坛是中国大学在 Google 维度正向形象的主要建构要素。在 Google 新闻中，学术话题是国际媒体报道评价大学的最主要议题，也是提升 Google 维度大学正向传播能力的主要手段之一，清华大学、北京大学正向新闻数量均高于 5000 条，相较上年增长显著。学术影响力的提升，不仅在构建中国大学的正向国际形象中具有重要的作用，而且在推动大学合作发展乃至国家合作发展的方面具有深远的意义。

2. 港澳台大学正向新闻平均条数大幅度高于内地大学

数据分析发现，港澳台大学正向新闻平均数量为 707 条，内地大学正向新闻平均数量为 366 条，在整体的报道数量上，港澳台大学在一年内的平均报道数量领先于内地大学。内地大学正向传播能力有待进一步提升。从具体报道内容来看，内地大学侧重宏大、官方叙事，正面内容主要以学术成果为主，内容构成较为单一。相比之下，港澳台地区大学叙事更加全面立体，除学术成果的报道外，还较多地讨论了社会热点、校园实践以及学科建设等日常议题，这有效地丰富了大学的正面报道内容，有利于塑造立体多元的大学形象。

五、维度二：中国大学Wikipedia传播力

Wikipedia 词条完整性在一定程度上反映出中国大学面向全球范围编辑和完善媒体资料的主动性和积极性，编辑频率和链接数量体现大学与用户之间沟通交流的互动程度。

（一）中国大学 Wikipedia 传播力指数分布

Wikipedia 传播力维度分为词条完整性、词条编辑和词条链接三个部分，具体由词条完整性、一年内词条被编辑的次数，一年内参与词条编辑的用户数、链接情况四个指标组成，分别进行统计，并对各项赋予权重，通过计算得出 182 所中国大学的 Wikipedia 传播力指数。

Wikipedia 传播力指数排名靠前的中国大学分别为中山大学（台湾）、香港大学、台湾大学、台湾师范大学、香港中文大学、台湾科技大学、政治大学（台湾）、清华大学、清华大学（台湾）和中兴大学（台湾）。其中，内地大学 1 所，为清华大学，台湾大学 7 所，香港大学 2 所。中山大学（台湾）居首位，其传播力指数为 100.00。

表 1-8 中国大学 Wikipedia 传播力指数

序号	中文名称	得分	序号	中文名称	得分
1	中山大学（台湾）*	100.00	36	浙江大学	58.74
2	香港大学 *	99.23	37	北京师范大学	58.62
3	台湾大学 *	98.72	38	香港浸会大学 *	58.36
4	台湾师范大学 *	98.58	39	南京大学	58.32
5	香港中文大学 *	98.10	40	彰化师范大学 *	57.29
6	台湾科技大学 *	97.74	41	山东大学	57.00
7	政治大学（台湾）*	97.16	42	中华大学（台湾）*	54.33
8	清华大学	88.99	43	岭南大学 *	52.56
9	清华大学（台湾）*	86.81	44	上海交通大学	52.20
10	中兴大学（台湾）*	82.86	45	厦门大学	52.19
11	辅仁大学（台湾）*	81.08	46	华东理工大学	51.11
12	成功大学（台湾）*	80.11	47	同济大学	50.69
13	香港理工大学 *	79.30	48	华南理工大学	50.66
14	中央大学（台湾）*	78.99	49	西安电子科技大学	50.14
15	中正大学（台湾）*	78.20	50	武汉大学	49.62
16	北京大学	77.81	51	暨南国际大学（台湾）*	49.51
17	香港城市大学 *	76.81	52	中国科学技术大学	49.47
18	东华大学（台湾）*	73.17	53	成都理工大学	49.25
19	高雄科技大学 *	72.79	54	逢甲大学（台湾）*	49.08
20	阳明交通大学（台湾）*	68.51	55	亚洲大学（台湾）*	49.05
21	东海大学（台湾）*	67.24	56	元智大学（台湾）*	48.59
22	台北大学（台湾）*	66.82	57	哈尔滨工业大学	48.23
23	中山大学	65.33	58	东南大学	47.69
24	香港科技大学 *	65.16	59	天津大学	47.53
25	台湾海洋大学 *	64.82	60	四川大学	47.47
26	复旦大学	64.32	61	中原大学（台湾）*	47.12
27	云林科技大学（台湾）*	64.10	62	苏州大学	47.06
28	台北科技大学 *	63.68	63	西安交通大学	46.79
29	北京工业大学	63.46	64	湖南大学	45.98
30	东吴大学（台湾）*	63.08	65	西南交通大学	45.96
31	台湾淡江大学 *	62.09	66	华南师范大学	45.75
32	中国人民大学	61.20	67	中国政法大学	45.73
33	澳门大学 *	60.65	68	东北大学	45.63
34	南开大学	58.93	69	华中科技大学	45.43
35	暨南大学	58.88	70	西北工业大学	45.22

序号	中文名称	得分	序号	中文名称	得分
71	北京协和医学院	45.20	106	南京航空航天大学	41.11
72	中国科学院大学	45.03	107	上海音乐学院	41.05
73	云南大学	45.02	108	中国传媒大学	40.97
74	重庆大学	44.95	109	南京农业大学	40.92
75	北京邮电大学	44.94	110	郑州大学	40.86
76	中国医药大学（台湾）*	44.91	111	新疆大学	40.86
77	中央戏剧学院	44.70	112	中央美术学院	40.65
78	北京理工大学	44.64	113	北京科技大学	40.62
79	北京航空航天大学	44.64	114	武汉理工大学	40.62
80	河南大学	44.63	115	国防科技大学	40.49
81	上海大学	44.44	116	河海大学	40.36
82	江南大学	43.84	117	中国农业大学	40.32
83	中南大学	43.63	118	合肥工业大学	40.32
84	北京林业大学	43.41	119	西南大学	40.27
85	华东师范大学	43.26	120	南京理工大学	40.19
86	吉林大学	43.17	121	中南财经政法大学	40.18
87	湖南师范大学	43.08	122	华中师范大学	39.97
88	中国海洋大学	43.07	123	西北农林科技大学	39.95
89	北京外国语大学	43.05	124	四川农业大学	39.78
90	海南大学	43.03	125	上海海洋大学	39.70
91	中国美术学院	42.71	126	福州大学	39.66
92	南京师范大学	42.64	127	北京体育大学	39.66
93	大连理工大学	42.39	128	电子科技大学	39.65
94	台北医学大学*	42.29	129	东北师范大学	39.34
95	广西大学	42.25	130	内蒙古大学	39.16
96	高雄医学大学*	42.05	131	上海财经大学	39.10
97	北京交通大学	41.97	132	陕西师范大学	39.06
98	安徽大学	41.93	133	贵州大学	38.89
99	外交学院	41.91	134	辽宁大学	38.82
100	首都师范大学	41.83	135	华中农业大学	38.78
101	中央音乐学院	41.80	136	中国地质大学（北京）	38.63
102	河北工业大学	41.72	137	中国药科大学	38.60
103	南京林业大学	41.56	138	上海外国语大学	38.51
104	石河子大学	41.54	139	中国人民公安大学	38.51
105	南京中医药大学	41.28	140	中国音乐学院	38.48

续表

序号	中文名称	得分	序号	中文名称	得分
141	西南财经大学	38.44	162	天津工业大学	36.95
142	东华大学	38.41	163	中国矿业大学（北京）	36.95
143	长安大学	38.38	164	中央民族大学	36.87
144	宁波大学	38.35	165	北京中医药大学	36.58
145	大同大学（台湾）*	38.32	166	北京化工大学	36.24
146	西藏大学	38.30	167	天津中医药大学	36.12
147	中国人民解放军空军军医大学	38.29	168	兰州大学	36.09
148	太原理工大学	38.21	169	长庚大学（台湾）*	36.07
149	西南石油大学	38.04	170	成都中医药大学	35.77
150	哈尔滨工程大学	37.95	171	广州中医药大学	35.06
151	南京信息工程大学	37.88	172	中国石油大学（北京）	32.97
152	东北农业大学	37.80	173	对外经济贸易大学	32.80
153	中央财经大学	37.61	174	中国石油大学（华东）	32.26
154	天津医科大学	37.59	175	西北大学	32.11
155	中国人民解放军海军军医大学	37.53	176	青海大学	31.35
156	大连海事大学	37.36	177	延边大学	30.92
157	华北电力大学（北京）	37.31	178	东北林业大学	30.41
158	华北电力大学（保定）	37.31	179	上海中医药大学	29.93
159	南京邮电大学	37.30	180	中国地质大学（武汉）	28.92
160	上海体育学院	37.22	181	南昌大学	28.73
161	宁夏大学	37.00	182	中国矿业大学（徐州）	0

（二）中国内地大学 Wikipedia 传播力指数分布

Wikipedia 传播力指数排名靠前的内地大学依次为清华大学、北京大学、中山大学、复旦大学、北京工业大学、中国人民大学、南开大学、暨南大学、浙江大学和北京师范大学。其中，6 所位于华北地区、2 所位于华东地区、2 所位于华南地区。

表 1-9　内地大学 Wikipedia 传播力指数

序号	中文名称	得分	序号	中文名称	得分
1	清华大学	88.99	6	中国人民大学	61.20
2	北京大学	77.81	7	南开大学	58.93
3	中山大学	65.33	8	暨南大学	58.88
4	复旦大学	64.32	9	浙江大学	58.74
5	北京工业大学	63.46	10	北京师范大学	58.62

续表

序号	中文名称	得分	序号	中文名称	得分
11	南京大学	58.32	46	中南大学	43.63
12	山东大学	57.00	47	北京林业大学	43.41
13	上海交通大学	52.20	48	华东师范大学	43.26
14	厦门大学	52.19	49	吉林大学	43.17
15	华东理工大学	51.11	50	湖南师范大学	43.08
16	同济大学	50.69	51	中国海洋大学	43.07
17	华南理工大学	50.66	52	北京外国语大学	43.05
18	西安电子科技大学	50.14	53	海南大学	43.03
19	武汉大学	49.62	54	中国美术学院	42.71
20	中国科学技术大学	49.47	55	南京师范大学	42.64
21	成都理工大学	49.25	56	大连理工大学	42.39
22	哈尔滨工业大学	48.23	57	广西大学	42.25
23	东南大学	47.69	58	北京交通大学	41.97
24	天津大学	47.53	59	安徽大学	41.93
25	四川大学	47.47	60	外交学院	41.91
26	苏州大学	47.06	61	首都师范大学	41.83
27	西安交通大学	46.79	62	中央音乐学院	41.80
28	湖南大学	45.98	63	河北工业大学	41.72
29	西南交通大学	45.96	64	南京林业大学	41.56
30	华南师范大学	45.75	65	石河子大学	41.54
31	中国政法大学	45.73	66	南京中医药大学	41.28
32	东北大学	45.63	67	南京航空航天大学	41.11
33	华中科技大学	45.43	68	上海音乐学院	41.05
34	西北工业大学	45.22	69	中国传媒大学	40.97
35	北京协和医学院	45.20	70	南京农业大学	40.92
36	中国科学院大学	45.03	71	郑州大学	40.86
37	云南大学	45.02	72	新疆大学	40.86
38	重庆大学	44.95	73	中央美术学院	40.65
39	北京邮电大学	44.94	74	北京科技大学	40.62
40	中央戏剧学院	44.70	75	武汉理工大学	40.62
41	北京理工大学	44.64	76	国防科技大学	40.49
42	北京航空航天大学	44.64	77	河海大学	40.36
43	河南大学	44.63	78	中国农业大学	40.32
44	上海大学	44.44	79	合肥工业大学	40.32
45	江南大学	43.84	80	西南大学	40.27

序号	中文名称	得分	序号	中文名称	得分
81	南京理工大学	40.19	112	东北农业大学	37.80
82	中南财经政法大学	40.18	113	中央财经大学	37.61
83	华中师范大学	39.97	114	天津医科大学	37.59
84	西北农林科技大学	39.95	115	中国人民解放军海军军医大学	37.53
85	四川农业大学	39.78	116	大连海事大学	37.36
86	上海海洋大学	39.70	117	华北电力大学（北京）	37.31
87	福州大学	39.66	118	华北电力大学（保定）	37.31
88	北京体育大学	39.66	119	南京邮电大学	37.30
89	电子科技大学	39.65	120	上海体育学院	37.22
90	东北师范大学	39.34	121	宁夏大学	37.00
91	内蒙古大学	39.16	122	天津工业大学	36.95
92	上海财经大学	39.10	123	中国矿业大学（北京）	36.95
93	陕西师范大学	39.06	124	中央民族大学	36.87
94	贵州大学	38.89	125	北京中医药大学	36.58
95	辽宁大学	38.82	126	北京化工大学	36.24
96	华中农业大学	38.78	127	天津中医药大学	36.12
97	中国地质大学（北京）	38.63	128	兰州大学	36.09
98	中国药科大学	38.60	129	成都中医药大学	35.77
99	上海外国语大学	38.51	130	广州中医药大学	35.06
100	中国人民公安大学	38.51	131	中国石油大学（北京）	32.97
101	中国音乐学院	38.48	132	对外经济贸易大学	32.80
102	西南财经大学	38.44	133	中国石油大学（华东）	32.26
103	东华大学	38.41	134	西北大学	32.11
104	长安大学	38.38	135	青海大学	31.35
105	宁波大学	38.35	136	延边大学	30.92
106	西藏大学	38.30	137	东北林业大学	30.41
107	中国人民解放军空军军医大学	38.29	138	上海中医药大学	29.93
108	太原理工大学	38.21	139	中国地质大学（武汉）	28.92
109	西南石油大学	38.04	140	南昌大学	28.73
110	哈尔滨工程大学	37.95	141	中国矿业大学（徐州）	0
111	南京信息工程大学	37.88			

（三）Wikipedia 传播力具体指标分布

Wikipedia 传播力指数权重占总体传播力指数权重的 8%，4 个指标权重均为 2%。其中，词条完整性包括是否存在词条、官方定义、历史发展、地址、部门结构、外部链接 6 个方面。

港澳台大学 Wikipedia 传播力指数平均值高于内地大学。具体来看，内地大学指数平均值为 42.57，港澳台大学指数平均值为 68.18。

对于词条完整性，164 所大学拥有完整的六项词条信息，其中内地大学 126 所，占比 76.8%。中国矿业大学（徐州）无词条。另外 16 所词条信息不完整的大学中有 3 所港澳台大学，其余均为内地大学。部门结构和历史发展两个维度缺失最为明显，有 7 所大学缺失部门结构信息，有 5 所大学缺失历史发展信息，但与上年相比，这两项数据均有所下降。

对于词条编辑，最近一年中国大学平均编辑次数为 38 次，平均参与编辑用户 15 人，1 所大学 2022 年无词条且未更新信息。一年内词条被编辑的次数排名前三名依次为台湾科技大学、中山大学（台湾）、政治大学（台湾），编辑次数均超过 200 次。从一年内参与词条编辑的用户数来看，排名前三的依次为台湾师范大学、中兴大学（台湾）、台湾科技大学，其中台湾师范大学和中兴大学（台湾）一年内参与词条编辑的用户数超过了 80 人。港澳台大学的词条编辑数量显著高于内地大学。

对于链接情况，平均每所大学有 878 个词条链接。港澳台大学链接平均为 1174 条，高于内地大学（平均 790 条）。北京大学拥有最多词条链接，为 4238 条，其次为台湾大学，为 3590 条。词条链接数量排名前十中有 6 所为港澳台大学。词条链接数量排名靠前的大学依次为北京大学、台湾大学、清华大学、香港大学、香港中文大学、香港城市大学、香港理工大学、政治大学（台湾）、复旦大学、中山大学。前 5 所大学词条链接均超过 3000 条。

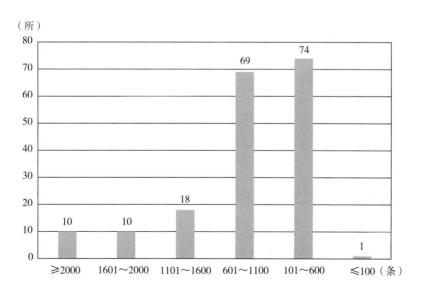

图 1-6 182 所中国大学 Wikipedia 词条链接数量分布

（四）参照分析

将中国大学与海外 8 所参照大学进行对比分析，中国内地大学 Wikipedia 传播力平均指数（42.57）略低于海外大学平均指数（43.98），普遍高于日韩 4 所大学（37.45）。港澳台地区大学的平均指数（68.18）要普遍远高于海外大学平均指数。

从 Wikipedia 各项指标来看，国内大学与港澳台大学之间的差异主要在链接数量上，日韩大学与国内大学之间主要在词条编辑情况上存在差别。哈佛大学的词条链接数量超过2000 条，而耶鲁大学、麻省理工学院链接数量均超过 1000 条。国内大学链接最多为北京大学的 4438 条链接，北京大学的链接数量是哈佛大学的约 2 倍。而对于日韩大学，一年内词条被编辑的次数和一年内参与词条编辑的用户数都较少，2 个指标最高均不超过 18条。相比之下，国内大学一年内词条被编辑的次数最高达 232 条，一年内参与词条编辑的用户数最高达到 49 人次。

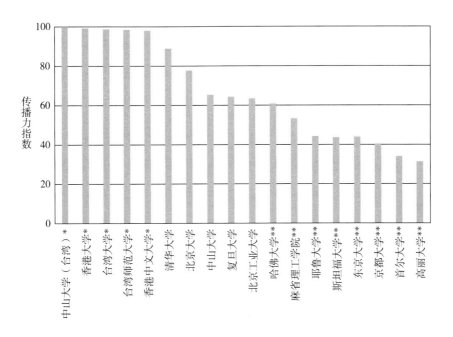

图 1-7　Wikipedia 传播力指数参照分析

（五）Wikipedia 传播力具体案例分析：中山大学和上海交通大学

中山大学在中国大学海外网络传播力总排名第 31，在中国大学 Wikipedia 传播力指数排名第 23，在内地大学 Wikipedia 传播力指数排名第 3。在词条完整性方面，中山大学在所有指标上均有完整词条，在词条编辑方面，一年内词条被编辑的次数居中国大学第 29位，一年内参与词条编辑的用户数居中国大学第 38 位。在链接情况方面，词条链接达到2112 条，居中国大学第 10 位。整体来看，中山大学的 Wikipedia 海外网络传播力较强。

上海交通大学在 2022 年中国内地大学海外大学网络传播力总排名第 4 位，较上年进步 1 名。上海交通大学海外网络传播力较强，内容多元，形式丰富。虽然在 Wikipedia 建设方面较薄弱，但具备国际视野，正向传播量高。

1. 词条内容全面，尽展历史传承

中山大学的 Wikipedia 词条内容丰富，包含校史、学术、精神与传统、校区与建筑、教研单位与师生概况，每一条目下均有分小标题，详细完整地展开介绍。在"精神与传统"条目下，配有校歌、校友之歌等的详细介绍。在校史主条目下，设有筹备设立、国立广东大学时期，国立中山大学时期和中山大学时期的分条目，清晰展示了自筹备设立以来的各个历史阶段。同时，在介绍校史时提供了包括油画、徽章、历史照片在内的多种图片资料作为辅佐材料，生动地展示学校的历史与文化。在介绍校区与建筑时也配有标志性建筑的图片，细致展现了学校的沿革和发展。

2. 丰富外部引用及链接，增强文化传播力

中山大学的 Wikipedia 词条在介绍校史时提供了"中山大学校史沿革"的外部链接，可供点击后跳转到专门的中山大学校史的 Wikipedia 词条，对以上四个时期的发展做了详细的梳理，并附上了历史沿革，词条的详细程度高、历史性强，向阅读者展现了具有学校特色的历史文化改良和传承。中山大学的 Wikipedia 外部词条链接有 2112 条，广泛涉及知名地点、各大高校、历史事件、著名人物等，提供了广泛的相关信息和参考内容，扩大了学校的影响范围，也为海外用户了解中山大学提供了畅通的、多方位的渠道。

国立中山大学时期 [编辑]

参见：国立中山大学西迁和国立中山大学复校史

国立中山大学文明路旧址校门，现属于广东省立中山图书馆

国立中山大学石牌旧址建筑-文学院楼（现华南理工大学5号楼）奠基石，校内几乎所有石刻碑文都由首任校长邹鲁书写

1925年（民国14年）3月12日，孙中山逝世后，廖仲恺提议将国立广东大学更名为国立中山大学，10月获国民政府批准。同年，广东公立医科大学并入，国立广东大学增设医科。

1926年（民国15年）3月，郭沫若就任文科学长，郁达夫任英国文学系主任。郭沫若到任后对文科开始进行整顿，辞退了15名教授。4月，秘书处开始出版不定期杂志《学艺丛刊》，进行学术文艺讨论、社会改造研究、世界潮流批评、东西方名著介绍等。

1926年（民国15年）7月17日，国立广东大学正式更名为**国立中山大学**。同月，"广东省立工业专门学校"并入，增设为工业部。10月[9]，国立中山大学改组，撤消工业部，交回广东省教育厅办理，重新设校，任曰琛为校长[10]。同年，国立中山大学举行"广东台湾学生联合会"成立大会，主张打倒日本帝国主义，发动台湾民族革命[11]。

1927年（民国16年）1月，鲁迅从私立厦门大学被聘至国立中山大学任文学系主任兼教务主任。2月，天文台在理科所在地的一座山岗上建成。3月1日，国立中山大学举行了隆重的开学典礼。8月，更名为"国立第一中山大学"（1928年3月，复名为"国立中山大学"）。原中国文学系改为中国语言文学系，英国文学系改为英国语言文学系，史学、哲学、教育学仍沿用旧式，与前两者合称为国立中山大学文史学科。理科一改称自然科学科，仍设数理化、生物、地质五系，后数学系改为算学天文系，增加天文课程，筹建天文台，并成立了心理学研究所。

1932年至1949年期间的国立中山大学校徽

图 1-8 中山大学 Wikipedia 词条展示

3. 立足于国际视野，充分考虑不同受众的需求

尽管上海交通大学在 Wikipedia 平台上一年内词条被编辑的次数仅为 25 次，仅有 14 人参与了编辑（平均编辑次数 38，人数 15）。但其在 Wikipedia 平台的词条内容立足于国

际视野，充分考虑到目标受众的文化差异和思维方式的不同，展示了学校在各大著名学校排行中的位次，展现了优秀的综合学术水平。同时，上海交通大学列出了学校与国际及港澳台地区大学签订交换合作项目，突出了积极与国外展开学术交流的形象，为海外 Wikipedia 用户了解与选择上海交通大学提供了便利，也拉近了与海外用户的心理距离。

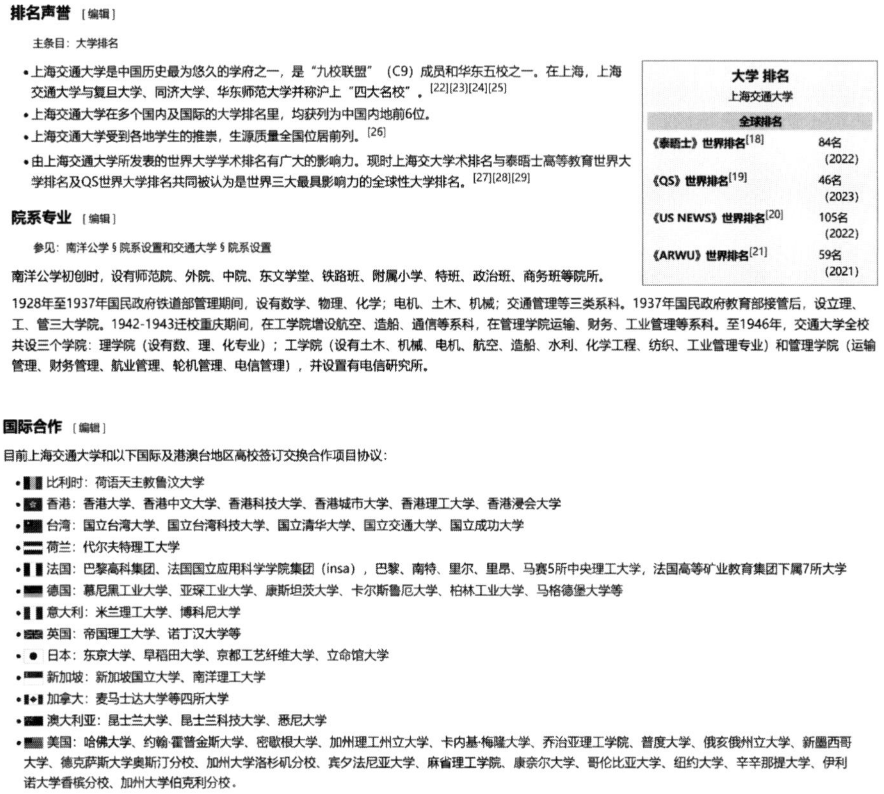
排名声誉 [编辑]

主条目：大学排名

- 上海交通大学是中国历史最为悠久的学府之一，是“九校联盟”（C9）成员和华东五校之一。在上海，上海交通大学与复旦大学、同济大学、华东师范大学并称沪上“四大名校”。[22][23][24][25]
- 上海交通大学在多个国内及国际的大学排名里，均获列为中国内地前6位。
- 上海交通大学受到各地学生的推崇，生源质量全国位居前列。[26]
- 由上海交通大学所发表的世界大学学术排名有广大的影响力。现时上海交大学术排名与泰晤士高等教育世界大学排名及QS世界大学排名共同被认为是世界三大最具影响力的全球性大学排名。[27][28][29]

大学 排名 上海交通大学	
全球排名	
《泰晤士》世界排名[18]	84名 (2022)
《QS》世界排名[19]	46名 (2023)
《US NEWS》世界排名[20]	105名 (2022)
《ARWU》世界排名[21]	59名 (2021)

院系专业 [编辑]

参见：南洋公学 § 院系设置和交通大学 § 院系设置

南洋公学初创时，设有师范院、外院、中院、东文学堂、铁路班、附属小学、特班、政治班、商务班等院所。

1928年至1937年国民政府铁道部管理期间，设有数学、物理、化学；电机、土木、机械；交通管理等三类系科。1937年国民政府教育部接管后，设立理、工、管三大学院。1942-1943迁校重庆期间，在工学院增设航空、造船、通信等系科，在管理学院运输、财务、工业管理等系科。至1946年，交通大学全校共设三个学院：理学院（设有数、理、化专业）；工学院（设有土木、机械、电机、航空、造船、水利、化学工程、纺织、工业管理专业）和管理学院（运输管理、财务管理、航业管理、轮机管理、电信管理），并设置有电信研究所。

国际合作 [编辑]

目前上海交通大学和以下国际及港澳台地区高校签订交换合作项目协议：

- 比利时：荷语天主教鲁汶大学
- 香港：香港大学、香港中文大学、香港科技大学、香港城市大学、香港理工大学、香港浸会大学
- 台湾：国立台湾大学、国立台湾科技大学、国立清华大学、国立交通大学、国立成功大学
- 荷兰：代尔夫特理工大学
- 法国：巴黎高科集团、法国国立应用科学学院集团（insa），巴黎、南特、里尔、里昂、马赛5所中央理工大学，法国高等矿业教育集团下属7所大学
- 德国：慕尼黑工业大学、亚琛工业大学、康斯坦茨大学、卡尔斯鲁厄大学、柏林工业大学、马格德堡大学等
- 意大利：米兰理工大学、博科尼大学
- 英国：帝国理工大学、诺丁汉大学等
- 日本：东京大学、早稻田大学、京都工艺纤维大学、立命馆大学
- 新加坡：新加坡国立大学、南洋理工大学
- 加拿大：麦马士达大学等四所大学
- 澳大利亚：昆士兰大学、昆士兰科技大学、悉尼大学
- 美国：哈佛大学、约翰·霍普金斯大学、密歇根大学、加州理工州立大学、卡内基·梅隆大学、乔治亚理工学院、普度大学、俄亥俄州立大学、新墨西哥大学、德克萨斯大学奥斯汀分校、加州大学洛杉矶分校、宾夕法尼亚大学、麻省理工学院、康奈尔大学、哥伦比亚大学、纽约大学、辛辛那提大学、伊利诺大学香槟分校、加州大学伯克利分校。

图 1-9　上海交通大学 Wikipedia 词条展示

（六）Wikipedia 传播力小结

1. 港澳台大学 Wikipedia 传播力强于内地大学

首先，中国大学 Wikipedia 传播力指数排名前十中有 9 所都是港澳台大学，且港澳台大学的传播力平均指数要远高于 8 所海外参照大学。在各个维度上，港澳台大学的传播力均高于内地大学。在词条完整性上，17 所词条信息不完整的大学中仅 3 所港澳台大学。词条编辑排名前三为台湾科技大学、中山大学（台湾）、政治大学（台湾），编辑次数均超过 200 次。从一年内参与词条编辑的用户数来看，排名前三依次为台湾师范大学、中兴大学（台湾）、台湾科技大学，3 所大学的年编辑用户数量均超过 70 人次，而内地大学中最高仅 49 人次。对于词条链接，港澳台大学链接平均为 1174 条，高于内地大学（平均

790 条）。词条链接数量排名前十中有 6 所为港澳台大学。

从报告数据来看，港澳台大学在 Wikipedia 等国外知名网站上的传播力迅速增长，上年中国大学 Wikipedia 传播力指数排名前十中有 8 所为港澳台大学，前六名均为港澳台大学。而 2022 年已经发展成为排名前十中有 9 所为港澳台大学，前八名均为港澳台大学。内地大学在包括词条链接数量、一年内参与词条编辑的用户数等方面均略低于港澳台大学。许多内地大学已经把握了平台特征，将学校的历史沿袭发展呈现在 Wikipedia 平台上，用标志性建筑的图片和富有学校特色的校徽、校训等丰富词条内容，作为提升学校影响力、传播校园文化的一大手段。尽管如此，内地大学应当注意建立更多的相关链接，定期修改、完善词条内容，以满足海内外受众的知识获取需求，并为获取和建设内地大学的词条信息提供便利，不断增强内容的海外用户接近性，提升词条信息对海外受众的阐释力和吸引力，切实做好文化交流与影响力建设的工作。

2. 内地大学词条内容建设不断完善，但内容展现仍不够全面

绝大多数内地大学在 Wikipedia 上的词条链接数量较上年有所增长。词条信息不完整的大学共 17 所，较上年的 23 所下降了 6 所，均为内地大学。除去无词条的 1 所外，剩余 16 所中，3 所缺乏官方定义，5 所缺乏学校的历史发展等相关内容，对学校建校、沿革发展、相关历史人物等均无介绍。7 所大学缺乏组织机构层面的相关信息，没有介绍院系构成、部门结构等。而在有部门结构等内容的大学中，也存在着内容介绍简单化、无特色的问题，如仅用几句话介绍当前学校设立的院系和部门等，而对学校特色和办学优势则没有突出，在一定程度上影响着中国大学在 Wikipedia 平台上的传播力。

六、维度三：中国大学Twitter传播力

Twitter 在自媒体平台上有着很强的国际影响力，在国际网站 Alexa.com 排名中，Twitter 影响力名列前茅，开放性社交媒体平台 Twitter 是大学传播力的重要传播渠道。

（一）中国大学 Twitter 传播力指数分布

Twitter 传播力维度由自有账号状况和他建数据两个部分组成。

自有账号建设包括是否有官方认证账号、粉丝数量、一年内发布的内容数量、一年内最高转发量和一年内最高评论量 5 个指标。操作方式为在 Twitter 网站官方页面输入各大学英文全称，筛选其是否有官方认证账号，记录粉丝数量，并统计一年内推文发布数量、最高转发量和最高评论量。

他建数据则包括一年内正向转发总量、一年内正向评论总数和正向传播量 3 个指标。操作方式为在全平台抓取含有大学英文全称的所有报道，进行人工编码并统计，求和各个

大学的正向转发量、正向评论量和正向传播量。编码采用两人背对背方式抽样判断推文情感倾向，剔除负面报道，利用霍斯提公式检验编码员间信度，结果为 0.94，信度符合要求。随后根据算法，得出 182 所中国大学的 Twitter 平台传播力指数。

Twitter 平台传播力指数排名靠前的中国大学依次为北京大学、清华大学、台湾大学、浙江大学、香港理工大学、南京大学、山东大学、岭南大学、武汉大学和上海交通大学。其中，有 7 所内地大学，3 所港台大学。北京大学居首位，其 Twitter 传播力指数为 100.00。

表 1-10　中国大学 Twitter 传播力指数

序号	中文名称	得分	序号	中文名称	得分
1	北京大学	100.00	27	北京理工大学	4.82
2	清华大学	81.59	28	北京师范大学	4.77
3	台湾大学 *	35.55	29	中国美术学院	4.64
4	浙江大学	26.46	30	华东师范大学	4.49
5	香港理工大学 *	14.04	31	复旦大学	4.10
6	南京大学	12.93	32	郑州大学	4.08
7	山东大学	12.40	33	厦门大学	3.81
8	岭南大学 *	11.95	34	北京航空航天大学	3.78
9	武汉大学	11.71	35	西南交通大学	3.76
10	上海交通大学	11.43	36	台北医学大学 *	3.62
11	西北工业大学	10.28	37	西安交通大学	3.61
12	上海大学	10.07	38	政治大学（台湾）*	3.48
13	香港中文大学 *	9.99	39	中央戏剧学院	3.09
14	中山大学	8.51	40	哈尔滨工业大学	2.97
15	四川大学	8.48	41	上海外国语大学	2.89
16	香港科技大学 *	8.37	42	香港大学 *	2.87
17	中央大学（台湾）*	8.29	43	云南大学	2.71
18	北京外国语大学	8.06	44	中南大学	2.61
19	中国人民大学	7.97	45	华中科技大学	2.60
20	香港城市大学 *	7.56	46	中国科学技术大学	2.55
21	南昌大学	6.95	47	吉林大学	2.53
22	南开大学	6.84	48	兰州大学	2.51
23	同济大学	6.39	49	河海大学	2.30
24	中国传媒大学	5.97	50	成功大学（台湾）*	2.29
25	重庆大学	5.90	51	河南大学	2.19
26	香港浸会大学 *	4.96	52	清华大学（台湾）*	2.18

续表

序号	中文名称	得分	序号	中文名称	得分
53	华南理工大学	2.16	88	南京师范大学	1.06
54	台湾师范大学 *	2.14	89	长庚大学（台湾）*	1.04
55	北京协和医学院	2.11	90	广西大学	1.02
56	天津大学	2.05	91	宁波大学	0.99
57	澳门大学 *	2.03	92	安徽大学	0.96
58	亚洲大学（台湾）*	2.01	93	北京林业大学	0.96
59	中国海洋大学	1.84	94	中国药科大学	0.94
60	北京体育大学	1.82	95	国防科技大学	0.93
61	中央美术学院	1.81	96	台湾淡江大学 *	0.92
62	中国农业大学	1.78	97	中兴大学（台湾）*	0.90
63	大连理工大学	1.71	98	天津医科大学	0.89
64	北京科技大学	1.67	99	上海体育学院	0.89
65	湖南大学	1.58	100	华东理工大学	0.86
66	台北大学（台湾）*	1.55	101	电子科技大学	0.85
67	东华大学	1.52	102	华中师范大学	0.77
68	武汉理工大学	1.49	103	湖南师范大学	0.77
69	外交学院	1.49	104	北京工业大学	0.75
70	对外经济贸易大学	1.48	105	陕西师范大学	0.74
71	中山大学（台湾）*	1.47	106	海南大学	0.74
72	石河子大学	1.42	107	首都师范大学	0.72
73	中国石油大学（华东）	1.41	108	华南师范大学	0.72
74	江南大学	1.38	109	高雄医学大学 *	0.70
75	新疆大学	1.38	110	中央音乐学院	0.68
76	中国科学院大学	1.37	111	北京交通大学	0.64
77	阳明交通大学（台湾）*	1.32	112	北京化工大学	0.64
78	西南财经大学	1.26	113	太原理工大学	0.64
79	南京航空航天大学	1.24	114	福州大学	0.64
80	南京农业大学	1.15	115	中国矿业大学（徐州）	0.63
81	华中农业大学	1.14	116	中正大学（台湾）*	0.62
82	哈尔滨工程大学	1.13	117	东北师范大学	0.61
83	中国政法大学	1.11	118	贵州大学	0.60
84	大连海事大学	1.10	119	辅仁大学（台湾）*	0.60
85	西安电子科技大学	1.07	120	东北大学	0.58
86	东海大学（台湾）*	1.07	121	中国医药大学（台湾）*	0.53
87	南京理工大学	1.06	122	元智大学（台湾）*	0.52

序号	中文名称	得分	序号	中文名称	得分
123	长安大学	0.52	153	上海中医药大学	0.24
124	中央民族大学	0.51	154	天津工业大学	0.22
125	上海财经大学	0.51	155	广州中医药大学	0.21
126	西藏大学	0.51	156	南京中医药大学	0.21
127	逢甲大学（台湾）*	0.50	157	东北农业大学	0.20
128	中国石油大学（北京）	0.50	158	中原大学（台湾）*	0.20
129	中南财经政法大学	0.50	159	西南大学	0.19
130	暨南国际大学（台湾）*	0.49	160	西南石油大学	0.18
131	上海海洋大学	0.48	161	天津中医药大学	0.18
132	辽宁大学	0.46	162	南京邮电大学	0.17
133	内蒙古大学	0.45	163	中国人民公安大学	0.17
134	宁夏大学	0.45	164	大同大学（台湾）*	0.17
135	北京邮电大学	0.44	165	西北农林科技大学	0.17
136	台北科技大学*	0.44	166	青海大学	0.16
137	东南大学	0.43	167	中国地质大学（武汉）	0.15
138	高雄科技大学*	0.41	168	中国人民解放军海军军医大学	0.15
139	暨南大学	0.40	169	中华大学（台湾）*	0.14
140	河北工业大学	0.39	170	中国地质大学（北京）	0.14
141	东北林业大学	0.39	171	中国人民解放军空军军医大学	0.13
142	中央财经大学	0.38	172	中国音乐学院	0.13
143	南京林业大学	0.38	173	华北电力大学（北京）	0.13
144	台湾海洋大学*	0.37	174	延边大学	0.13
145	合肥工业大学	0.36	175	中国矿业大学（北京）	0.11
146	北京中医药大学	0.36	176	彰化师范大学*	0.09
147	成都中医药大学	0.35	177	云林科技大学（台湾）*	0.08
148	南京信息工程大学	0.33	178	台湾科技大学*	0.07
149	四川农业大学	0.33	179	东吴大学（台湾）*	0.06
150	东华大学（台湾）*	0.33	180	苏州大学	0.05
151	上海音乐学院	0.30	181	华北电力大学（保定）	0.05
152	成都理工大学	0.26	182	西北大学	0.02

（二）中国内地大学 Twitter 传播力指数分布

　　Twitter 传播力指数排名靠前的内地大学依次是北京大学、清华大学、浙江大学、南京大学、山东大学、武汉大学、上海交通大学、西北工业大学、上海大学和中山大学。北京大学和清华大学的头部优势明显，遥遥领先于其他高校。

表 1-11 内地大学 Twitter 传播力指数

序号	中文名称	得分	序号	中文名称	得分
1	北京大学	100.00	36	吉林大学	2.53
2	清华大学	81.59	37	兰州大学	2.51
3	浙江大学	26.46	38	河海大学	2.30
4	南京大学	12.93	39	河南大学	2.19
5	山东大学	12.40	40	华南理工大学	2.16
6	武汉大学	11.71	41	北京协和医学院	2.11
7	上海交通大学	11.43	42	天津大学	2.05
8	西北工业大学	10.28	43	中国海洋大学	1.84
9	上海大学	10.07	44	北京体育大学	1.82
10	中山大学	8.51	45	中央美术学院	1.81
11	四川大学	8.48	46	中国农业大学	1.78
12	北京外国语大学	8.06	47	大连理工大学	1.71
13	中国人民大学	7.97	48	北京科技大学	1.67
14	南昌大学	6.95	49	湖南大学	1.58
15	南开大学	6.84	50	东华大学	1.52
16	同济大学	6.39	51	武汉理工大学	1.49
17	中国传媒大学	5.97	52	外交学院	1.49
18	重庆大学	5.90	53	对外经济贸易大学	1.48
19	北京理工大学	4.82	54	石河子大学	1.42
20	北京师范大学	4.77	55	中国石油大学（华东）	1.41
21	中国美术学院	4.64	56	江南大学	1.38
22	华东师范大学	4.49	57	新疆大学	1.38
23	复旦大学	4.10	58	中国科学院大学	1.37
24	郑州大学	4.08	59	西南财经大学	1.26
25	厦门大学	3.81	60	南京航空航天大学	1.24
26	北京航空航天大学	3.78	61	南京农业大学	1.15
27	西南交通大学	3.76	62	华中农业大学	1.14
28	西安交通大学	3.61	63	哈尔滨工程大学	1.13
29	中央戏剧学院	3.09	64	中国政法大学	1.11
30	哈尔滨工业大学	2.97	65	大连海事大学	1.10
31	上海外国语大学	2.89	66	西安电子科技大学	1.07
32	云南大学	2.71	67	南京理工大学	1.06
33	中南大学	2.61	68	南京师范大学	1.06
34	华中科技大学	2.60	69	广西大学	1.02
35	中国科学技术大学	2.55	70	宁波大学	0.99

续表

序号	中文名称	得分	序号	中文名称	得分
71	安徽大学	0.96	107	暨南大学	0.40
72	北京林业大学	0.96	108	河北工业大学	0.39
73	中国药科大学	0.94	109	东北林业大学	0.39
74	国防科技大学	0.93	110	中央财经大学	0.38
75	天津医科大学	0.89	111	南京林业大学	0.38
76	上海体育学院	0.89	112	合肥工业大学	0.36
77	华东理工大学	0.86	113	北京中医药大学	0.36
78	电子科技大学	0.85	114	成都中医药大学	0.35
79	华中师范大学	0.77	115	南京信息工程大学	0.33
80	湖南师范大学	0.77	116	四川农业大学	0.33
81	北京工业大学	0.75	117	上海音乐学院	0.30
82	陕西师范大学	0.74	118	成都理工大学	0.26
83	海南大学	0.74	119	上海中医药大学	0.24
84	首都师范大学	0.72	120	天津工业大学	0.22
85	华南师范大学	0.72	121	广州中医药大学	0.21
86	中央音乐学院	0.68	122	南京中医药大学	0.21
87	北京交通大学	0.64	123	东北农业大学	0.20
88	北京化工大学	0.64	124	西南大学	0.19
89	太原理工大学	0.64	125	西南石油大学	0.18
90	福州大学	0.64	126	天津中医药大学	0.18
91	中国矿业大学（徐州）	0.63	127	南京邮电大学	0.17
92	东北师范大学	0.61	128	中国人民公安大学	0.17
93	贵州大学	0.60	129	西北农林科技大学	0.17
94	东北大学	0.58	130	青海大学	0.16
95	长安大学	0.52	131	中国地质大学（武汉）	0.15
96	中央民族大学	0.51	132	中国人民解放军海军军医大学	0.15
97	上海财经大学	0.51	133	中国地质大学（北京）	0.14
98	西藏大学	0.51	134	中国人民解放军空军军医大学	0.13
99	中国石油大学（北京）	0.50	135	中国音乐学院	0.13
100	中南财经政法大学	0.50	136	华北电力大学（北京）	0.13
101	上海海洋大学	0.48	137	延边大学	0.13
102	辽宁大学	0.46	138	中国矿业大学（北京）	0.11
103	内蒙古大学	0.45	139	苏州大学	0.05
104	宁夏大学	0.45	140	华北电力大学（保定）	0.05
105	北京邮电大学	0.44	141	西北大学	0.02
106	东南大学	0.43			

（三） Twitter 传播力具体指标分析

Twitter 传播力指数权重占总体传播力指数权重的 16%。自有账号建设部分权重为 5%，其中，是否有官方认证账号、粉丝数量、一年内发布的内容数量、一年内最高转发量和一年内最高评论量各占比 1%。他建数据占比 11%，其中，一年内正向转发总量和一年内正向评论总数各占比 3%，正向传播量占比 5%。

从是否有官方认证账号来看，仅有北京大学、清华大学、岭南大学、香港理工大学、香港中文大学 5 所中国大学拥有 Twitter 官方认证账号；71 所中国大学拥有非官方认证账号，相较上年增加 10 所；106 所中国大学无 Twitter 账号，相较上年减少 10 所。由此可见，虽然中国大学 Twitter 平台建设状况处于较低水平，但整体稳步上升。

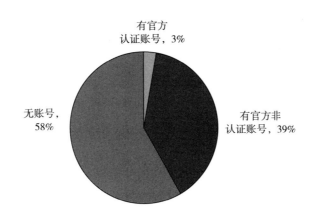

图 1-10 中国大学 Twitter 主页认证情况

从粉丝数量来看，国内各大学间差异较大。排名靠前的大学分别为清华大学（630771）、北京大学（624395）、浙江大学（48070）、重庆大学（29405）、中国美术学院（28883）、香港理工大学（21037）、北京航空航天大学（20220）、香港大学（19776）、香港中文大学（15385）和上海交通大学（8165）。同上年相比，重庆大学粉丝量增长 1513%，北京大学粉丝量增长 113%，浙江大学粉丝量增长 85%，增长幅度巨大。

表 1-12 部分中国大学 Twitter 粉丝数量增幅情况

大学名称	2021 年粉丝数量（人）	2022 年粉丝数量（人）	增幅（%）
清华大学	469501	630771	34
北京大学	292934	624395	113
浙江大学	25979	48070	85
重庆大学	1823	29405	1513

续表

大学名称	2021 年粉丝数量（人）	2022 年粉丝数量（人）	增幅（%）
中国美术学院	16569	28883	74
香港理工大学 *	18706	21037	12
北京航空航天大学	20247	20220	0
香港大学 *	—	19776	—
香港中文大学 *	10850	15385	42
上海交通大学	6527	8165	25

从一年内发布的内容数量来看，中国大学 Twitter 平台内容运营最为活跃的是清华大学，共发布 2036 条内容，随后是北京大学（1652 条）和北京外国语大学（869 条）。总体来看，有账号的大学中，仅有 48 所大学发布新内容。14 所发文不足 10 条，14 所发文量在 10~100 条，13 所发文量在 101~500 条，7 所超过 500 条。28 所有账号大学无新发内容。

从一年内最高转发量来看，北京大学以 2441 次高居榜首，浙江大学以 564 次位列第二。最高转发量超过 100 次的还有南开大学、北京外国语大学、清华大学、西北工业大学、武汉大学和中国美术学院。总体来看，内地大学在该指标上表现更加突出。

从一年内最高评论量来看，北京大学和清华大学位列第 1 和第 2，也是仅有的超过 100 次的国内大学，分别为 442 条和 113 条。但国内大学一年内最高评论量超过 10 条的只有 16 所，反映出整体中国大学 Twitter 平台评论数量较少的情况。

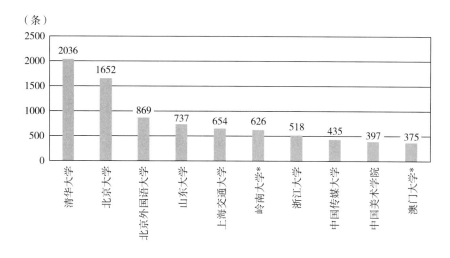

图 1-11 部分中国大学 Twitter 推文数量

在他建数据的三个维度中，从一年内正向转发总量来看，北京大学以 90965 次位列第 1，约为排名第 2 的清华大学的 1.8 倍。中央戏剧学院、四川大学、台湾大学、浙江大

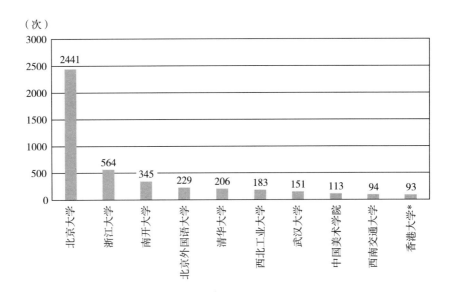

图 1-12　部分中国大学 Twitter 最高转发量

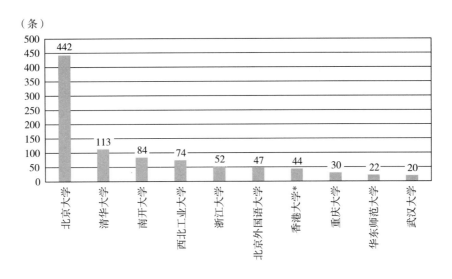

图 1-13　部分中国大学 Twitter 最高评论量

学、亚洲大学（台湾）、中国传媒大学、郑州大学和云南大学排名靠前。在与参照大学比较后发现，哈佛大学以 945563 次遥遥领先，斯坦福大学（895480 次）、耶鲁大学（301456 次）和麻省理工学院（269140 次）也远高于内地大学，亚洲范围内的高丽大学（443582 次）、首尔大学（297813 次）和京都大学（111118 次）也领先于国内全部大学。中国大学在 Twitter 平台上的总转发量总体处于较低水平。

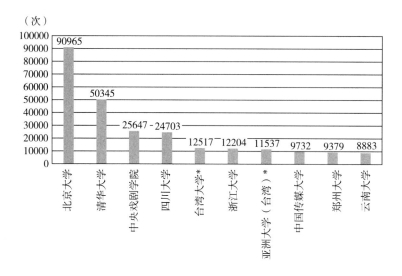

图 1-14 部分中国大学 Twitter 正向转发量

从一年内正向评论总数来看，北京大学和清华大学位列第 1 和第 2，也是唯二总评论数过万的国内高校。上海大学、中央大学（台湾）、浙江大学、山东大学、河海大学、北京师范大学、台湾大学和西北工业大学排名紧随其后。值得关注的是，在回溯相关文本后发现，总评论量高低与大学发生的重大事件密切相关。如习近平总书记在 2022 年教师节前夕给北京师范大学"优师计划"师范生回信，恰逢北京师范大学 120 周年校庆，相关推文评论数量较多。西北工业大学遭受美国国家安全局网络攻击也在 Twitter 平台持续发酵，引发广泛讨论。

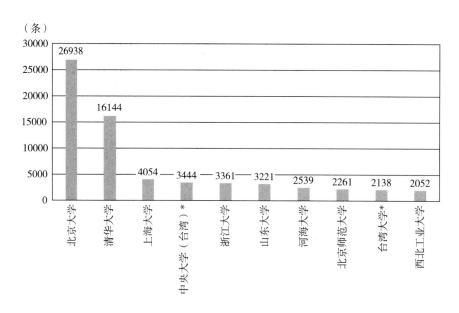

图 1-15 部分中国大学 Twitter 正向评论量

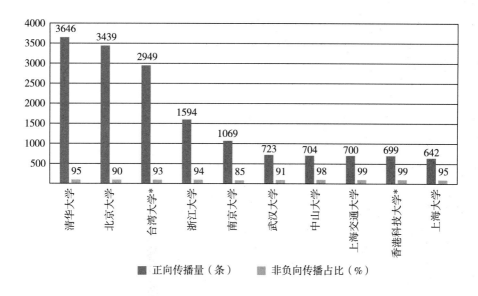

图 1-16　部分中国大学 Twitter 正向传播量

　　正向传播量在一定程度上反映出 Twitter 上中国高校的评价状况。从数量来看，国内高校仅有清华大学和北京大学的正向传播量超过 3000 条。其中，清华大学 3646 条，北京大学 3439 条。台湾大学、浙江大学、南京大学、武汉大学、中山大学、上海交通大学、香港科技大学和上海大学也表现突出。从非负向传播比例来看，国内头部大学均在 85% 及以上，部分大学甚至高于 95%，反映出国内大学 Twitter 平台正向传播状况总体良好。

（四）参照分析

　　在加入海外参照大学比较之后，中国大学 Twitter 传播力指数仅有北京大学和清华大学排名靠前，分别排在第 5 位和第 7 位。哈佛大学、麻省理工学院、耶鲁大学和斯坦福大学位居前四，且遥遥领先于其他高校。高丽大学位居第六，首尔大学、京都大学和东京大学排在第 8 位到第 10 位。

　　相较于日韩大学，中国头部大学在粉丝数量、发文数量、最高转发量、最高评论量等指标上均有一定优势。在日韩大学中，Twitter 传播力指数最高的是高丽大学，得分约为北京大学的 89%。

　　相较于美国大学，中国大学 Twitter 传播力建设仍有较大差距。尽管北京大学和清华大学在自有平台建设方面表现突出，在粉丝数量、发文数量等指标上已经接近甚至超过部分美国大学，但在他建数据的 3 个指标上，与参照大学差距明显。这说明在 Twitter 全平台上中国大学传播力还有巨大的建设空间。

　　总体来看，中国大学在 Twitter 平台上的自有账号建设正稳步进行，港澳台大学与内地大学均有不错的表现，如台湾大学、浙江大学、香港理工大学和南京大学等都已接近日韩头部大学，但仍然有较大提升与改善的空间，具体包括完善平台官方认证、提高发布内容数量与质量、改进推文传播与互动效果等。此外，利用 Twitter 平台展示校庆、科研成果、人才培养、城市风物和校园风景等，或与其他账号积极互动，持续做好内容产出与用户反馈也是各个大学提升自己 Twitter 传播力的有力举措。

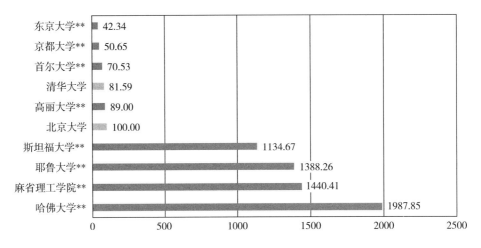

图 1-17　Twitter 传播力指数参照分析

（五）Twitter 传播力具体案例分析：浙江大学和重庆大学

浙江大学在 2022 年内地大学海外传播力指数总排名中居于第 3，在 Twitter 传播力指数中排名居于第 3，粉丝数量为 48070 人，相较上年增长了 85%，增量与增速均名列前茅。重庆大学在 2022 年内地大学 Twitter 海外传播力指数中排名第 18，粉丝数量为 29405 人，相较上年增长了 1513%，增速惊人，值得关注。

1. 浙江大学：注重互动效果，把握热点事件，拓展信息来源，讲述浙大故事

从浙江大学官方账号首页和发布内容可以看出，其高校定位和互动特征非常明显。在首页以浙江大学的校园风光为背景，还提供了 Facebook、YouTube、Instagram 和官网的链接。发布内容中多次附有 "#ZJU #ZijingangCampus" 或 "#ZJUinsight" 等词汇，还转发很多其他国内外大学、知名学者、新闻网站的 Twitter 账号内容，并在推文中附上讨论链接和思考问题，对于其关注者增加对浙江大学以及其他平台情况的了解，进而提升吸引力有积极意义。

浙江大学善于把握如开学季、毕业典礼、校庆日等特殊时刻，重大科研成果发表、科创实践成果转化、学术论坛开幕等热点事件，推出大量优质内容。浙江大学广泛收集各类学校机构、社团组织以及个人的优质内容，展现出丰富、立体、全面的学校形象。例如，浙大官微、党委宣传部、求是学院、浙大书画社等。此外，校园生活的点滴也借由官方账号呈现在全球用户眼中。一只休憩的猫、一只湖上的天鹅、一顿热气腾腾的午餐都在讲述着生动的浙大故事。

Zhejiang University
@ZJU_China

★FB: t.cn/A6GRYevh ★YouTube: t.cn/A6GRTpzA ★Instagram: t.cn/A6GRTinh ★
LinkedIn: t.cn/A6GRTK9E

⊘ zju.edu.cn/english ⊞ 2017年4月 加入

271 正在关注 **4.7万** 关注者

图 1-18　浙江大学 Twitter 首页

图 1-19　浙江大学 Twitter 热点推文

2. 重庆大学：地域特色打造视听盛宴，高校风格融入城市肌理

重庆大学的官方账号将摄影图片、海报、视频与短促有力的文字结合，较为频繁地使用感叹号、引号、@、#等增强话语接近性的符号增强内容的吸引力，如在 2022 年毕业季，多条推文运用"#CQU""#Graduation2022"符号，展示毕业生在重庆大学地标建筑打卡的精美照片，不仅展示了重庆大学的校园美景，还有效传递了重庆大学的人文情怀与厚重底蕴。

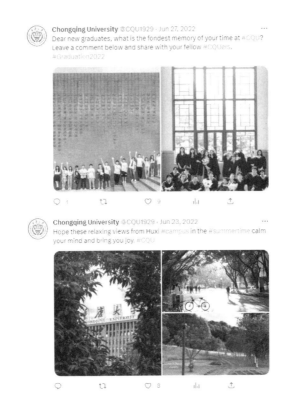

图 1-20　重庆大学毕业季推文

　　重庆大学从重庆的城市肌理中汲取灵感，融入重庆火锅、歌乐山、芋儿鸡、重庆小面等具有鲜明地域特色的文化符号创作内容，展现重庆热烈火辣的生活气息，视频也多次用重庆方言讲述故事，起到了连接情感与记忆的作用，弥补了身体的不在场，如推出的"带你看看重庆大学的烟火气"系列短视频，为海外用户了解重庆，了解重庆大学提供了真实可感的渠道。

图 1-21　"带你看看重庆大学的烟火气"推文

（六）Twitter 传播力小结

1. 自有账号建设：需要进一步提高话语国际适用性与内容互动性

在发文数量上，清华大学以 2036 条超过哈佛大学的 2035 条，北京外国语大学、山东大学、上海交通大学也超过斯坦福大学。但从最高点赞和最高评论两个指标来看，国内头部的清华大学和北京大学大幅落后于美国大学。例如，清华大学最高转发量 206 次，而 4 所美国大学最高转发量均过万。

比较发现，中国大学的 Twitter 自有账号建设表现为内容产出多，而反馈评价少的总体特征，这在一定程度上反映出中国大学 Twitter 在账号培育影响力上的不足，也提示各大学应从两个方面着手改善 Twitter 的自有账号建设。其一，要意识到话语体系国际适用度的重要性，寻求内容生产的大学特色与国际视野的平衡。这既要立足于地域文化、民族风格进行内容生产，如重庆大学以视频、图片等形式，展现优美的校园环境和丰富多样的饮食，以及歌乐山、重庆火锅等地域特色鲜明的文化符号，在 Twitter 大量吸粉，也要考虑与国际话语叙事的贴合度，如浙江大学最高评论的一条视频就是暑期国际学校的宣传短片。其二，要充分理解与运用社交媒体的互动功能，打造积极、有趣的互动空间，如清华大学利用投票功能、趣味测试功能等帮助 Twitter 用户更好地认识清华；北京大学在国际文化节期间，通过不同国家与民族学生的自白、合照与视频展现兼容并包的校园文化，也为不同国家的老师学生抒发情感提供平台。基于此，各大学应当立足于自身文化特征，充分考虑平台话语国际适用性与发布内容的互动性以达到更好的传播效果。

2. 他建数据：需要进一步回应粉丝关注，构建共通的话语空间，讲好独特的高校故事

作为全球影响力最大的社交平台之一，Twitter 的他建数据能够很好地反映出各个大学的海外评价状况。数据显示，国内各大学的非负面报道比例大多高于 85%，部分大学甚至在 95% 以上。这说明当前国内大学在海外的整体评价较好。通过回溯负面报道文本，大致包括限制国际学生入学（如无法入境、校方无回应等）、校园危机事件（如火灾、偷窥事件等）、学术不端事件（如论文抄袭、捏造论文数据等）和公共卫生危机事件造成的负面新闻等。这也为各大学认知到舆情风险并纾解舆情危机提供了一定的借鉴。

同时，部分大学排名的变化引发了研究团队的关注。例如，西北工业大学 Twitter 传播力指数内地大学排名从上年的第 50 名上升到今年的第 11 名，全平台表现尤为突出，累计 558 条正向推文，正向转发量 5306 次，正向评论量 2052 条，均在国内大学中居于前列。回溯内容后发现，2022 年 9 月，美国国家安全局对西北工业大学网络攻击事件在 Twitter 上引发轰动，大量网友纷纷评论转发，声援西北工业大学。大学一方面要利用学校的重大事件发布相关内容，参与自身海外形象的建设中，吸引更多关注者以增强 Twitter 传播力；另一方面要参与自身相关议题在网络空间的互动中，构建共通的话语空间，讲好独特的大学故事。

七、维度四：中国大学Facebook传播力

作为全球用户量最大的社交软件，Facebook 成为大学信息传播的重要场所，是衡量大学海外传播力的重要指标。Facebook 2022 年第三季度财报显示，Facebook 第三季度月活跃用户数为 29.6 亿、日活跃用户数为 19.8 亿，其用户数量仍在持续增长。

（一）中国大学 Facebook 传播力指数分布

Facebook 传播力维度由自有账号建设及他建数据两部分组成。自有账号建设包括是否有官方认证账号、好友数量、一年内最高点赞量、一年内最高评论量四个指标，通过在 Facebook 官网上精准搜索各大学英文名称和英文简称，筛选确定大学 Facebook 账号。他建数据则收集各大学 Facebook 平台上一年内正向评论总量、一年内正向点赞总量及正向传播量，进行人工编码并统计。编码采用二人背对背方式抽样判断内容倾向，剔除负面报道，利用霍斯提公式检验编码员间信度，结果为 0.90，信度达标。根据算法，得出 182 所中国大学 Facebook 传播力指数。

Facebook 传播力指数排名靠前的中国大学依次为清华大学、中央大学（台湾）、北京大学、湖南师范大学、南京大学、中华大学（台湾）、台北大学（台湾）、上海大学、山东大学、东南大学。其中有 7 所内地大学以及 3 所台湾大学。清华大学位居榜首，其传播力指数为 100.00。

表 1-13　中国大学 Facebook 传播力指数

序号	中文名称	得分	序号	中文名称	得分
1	清华大学	100.00	12	香港大学 *	50.73
2	中央大学（台湾）*	96.18	13	北京航空航天大学	49.88
3	北京大学	81.20	14	北京外国语大学	49.82
4	湖南师范大学	76.69	15	阳明交通大学（台湾）*	48.80
5	南京大学	75.06	16	上海交通大学	48.60
6	中华大学（台湾）*	69.24	17	中国人民解放军空军军医大学	47.66
7	台北大学（台湾）*	61.24	18	华南师范大学	47.49
8	上海大学	59.38	19	澳门大学	42.09
9	山东大学	56.62	20	台湾师范大学 *	42.09
10	东南大学	54.37	21	中国传媒大学	41.66
11	香港中文大学 *	50.80	22	南京航空航天大学	41.65

续表

序号	中文名称	得分	序号	中文名称	得分
23	哈尔滨工程大学	41.04	58	国防科技大学	30.90
24	南京理工大学	40.65	59	福州大学	30.60
25	对外经济贸易大学	40.53	60	香港科技大学 *	30.29
26	宁波大学	40.25	61	四川大学	30.00
27	中央美术学院	39.95	62	逢甲大学（台湾）*	29.85
28	暨南大学	39.44	63	成功大学（台湾）*	29.83
29	宁夏大学	38.94	64	北京邮电大学	29.36
30	亚洲大学（台湾）*	38.44	65	湖南大学	29.35
31	中南大学	38.26	66	西北大学	29.20
32	香港浸会大学 *	37.88	67	重庆大学	28.70
33	香港理工大学 *	37.87	68	东华大学	28.02
34	内蒙古大学	37.83	69	天津大学	27.79
35	厦门大学	37.57	70	石河子大学	27.68
36	电子科技大学	36.93	71	北京林业大学	27.53
37	上海外国语大学	36.54	72	中正大学（台湾）*	27.43
38	政治大学（台湾）*	36.25	73	新疆大学	27.43
39	外交学院	36.01	74	中兴大学（台湾）*	27.32
40	中山大学	35.81	75	中国农业大学	27.27
41	首都师范大学	35.69	76	南昌大学	26.80
42	台湾大学 *	35.69	77	兰州大学	26.56
43	东海大学（台湾）*	35.20	78	西藏大学	26.47
44	华中师范大学	35.16	79	华中科技大学	26.37
45	台北医学大学 *	34.85	80	华东理工大学	26.32
46	浙江大学	34.69	81	西南交通大学	26.25
47	华南理工大学	34.52	82	北京交通大学	26.01
48	南京农业大学	34.17	83	辅仁大学（台湾）*	26.00
49	香港城市大学 *	33.90	84	北京体育大学	25.78
50	辽宁大学	33.34	85	郑州大学	25.66
51	清华大学（台湾）*	33.17	86	中国科学技术大学	25.51
52	海南大学	32.99	87	南开大学	25.16
53	中国人民解放军海军军医大学	32.96	88	北京协和医学院	25.00
54	北京师范大学	32.66	89	中央戏剧学院	24.76
55	中国美术学院	32.36	90	中央音乐学院	24.60
56	北京科技大学	32.05	91	东北农业大学	24.57
57	南京信息工程大学	31.04	92	元智大学（台湾）*	24.24

序号	中文名称	得分	序号	中文名称	得分
93	中山大学（台湾）＊	24.14	128	中国人民公安大学	18.48
94	华中农业大学	24.12	129	河南大学	18.33
95	天津医科大学	23.59	130	青海大学	18.25
96	南京师范大学	23.55	131	长庚大学（台湾）＊	18.17
97	中原大学（台湾）＊	23.28	132	上海海洋大学	18.16
98	中国矿业大学（徐州）	23.19	133	合肥工业大学	17.59
99	东北师范大学	23.13	134	河海大学	17.43
100	苏州大学	23.09	135	台湾科技大学＊	17.42
101	西南石油大学	22.99	136	中国石油大学（华东）	17.15
102	云南大学	22.85	137	上海中医药大学	17.04
103	哈尔滨工业大学	22.59	138	上海体育学院	16.89
104	武汉理工大学	21.77	139	华东师范大学	16.73
105	大连海事大学	21.67	140	中央财经大学	16.70
106	上海音乐学院	21.66	141	中国音乐学院	16.47
107	华北电力大学（北京）	21.49	142	西安交通大学	16.16
108	大连理工大学	20.82	143	台湾海洋大学＊	16.13
109	武汉大学	20.72	144	北京中医药大学	15.90
110	河北工业大学	20.67	145	复旦大学	15.90
111	中国科学院大学	20.54	146	四川农业大学	15.89
112	东北大学	20.40	147	岭南大学＊	15.46
113	南京林业大学	20.32	148	长安大学	15.43
114	成都理工大学	20.29	149	南京中医药大学	15.40
115	北京理工大学	20.10	150	高雄医学大学＊	15.08
116	东北林业大学	19.93	151	暨南国际大学（台湾）＊	14.78
117	同济大学	19.74	152	台北科技大学＊	14.71
118	中国人民大学	19.68	153	台湾淡江大学＊	14.55
119	东华大学（台湾）＊	19.63	154	陕西师范大学	14.15
120	北京工业大学	19.56	155	吉林大学	13.57
121	西南大学	19.56	156	中国石油大学（北京）	13.52
122	中国政法大学	19.39	157	云林科技大学（台湾）＊	13.48
123	安徽大学	19.32	158	中国地质大学（武汉）	13.30
124	中国药科大学	19.15	159	中国海洋大学	13.24
125	上海财经大学	18.90	160	太原理工大学	13.19
126	西北工业大学	18.81	161	广西大学	12.95
127	中南财经政法大学	18.58	162	中国医药大学（台湾）＊	12.55

序号	中文名称	得分	序号	中文名称	得分
163	成都中医药大学	12.16	173	高雄科技大学 *	8.87
164	北京化工大学	12.13	174	南京邮电大学	8.67
165	西北农林科技大学	11.71	175	中国地质大学（北京）	8.50
166	延边大学	11.65	176	中国矿业大学（北京）	8.14
167	天津中医药大学	11.59	177	东吴大学（台湾）*	7.60
168	西南财经大学	11.19	178	彰化师范大学 *	7.46
169	江南大学	10.81	179	华北电力大学（保定）	7.32
170	西安电子科技大学	10.36	180	大同大学（台湾）*	6.70
171	中央民族大学	10.35	181	贵州大学	6.41
172	广州中医药大学	9.28	182	天津工业大学	2.70

（二）中国内地大学 Facebook 传播力指数分布

Facebook 传播力指数排名靠前的内地大学依次为清华大学、北京大学、湖南师范大学、南京大学、上海大学、山东大学、东南大学、北京航空航天大学、北京外国语大学、上海交通大学。

表 1-14　内地大学 Facebook 传播力指数

序号	中文名称	得分	序号	中文名称	得分
1	清华大学	100.00	17	对外经济贸易大学	40.53
2	北京大学	81.20	18	宁波大学	40.25
3	湖南师范大学	76.69	19	中央美术学院	39.95
4	南京大学	75.06	20	暨南大学	39.44
5	上海大学	59.38	21	宁夏大学	38.94
6	山东大学	56.62	22	中南大学	38.26
7	东南大学	54.37	23	内蒙古大学	37.83
8	北京航空航天大学	49.88	24	厦门大学	37.57
9	北京外国语大学	49.82	25	电子科技大学	36.93
10	上海交通大学	48.60	26	上海外国语大学	36.54
11	中国人民解放军空军军医大学	47.66	27	外交学院	36.01
12	华南师范大学	47.49	28	中山大学	35.81
13	中国传媒大学	41.66	29	首都师范大学	35.69
14	南京航空航天大学	41.65	30	华中师范大学	35.16
15	哈尔滨工程大学	41.04	31	浙江大学	34.69
16	南京理工大学	40.65	32	华南理工大学	34.52

续表

序号	中文名称	得分	序号	中文名称	得分
33	南京农业大学	34.17	68	东北农业大学	24.57
34	辽宁大学	33.34	69	华中农业大学	24.12
35	海南大学	32.99	70	天津医科大学	23.59
36	中国人民解放军海军军医大学	32.96	71	南京师范大学	23.55
37	北京师范大学	32.66	72	中国矿业大学（徐州）	23.19
38	中国美术学院	32.36	73	东北师范大学	23.13
39	北京科技大学	32.05	74	苏州大学	23.09
40	南京信息工程大学	31.04	75	西南石油大学	22.99
41	国防科技大学	30.90	76	云南大学	22.85
42	福州大学	30.60	77	哈尔滨工业大学	22.59
43	四川大学	30.00	78	武汉理工大学	21.77
44	北京邮电大学	29.36	79	大连海事大学	21.67
45	湖南大学	29.35	80	上海音乐学院	21.66
46	西北大学	29.20	81	华北电力大学（北京）	21.49
47	重庆大学	28.70	82	大连理工大学	20.82
48	东华大学	28.02	83	武汉大学	20.72
49	天津大学	27.79	84	河北工业大学	20.67
50	石河子大学	27.68	85	中国科学院大学	20.54
51	北京林业大学	27.53	86	东北大学	20.40
52	新疆大学	27.43	87	南京林业大学	20.32
53	中国农业大学	27.27	88	成都理工大学	20.29
54	南昌大学	26.80	89	北京理工大学	20.10
55	兰州大学	26.56	90	东北林业大学	19.93
56	西藏大学	26.47	91	同济大学	19.74
57	华中科技大学	26.37	92	中国人民大学	19.68
58	华东理工大学	26.32	93	北京工业大学	19.56
59	西南交通大学	26.25	94	西南大学	19.56
60	北京交通大学	26.01	95	中国政法大学	19.39
61	北京体育大学	25.78	96	安徽大学	19.32
62	郑州大学	25.66	97	中国药科大学	19.15
63	中国科学技术大学	25.51	98	上海财经大学	18.90
64	南开大学	25.16	99	西北工业大学	18.81
65	北京协和医学院	25.00	100	中南财经政法大学	18.58
66	中央戏剧学院	24.76	101	中国人民公安大学	18.48
67	中央音乐学院	24.60	102	河南大学	18.33

续表

序号	中文名称	得分	序号	中文名称	得分
103	青海大学	18.25	123	中国海洋大学	13.24
104	上海海洋大学	18.16	124	太原理工大学	13.19
105	合肥工业大学	17.59	125	广西大学	12.95
106	河海大学	17.43	126	成都中医药大学	12.16
107	中国石油大学（华东）	17.15	127	北京化工大学	12.13
108	上海中医药大学	17.04	128	西北农林科技大学	11.71
109	上海体育学院	16.89	129	延边大学	11.65
110	华东师范大学	16.73	130	天津中医药大学	11.59
111	中央财经大学	16.70	131	西南财经大学	11.19
112	中国音乐学院	16.47	132	江南大学	10.81
113	西安交通大学	16.16	133	西安电子科技大学	10.36
114	北京中医药大学	15.90	134	中央民族大学	10.35
115	复旦大学	15.90	135	广州中医药大学	9.28
116	四川农业大学	15.89	136	南京邮电大学	8.67
117	长安大学	15.43	137	中国地质大学（北京）	8.50
118	南京中医药大学	15.40	138	中国矿业大学（北京）	8.14
119	陕西师范大学	14.15	139	华北电力大学（保定）	7.32
120	吉林大学	13.57	140	贵州大学	6.41
121	中国石油大学（北京）	13.52	141	天津工业大学	2.70
122	中国地质大学（武汉）	13.30			

（三）Facebook 传播力具体指标分析

Facebook 传播力指数权重占总体传播力指数权重的 20%。自有账号建设部分权重为7%，其中，是否有官方认证账号占比 1%，好友数量、一年内最高点赞量、一年内最高评论量各占比 2%。他建数据占比 13%，其中，一年内正向评论总量和一年内正向点赞总量各占比 4%，正向传播量占比 5%。

从官方认证账号来看，共有 15 所中国大学 Facebook 账号获得官方认证，分别是北京大学、电子科技大学、清华大学、上海外国语大学、浙江大学、澳门大学、东海大学（台湾）、台北大学（台湾）、台湾师范大学、香港城市大学、香港大学、香港科技大学、香港理工大学、香港中文大学、元智大学（台湾）。其中有 5 所内地大学，10 所港澳台大学。

从好友数量来看，中国大学账号平均好友数量为 62473 人。关注人数超过均值的大学共 17 所，占比约为 9.3%。17 所大学中有 11 所内地大学，6 所港台大学。依次为清华大学、北京大学、浙江大学、中国美术学院、南京航空航天大学、天津大学、北京航空航天大学、北京外国语大学、武汉大学、台湾师范大学。好友数量在 100000 人次以上（包括 100000）的大学共 11 所，约占总体的 6%。好友数量在 10000～100000 人次（包括 100000）的大学共 36 所，约占总体的 20%。好友数量在 1000～10000 人次（包括 10000）的大学共 82 所，约占总体的 45%。好友数量在 1000 人次（包括 1000）以下的大学共 53 所，约占总体的 29%。

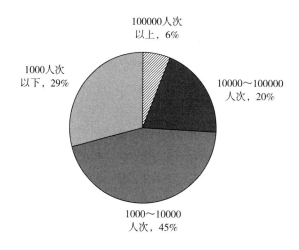

图 1-22　中国大学 Facebook 账号好友数量分布

从一年内最高点赞量来看，中国大学一年内最高点赞量平均为 2878 次，最高点赞量在平均值以上的大学共 44 所，占比约 24.2%，其中有 32 所内地大学、12 所港澳台大学。排名靠前的中国大学依次为南京航空航天大学、中华大学（台湾）、台北大学（台湾）、中国传媒大学、清华大学、哈尔滨工程大学、南京农业大学、山东大学、中央大学（台湾）、湖南师范大学。

从一年内最高评论量来看，中国大学一年内最高评论量平均为 418 次，最高评论量在平均值以上的大学共 29 所，占比约 15.9%，其中有 23 所内地大学、6 所港澳台大学。排名靠前的中国大学依次为上海财经大学、合肥工业大学、辽宁大学、太原理工大学、江南大学、中国医药大学（台湾）、上海音乐学院、北京工业大学、西南石油大学、西藏大学。

从一年内正向评论总量来看，中国大学一年内正向评论总量平均为 1180 次，平台正向评论量在平均值以上的大学共 49 所，占比约 26.9%，其中有 36 所内地大学，13 所港澳台大学。排名靠前的中国大学依次为中央大学（台湾）、中华大学（台湾）、中南大学、南京大学、清华大学、中国人民解放军空军军医大学、山东大学、阳明交通大学（台湾）、北京大学、南京理工大学。

从一年内正向点赞总量来看，中国大学一年内正向点赞总量平均为10949次，平台正向点赞量在平均值以上的大学共51所，占比约28.0%，其中有34所内地大学、17所港澳台大学。排名靠前的中国大学依次为湖南师范大学、南京大学、清华大学、湖南大学、中央大学（台湾）、中国传媒大学、中华大学（台湾）、台北大学（台湾）、中央美术学院、上海大学。

从正向传播量来看，中国大学正向传播量平均为104次，正向传播量在平均值以上的大学共86所，占比47.3%，其中有67所内地大学、19所港澳台大学。排名靠前的中国大学依次为上海大学、南京大学、清华大学、北京外国语大学、上海交通大学、东南大学、北京航空航天大学、北京大学、宁波大学、山东大学。正向传播量在100次以上（包括100次）的大学共93所，在50~100次（包括50次）的大学共72所，在50次以下的大学共17所。

（四）参照分析

清华大学Facebook传播力指数排名位列中国大学之首（指数为100.00），超过日韩参照大学中排名第1的东京大学（指数为96.34）。在中国大学中，Facebook主页好友数量最多者为清华大学（关注人数为4090000），相较上年增长18.27%，仅次于美国参照大学中关注人数第1的哈佛大学（关注人数为6520000），远超过日韩参照大学中关注人数第1的首尔大学（关注人数为220000）和美国参照大学中关注人数第2的斯坦福大学（关注人数为1510000）。

湖南师范大学在2022年Facebook传播力指数排名中列第3位，相较于上年的第53进步明显。平台正向点赞量排名优势突出，这得益于湖南师范大学充分发挥名人效应，获得了较高的点赞量，产生了良好的传播效果，在中国大学中排名第1，超过南京大学、清华大学等知名大学。

在平台传播力方面，头部的清华大学、中央大学（台湾）和北京大学离哈佛大学、耶鲁大学、麻省理工学院以及斯坦福大学仍有一定差距，对比上年的Facebook传播力指数有所退步。但相较于日韩大学，中国大学的平台传播力优势显著，并且与上年相比，中国大学与日韩大学平台传播力的优势进一步增大。

（五）Facebook传播力具体案例分析：北京航空航天大学和湖南师范大学

北京航空航天大学在2022年中国内地大学中的Facebook传播力指数排名第8，与上年的排名第28相比进步明显。各项维度的表现都在中国大学中位居前列。湖南师范大学在2022年Facebook传播力指数排名中列第3位，相较于上年的第24名进步明显，仅次于国内头部大学清华大学与北京大学，平台正向点赞量排名优势突出。在国际交流和海外传播中，北京航空航天大学与湖南师范大学擅长利用自身优势特色，捕捉当下受到世界关注的热点话题，用开阔的国际视野和包容开放、多元共存的心态加快海外传播的步伐。

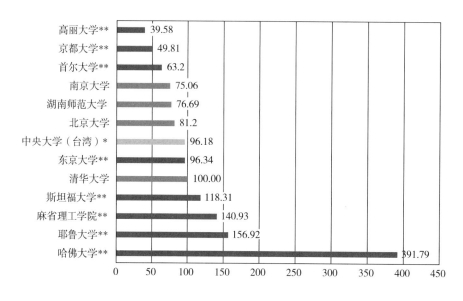

图 1-23　Facebook 传播力指数参照分析

1. 图文结合，顺应视觉传播趋势

在传播形式上，北京航空航天大学多采用图片与文字相结合的形式，符合当下视觉效果为主的传播趋势。发布的图片经过精心挑选与后期处理，在传达信息的同时具有极强的视觉美感。文字内容凝练简洁，互动性强，符合当下网民碎片化的阅读习惯。在传播内容上，北京航空航天大学发布的内容以学生活动、科研成果、学术会议及赛事等为主，语言轻快，富有青春活力。湖南师范大学发布的内容以留学生活动、校友日常、会议科创、校际交流等，两者均以多图配短文字的方式吸引海外用户。

2. 展示留学生日常，把握海外用户喜好

作为两所拥有众多留学生的高校，北京航空航天大学和湖南师范大学充分体现 Facebook 平台特点，注重展示留学生在学校内的生活动态。例如，2022 年 9 月 18 日，北京航空航天大学发布了一则介绍 4 名留学生在"爱上北京的 100 个理由"短视频大赛中获奖的帖子，获得 32 次点赞，展示了留学生丰富多彩的校园生活以及对中国文化的喜爱。湖南师范大学则在毕业季发图祝贺 MBBS（临床医学）留学生毕业并欢迎海外学子申请到湖南师范大学学习。

3. 利用科研与校友资源，展现高校独特风采

秉承"空天报国"的办学传统，北京航空航天大学注重宣传师生学术研究与各类竞赛成绩成果，展现中国航空航天事业的成就与风采。例如，北京航空航天大学在 2021 年 10 月 25 日发布了一则介绍北航校友、货运飞船总设计师白明以及长征七号运载火箭总设计师范瑞祥、程唐明的帖子，获赞 39 次，展现了北京航空航天大学的科研水平以及中国航空航天事业的卓越成绩。2022 年北京冬残奥会期间，北京航空航天大学围绕志愿者、

图1-24 北京航空航天大学与湖南师范大学留学生题材发帖

图1-25 北京航空航天大学航天题材发帖

图 1-26　北京航空航天大学冬奥系列发帖

火炬手、技术官员、开闭幕式、赛事介绍等主题，发布了近 20 条帖子。例如，2022 年 1 月 30 日发布的 "2022 仅剩四天！北航 428 志愿者整装待发"，获赞 33 次，不仅展现了北京航空航天大学学子的精神风貌，同时向世界展现了北京冬残奥会的独特风采，增强受众对中国的兴趣，提高中华文化在海外的影响力与传播力。

　　湖南师范大学则巧妙与校友资源互动，打造出多个爆款推文。KOL 自身吸粉能力强、粉丝范围广，对于海外传播力建设，尤其是全平台的了解与关注助益颇多。湖南师范大学新闻与传播学院就读的沈月在 Facebook 拥有 26 万粉丝，她在多条推文中注明母校 "Hunan Normal University"，将湖南师范大学的名声远传海外。沈月还与母校积极联动，讲述 "我在湖南师范大学的小美好"，这为海外用户了解湖南师范大学提供了一条别样的渠道。利用人气明星、优秀校友、知名学者来讲述高校故事是高校拓宽传播渠道，优化传播效果的可行之策。

SHEN YUE // ● ● ●

Shen Yuè, born 27 February 1997, is a Chinese actress. She is known for her leading role in popular web series A Love So Beautiful. Shen is also set to portray the female lead in the upcoming remake of popular Taiwanese drama series Meteor Garden.

Chinese name: 沈月 (simplified)
Birthdate: 27 February 1997 (age 21)
Birthplace: Shaoyang, Hunan, China
Ethnicity: Han
Alma mater: Hunan Normal University
Occupation: Actress
Years active: 2016–present
Label(s): Mantra Pictures

图 1-27　Facebook 平台上湖南师范大学与沈月发帖

（六）Facebook 传播力小结

1. Facebook 平台建设整体有所进步，但与国外头部大学仍有一定差距

与 2021 年和 2020 年的 Facebook 平台传播力指数相比，中国大学名次浮动较大，仅有清华大学、北京大学连续 3 年均排名靠前。与国外参照大学相比，中国大学 Facebook 平台传播力指数与国外参照大学间的总体差距逐年缩小，账号数量增多、发布内容的质量有所提升。总体而言，2022 年中国大学在 Facebook 平台建设的过程取得了一定进步，但与国外头部大学如哈佛大学、耶鲁大学的差距较上年略有增加。尤其在平台传播量上，中国大学较国外头部大学差距显著。

2. 学术成果、文化传播类内容成为新亮点，打造对外传播新名片

中国大学在 Facebook 上努力打造海外传播文化名片。中国大学在 Facebook 平台上发

布有关校内师生学术研究、科技成果、竞赛成绩的相关信息，不仅向世界展示了中国大学的科研与学术成果，也为海内外学者提供了思想碰撞的平台。南京航空航天大学的自有账号经常发布科研活动及竞赛的相关报道，展示师生的研究进展及创新能力。除学术成果外，文化传播类内容也成为高校建设自有账号时的热门选择。北京外国语大学发起"Learn Chinese with BFSU"专题，用英文解释中国成语，借助学校特点与学科优势让中国文化"走出去"。中国大学向世界讲述兼具民族特质与时代特色的中国故事，展现中华文明的悠久历史和人文底蕴，促使世界读懂中国。

八、维度五：中国大学Instagram传播力

Instagram 的用户来自世界不同国家，是大学内容传播、话题讨论、形象塑造的重要平台。以 Instagram 为平台进行数据统计分析，能够从一个侧面了解中国大学的品牌影响力以及在海外的多模态信息传播效果。

（一）中国大学 Instagram 传播力指数分布

Instagram 传播力维度包括是否有官方认证账号、粉丝数量、一年内发布的内容数量、一年内最多回复数量、一年内图文最高点赞量、一年内视频最高点击量 6 个指标。操作方式为在 Instagram 搜索栏输入各大学英文全称，并进行以上 6 个方面的数据统计。

Instagram 传播力指数排名靠前的中国大学依次为北京大学、清华大学、中国美术学院、上海交通大学、逢甲大学（台湾）、成功大学（台湾）、香港中文大学、浙江大学、台湾师范大学、北京外国语大学。其中有 6 所内地大学、4 所港台大学。北京大学位居首位，其 Instagram 传播力指数为 100.00。

表 1-15　中国大学 Instagram 传播力指数

序号	中文名词	得分	序号	中文名词	得分
1	北京大学	100.00	9	台湾师范大学＊	27.58
2	清华大学	75.51	10	北京外国语大学	27.10
3	中国美术学院	40.93	11	香港大学＊	26.64
4	上海交通大学	39.09	12	清华大学（台湾）＊	24.25
5	逢甲大学（台湾）＊	36.22	13	澳门大学＊	23.43
6	成功大学（台湾）＊	35.81	14	香港浸会大学＊	20.14
7	香港中文大学＊	31.13	15	香港理工大学＊	18.87
8	浙江大学	30.89	16	香港城市大学＊	18.25

序号	中文名词	得分	序号	中文名词	得分
17	天津大学	16.91	52	四川大学	1.38
18	岭南大学＊	15.82	53	中华大学（台湾）＊	1.21
19	台北医学大学＊	15.63	54	郑州大学	1.20
20	香港科技大学＊	15.53	55	上海大学	1.16
21	亚洲大学（台湾）＊	9.68	56	复旦大学	0.94
22	高雄科技大学＊	9.25	57	北京理工大学	0.80
23	政治大学（台湾）＊	9.09	58	西安交通大学	0.78
24	东华大学	8.36	59	北京师范大学	0.69
25	台湾海洋大学＊	8.10	60	重庆大学	0.60
26	华东师范大学	7.81	61	台湾大学＊	0.53
27	上海音乐学院	7.37	62	南京理工大学	0.47
28	上海外国语大学	7.21	63	中国药科大学	0.45
29	西北工业大学	6.78	64	中山大学（台湾）＊	0.44
30	西安电子科技大学	5.85	65	南昌大学	0.44
31	长安大学	5.79	66	南京邮电大学	0.43
32	电子科技大学	5.29	67	辽宁大学	0.42
33	东海大学（台湾）＊	5.18	68	上海海洋大学	0.36
34	云林科技大学（台湾）＊	5.16	69	东北大学	0.35
35	台湾科技大学＊	5.01	70	山东大学	0.31
36	台湾淡江大学＊	4.90	71	湖南大学	0.27
37	武汉大学	4.24	72	成都中医药大学	0.25
38	同济大学	3.79	73	云南大学	0.24
39	北京航空航天大学	3.61	74	中国海洋大学	0.24
40	辅仁大学（台湾）＊	2.85	75	元智大学（台湾）＊	0.23
41	中国石油大学（北京）	2.44	76	兰州大学	0.23
42	西南石油大学	2.44	77	北京交通大学	0.19
43	南京航空航天大学	2.33	78	华中农业大学	0.18
44	东吴大学（台湾）＊	2.17	79	吉林大学	0.15
45	台北大学（台湾）＊	2.11	80	南开大学	0.12
46	暨南国际大学（台湾）＊	2.09	81	中国人民大学	0.12
47	对外经济贸易大学	1.81	82	南京大学	0.12
48	厦门大学	1.55	83	北京体育大学	0.10
49	长庚大学（台湾）＊	1.46	84	中国石油大学（华东）	0.09
50	宁波大学	1.44	85	石河子大学	0.09
51	河南大学	1.40	86	南京中医药大学	0.09

序号	中文名词	得分	序号	中文名词	得分
87	贵州大学	0.05	92	中山大学	0.02
88	中国农业大学	0.05	93	中国政法大学	0.02
89	中南大学	0.04	94	河海大学	0.02
90	中央大学（台湾）*	0.04	95	中国地质大学（武汉）	0.01
91	南京师范大学	0.03	96	北京协和医学院	0.01

（二）中国内地大学 Instagram 传播力指数分布

Instagram 传播力指数排名靠前的内地大学依次为北京大学、清华大学、中国美术学院、上海交通大学、浙江大学、北京外国语大学、天津大学、东华大学、华东师范大学、上海音乐学院。相较于上年，中国美术学院跻身成为 2022 年 Instagram 海外传播力指数排名前三的大学，比上年上升了 6 名。天津大学、东华大学为 2022 年新进排名前十的大学，且东华大学比上年排名上升 16 名。北京大学、清华大学连续三年 Instagram 传播力指数排名居前两位。

表 1-16　内地大学 Instagram 传播力指数

序号	中文名称	得分	序号	中文名称	得分
1	北京大学	100.00	19	中国石油大学（北京）	2.44
2	清华大学	75.51	20	西南石油大学	2.44
3	中国美术学院	40.93	21	南京航空航天大学	2.33
4	上海交通大学	39.09	22	对外经济贸易大学	1.81
5	浙江大学	30.89	23	厦门大学	1.55
6	北京外国语大学	27.10	24	宁波大学	1.44
7	天津大学	16.91	25	河南大学	1.40
8	东华大学	8.36	26	四川大学	1.38
9	华东师范大学	7.81	27	郑州大学	1.20
10	上海音乐学院	7.37	28	上海大学	1.16
11	上海外国语大学	7.21	29	复旦大学	0.94
12	西北工业大学	6.78	30	北京理工大学	0.8
13	西安电子科技大学	5.85	31	西安交通大学	0.78
14	长安大学	5.79	32	北京师范大学	0.69
15	电子科技大学	5.29	33	重庆大学	0.60
16	武汉大学	4.24	34	南京理工大学	0.47
17	同济大学	3.79	35	中国药科大学	0.45
18	北京航空航天大学	3.61	36	南昌大学	0.44

序号	中文名称	得分	序号	中文名称	得分
37	南京邮电大学	0.43	52	南京大学	0.12
38	辽宁大学	0.42	53	北京体育大学	0.10
39	上海海洋大学	0.36	54	中国石油大学（华东）	0.09
40	东北大学	0.35	55	石河子大学	0.09
41	山东大学	0.31	56	南京中医药大学	0.09
42	湖南大学	0.27	57	贵州大学	0.05
43	成都中医药大学	0.25	58	中国农业大学	0.05
44	云南大学	0.24	59	中南大学	0.04
45	中国海洋大学	0.24	60	南京师范大学	0.03
46	兰州大学	0.23	61	中山大学	0.02
47	北京交通大学	0.19	62	中国政法大学	0.02
48	华中农业大学	0.18	63	河海大学	0.02
49	吉林大学	0.15	64	中国地质大学（武汉）	0.01
50	南开大学	0.12	65	北京协和医学院	0.01
51	中国人民大学	0.12			

（三）Instagram 传播力具体指标分析

Instagram 传播力指数权重占总体传播力指数权重的 15%，下设六个指标。其中，是否有官方认证账号占比 1%，粉丝数量、一年内发布的内容数量、一年内最多回复数量、一年内图文最高点赞量、一年内视频最高点击量各占比 2.8%。

第一，在是否有官方认证账号方面，有 100 所大学拥有 Instagram 账号，2022 年只有清华大学、北京大学、香港大学、香港中文大学 4 所学校的账号经过官方认证，相较于上年增加 2 所香港大学。整体而言，中国大学在 Instagram 传播力建设中仍缺乏官方认证意识。同时部分大学缺少 Instagram 账号以及相关运营团队，仅个人名义注册，海外传播的可信度低。

第二，在粉丝数量方面，中国大学 Instagram 账号平均粉丝数量为 2458 人，粉丝数量在平均数以上的大学共有 25 所，占比约 13.6%。该指标排名靠前的大学依次为北京大学、清华大学、上海交通大学、浙江大学、香港大学、香港中文大学、香港理工大学、香港科技大学、中国美术学院、香港浸会大学。其中 5 所大学为内地大学、5 所大学为香港大学，10 所大学粉丝数量平均为 38800 人，较上年的 27800 人有较大增长，但大学间粉丝数量差异较大，位居第 1 的北京大学（91000 人）与位居第 10 的香港浸会大学（17000人）相差 74000 人。

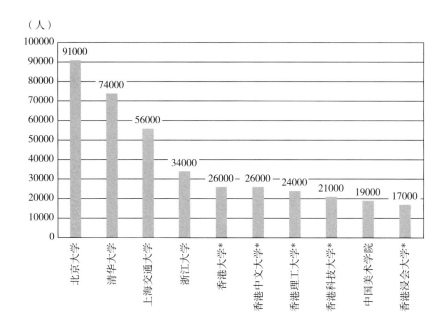

图 1-28　部分中国大学 Instagram 粉丝数量

第三，在一年内发布内容数量方面，2022 年中国大学 Instagram 账号信息年均信息发布量 52 条，与上年（51 条）基本持平，高于平均数的大学有 40 所，占比约为 21.9%。2022 年 Instagram 账号年发布内容数量为 0 的有 115 所，占比约为 62.8%。账号发布信息数量排名靠前的中国大学依次为北京外国语大学、上海交通大学、北京大学、清华大学、浙江大学、澳门大学、中国美术学院、台北医学大学、香港中文大学、天津大学。其中 7 所为内地大学，较上年增加 1 所。信息发布量最大的是北京外国语大学，连续两年蝉联榜首，达到 574 条，但是粉丝数和点赞量较少。这 10 所大学发布数量平均为 430 条，较上年有明显增长。

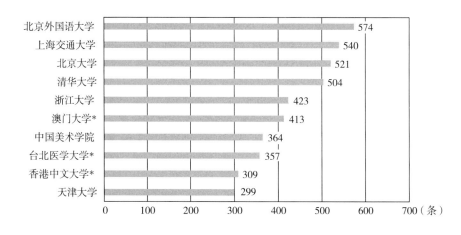

图 1-29　部分中国大学 Instagram 发布图文数量

第四，在一年内最多回复数量方面，中国大学 Instagram 账号平均获回复 29 条。该指标排名靠前的大学依次为逢甲大学（台湾）、清华大学（台湾）、台湾师范大学、香港城市大学、政治大学、北京大学、岭南大学、香港中文大学、香港浸会大学、上海交通大学。香港浸会大学和上海交通大学排名并列第 9，均为 126 条。排名第 1 的是逢甲大学发布的一条抽奖类内容，回复量达到 1457 条。

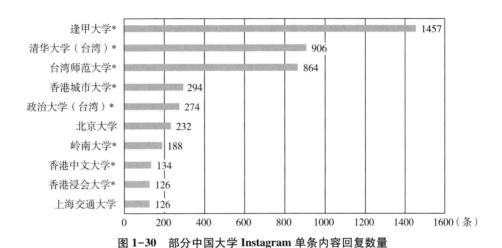

图 1-30 部分中国大学 Instagram 单条内容回复数量

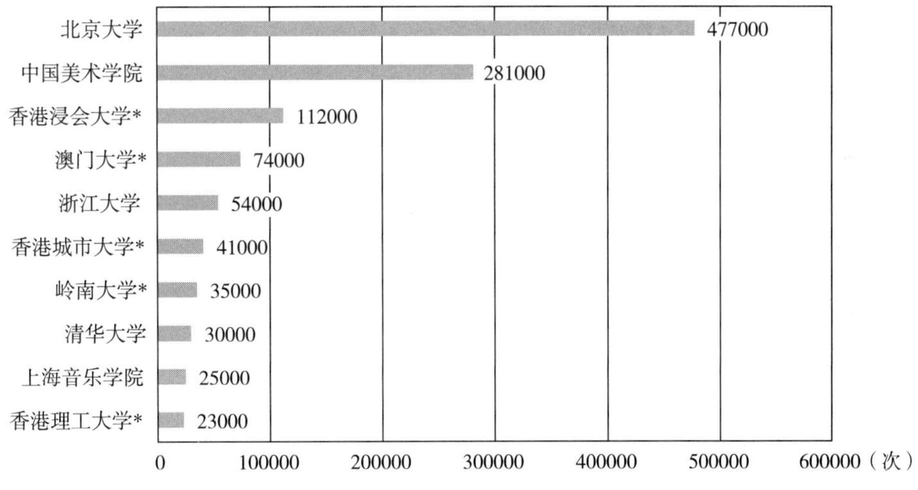

图 1-31 部分中国大学 Instagram 单条视频最高点击量

第五，在一年内图文最高点赞量方面，中国大学 Instagram 账号单条内容平均最高点赞量为 532 条，获点赞数高于平均数的大学有 19 所，占比约 10.3%。该指标排名靠前的大学依次为清华大学、北京大学、中国美术学院、逢甲大学（台湾）、浙江大学、北京外国语大学、香港理工大学、岭南大学、上海音乐学院和香港中文大学。其中 6 所为内地大学、3 所为香港大学、1 所为台湾大学。

第六，在一年内视频最高点击量方面，中国大学 Instagram 账号单条视频信息最高播放量为 477000 次，是北京大学发布的一条视频。中国大学 Instagram 账号单条视频信息平均最高点击量为 6783 次，较上年（3823 次）增长较多。该指标排名靠前的大学依次为北京大学、中国美术学院、香港浸会大学、澳门大学、浙江大学、香港城市大学、岭南大学、清华大学、上海音乐学院、香港理工大学。点击量在平均数以上的大学共有 14 所，占比约 7.7%。在 100 所拥有 Instagram 账号的大学中，共有 46 所大学 Instagram 账号发布过视频。

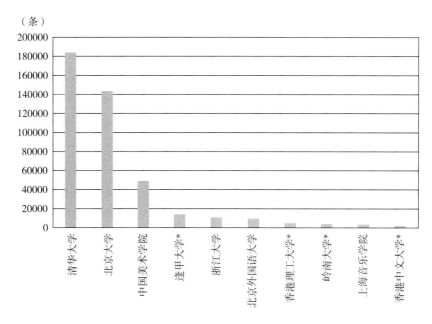

图 1-32　部分中国大学 Instagram 图文最高点赞量

（四）参照分析

1. 中国大学部分指标与日韩大学相比优势显著

在粉丝数量方面，中国大学粉丝数量最多的是北京大学的 91000 人，超过日韩参照大学排名第 1 的首尔大学（粉丝数量为 79000 人）；一年内发布的内容数量方面，北京外国语大学最多，为 574 条，超过日韩参照大学排名第 1 的首尔大学（年发布内容 157 条）；一年内图文最高点赞量方面，清华大学单条图文最高点赞量为 184000 次，是日韩参照大学排名第 1 的首尔大学（最高点赞量为 14000 次）的 13 倍左右；一年内视频最高点击量方面，北京大学单条视频最高点击量最多，为 477000 次，日韩参照大学中排名第 1 的首尔大学（最高点击量为 23000 次）近 20 倍，也超过美国参照大学排名第 1 的哈佛大学（最高点击量为 138000 次）；一年内最多回复数量方面，逢甲大学单条内容最高回复量最多，为 1457 条，远低于美国参照大学排名第 1 的哈佛大学（回复数量为 180000 条），但远超日韩参照大学排名第 1 的首尔大学（回复数量为 292 条）。

2. 中国大学部分指标与美国大学相比存在一定差距

与美国参照大学相比，中国大学 Instagram 平台建设已取得了较大进步，在多个指标上超过参照大学。北京大学和清华大学的一年内图文最高点赞量、一年内视频最高点击量均超过哈佛大学、斯坦福大学、耶鲁大学、麻省理工学院 4 所美国参照大学，但在粉丝数量、一年内最多回复数量、一年内发布的内容数量 3 个指标远落后于四所美国高校，差距十分明显。哈佛大学粉丝数量 2088000 人，回复数量为 180000 条，传播量 2630000 人次，均远高于中国 Instagram 传播力指数最高的北京大学各项指标。在粉丝数量方面，中国大学粉丝数量最多的是北京大学（粉丝数量为 91000 人），超过日韩参照大学中粉丝数量最多的首尔大学（粉丝数量为 79000 人）。在发布内容数量方面，北京外国语大学最多，为 574 条，远高于日韩参照大学中发布内容数最多的首尔大学（年发布内容 157 条），同时也远高于该指标下美国参照大学中发布内容数量最多的耶鲁大学（年发布内容 302 条）。在单次内容点赞量方面，清华大学单条图文最高点赞量均为 184000 次，是日韩参照大学中点赞量最高的首尔大学（最高点赞量为 14000 次）的 13 倍左右。在视频点击量方面，北京大学单条视频最高点击量最多，为 477000 次，是该指标下日韩参照大学中排名第 1 的首尔大学（视频最高点击数量为 23000 次）的近 20 倍，也超过该指标下美国参照大学中排名第 1 的哈佛大学（视频最高点击量为 138000 次）。在互动评论方面，逢甲大学单条内容最高回复量最多，为 1457 条，远低于该指标下美国参照大学中排名第 1 的哈佛大学（回复数量为 180000 条），远高于日韩参照大学中的首尔大学（回复数量为 292 条）。

与美国参照大学相比，中国大学 Instagram 平台建设已取得了较大进步，在多个指标上超越美国和日韩大学。北京大学和清华大学在图文最高点赞量、视频最高点击量均超过哈佛大学、斯坦福大学、耶鲁大学、麻省理工学院 4 所参照大学，但在粉丝数量、回复数量、传播量 3 个指标远落后于四所美国大学，差距十分明显。哈佛大学粉丝数量 2088000 人，回复数量为 180000 条，传播量 2630000，均远高于中国 Instagram 传播力指数最高的北京大学各项指标。

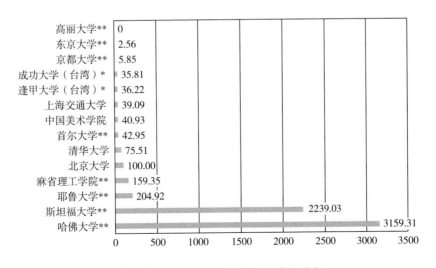

图 1-33 Instagram 传播力指数参照分析

（五）Instagram 传播力具体案例分析：北京大学和中国美术学院

北京大学在 2022 年中国内地大学海外传播力指数总排名中位居第 2，在 Instagram 传播力指数排名第 1。北京大学的 Instagram 平台粉丝数量为 91000 人，相较于上年（51000 人）增长了 78.43%。北京大学一年内发布在 Instagram 的内容达 521 条，平台的点赞数量最高达 144000 次，其视频点赞量最高的一条更是达到了 477000 次，远高于其他国内高校，在海外社交平台的传播收到了正向积极反馈。

图 1-34　北京大学 Instagram 首页

中国美术学院在 2022 年中国内地大学海外传播力指数总排名中位居第 6。在 Instagram 传播力指数排名中位居第 3。总体而言，中国美术学院在传播力的多个指标上已位居中国大学前列。粉丝数量为 19000 人，一年内发布的内容数量 364 条，一年内图文最高点赞量 49000 次，一年内视频最高点击量 281000 次。

图 1-35　中国美术学院 Instagram 首页

1. 彰显大学特色，展现校园风光

中国美术学院发挥了其作为艺术类院校的特色优势，从发布的内容可以看出，主要推送学校举办的艺术展览海报和学生艺术作品，同时辅以校园风光的拍摄，发挥大学定位和互动特征。在艺术层面，将中国传统美术与西方现代艺术相结合，紧跟时代潮流。同时，中国美术学院较好地利用了其区位优势，展现了位于"江南水乡"的校园风光。

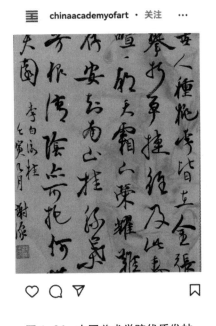

图1-36　中国美术学院优质发帖

2. 立足国际视野，创新传播形式

北京大学充分利用社交平台图、文、视频结合的特点，发挥平台的互动优势，全方位展示了自身兼具国际化视野和悠久历史文化的形象。发布的内容包括以留学生口吻叙述的校园生活、校园风景、师生交流会、学术研讨活动等，既展现了如今燕园的文化风貌，也突出了一流的学术能力和国际交流合作水平。北京大学抓住 Instagram 平台互动特点，在评论中引导观众互动，以留学生 Daria 视角讲述的学校生活获得了最高点赞，向世界展现了北京大学对青年人才的开放意识和一流学术交流能力。

中国美术学院则立足国际视野，把握西方受众的喜好，发布内容时充分考虑目标受众的文化和思维方式差异，收获了良好的国际传播效果，减少了文化折扣的影响，充分发挥了"艺术无国界"的优势，依托高校平台，积极与国外开展学术交流，采用文字、图片和视频相结合的全媒体传播形式，增强自身的传播力、影响力。同时，该校着力于提升对外传播策略，采取西方受众乐于接受的传播模式，打造本土化传播模式。

3. 弘扬传统文化，讲好中国故事

中国美术学院致力于弘扬中华优秀传统文化，对于书法、国画、丝织品、剪纸艺术等中国传统艺术品进行大力宣传。将发布内容融入中国传统文化的视觉符号，打造中国名片，将中国文化和艺术传递给目标群体。努力在世界艺术的大格局中讲好中国故事，弘扬中国精神。

图 1-37 留学生 Daria 在 Instagram 上讲述自己的北大生活

图 1-38 中国美术学院传统文化发帖

（六） Instagram 传播力小结

1. 内地大学传播力显著提高，但与海外头部大学仍存在差距

内地大学排行第 1 的北京大学在图文最高点赞量、视频最高点击量均排名海内外大学第 1。在内容发布数量上，北京大学、清华大学、上海交通大学、浙江大学、中国美术学院均超过参照大学发布最多的耶鲁大学。而北京外国语大学、山东大学、上海交通大学也

超过斯坦福大学。这表明近年来内地大学在 Instagram 平台上进步迅速，如北京大学的粉丝量相比上年几乎增长了一倍。

但在传播力上，内地大学排名第 1 的北京大学仍与哈佛大学、斯坦福大学、耶鲁大学和麻省理工学院存在差距。主要在于粉丝数量和内容回复数量这 2 个指标大幅落后于海外大学。以哈佛大学为例，虽然其在内容发布、点赞量、视频播放量均落后于北京大学。但因其粉丝数量庞大，吸引了来自世界各地用户的关注，超过北京大学近 200 万人，同时，回复数量 180000 条也远多于北京大学的 232 条。内地大学在这两个指标的断层式差距，影响了海外传播力的整体提升。

2. 加强国际互动交流，吸引海外用户关注

Instagram 用户来自世界上不同国家，也是大学内容传播、话题讨论、形象塑造等的重要平台。目前，内地大学大都看重内容的质量（包括点赞数、视频点击量和发布数量），但在互动层面（如粉丝关注、评论回复数量）等均存在欠缺。因此，这就需要中国大学打造自己的高校品牌，提高自己的用户黏性，加强国际层面的互动频率，来吸引海外用户的关注。

目前各个大学在内容层面多以中国语境打造内容，由于文化折扣现象的存在，海外用户在解读中国大学发布的内容时会面临一定的障碍，因此需要进一步加强与海外的学术合作交流，增加跨国的院校联动，来吸引海外用户的关注。作为海外来华学习和交流代表，留学生和外籍教师在传播力层面具有天然优势，在媒介使用、语言等方面能实现与海外用户的无障碍沟通，更利于向海外传播中国大学的声音。

九、维度六：中国大学YouTube传播力

YouTube 是世界最大的视频网站，作为当前行业内最成功、实力最强大、影响力颇广的在线视频服务提供商，YouTube 的系统每天要处理上千万个视频片段，为全球成千上万的用户提供高水平的视频上传、分发、展示、浏览服务。2021 年 4 月，谷歌表示，YouTube 每月登录用户超过 20 亿人次。同时，YouTube 作为世界第二大搜索引擎，全球每月独立访问者达到 10 亿人次，每天 40 亿浏览量，已经逐渐发展成为一个集合专业新闻报道与用户原创内容的平台。

（一）中国大学 YouTube 传播力指数分布

YouTube 传播力维度包括是否有官方认证账号、订阅数量、一年内发布的内容数量、一年内最高点击量四个指标。按不同权重计算指标对应数据，得出 182 所中国大学 YouTube 传播力指数分布情况。

YouTube 传播力指数排名靠前的中国大学依次为清华大学、香港中文大学、复旦大学、香港大学、成功大学（台湾）、香港理工大学、北京大学、中国美术学院、岭南大学、浙江大学。其中 5 所内地大学、4 所香港大学、1 所台湾大学。2021 年排名靠前的中国大学中只有 3 所内地大学，由此可见内地大学传播力进步明显。清华大学位居首位，其传播力指数为 100.00。

中国大学对 YouTube 平台的使用有所进步，但仍存在很大增长空间。拥有官方认证账号的大学相较上年增长了 18.5%。112 所中国大学尚未获得官方认证的 YouTube 账号，占比 62%，其余 70 所大学未注册 YouTube 账号，占比 38%。在 YouTube 传播力维度中，中国大学的平均指数为 6.38，超过平均指数的大学共 28 所，占比 15.4%。

表 1-17　中国大学 YouTube 传播力指数

序号	中文名称	得分	序号	中文名称	得分
1	清华大学	100.00	26	天津大学	6.99
2	香港中文大学＊	87.92	27	上海外国语大学	6.83
3	复旦大学	81.43	28	辅仁大学（台湾）＊	6.47
4	香港大学＊	76.71	29	高雄科技大学＊	6.28
5	成功大学（台湾）＊	73.42	30	中山大学（台湾）＊	5.57
6	香港理工大学＊	71.85	31	阳明交通大学（台湾）＊	5.51
7	北京大学	67.61	32	东吴大学（台湾）＊	5.34
8	中国美术学院	61.59	33	西南财经大学	4.17
9	岭南大学＊	55.33	34	华东师范大学	4.04
10	浙江大学	45.29	35	西安交通大学	4.02
11	上海交通大学	44.49	36	西北工业大学	3.79
12	香港浸会大学＊	44.43	37	太原理工大学	3.72
13	台湾大学＊	32.46	38	西南石油大学	3.62
14	香港城市大学＊	30.09	39	上海音乐学院	3.32
15	逢甲大学（台湾）＊	23.01	40	元智大学（台湾）＊	3.26
16	澳门大学＊	22.87	41	台北医学大学＊	3.05
17	香港科技大学＊	21.02	42	北京外国语大学	2.53
18	亚洲大学（台湾）＊	19.34	43	中国矿业大学（徐州）	2.22
19	云林科技大学（台湾）＊	16.67	44	中央大学（台湾）＊	2.12
20	政治大学（台湾）＊	15.44	45	西安电子科技大学	2.11
21	台湾师范大学＊	13.77	46	台北大学（台湾）＊	2.04
22	中华大学（台湾）＊	10.10	47	东华大学（台湾）＊	2.04
23	长庚大学（台湾）＊	9.90	48	彰化师范大学＊	2.02
24	东海大学（台湾）＊	9.21	49	北京师范大学	1.86
25	清华大学（台湾）＊	7.89	50	暨南国际大学（台湾）＊	1.74

续表

序号	中文名称	得分	序号	中文名称	得分
51	台湾淡江大学 *	1.60	81	新疆大学	0.27
52	哈尔滨工程大学	1.56	82	北京邮电大学	0.18
53	中国医药大学（台湾） *	1.48	83	山东大学	0.17
54	同济大学	1.36	84	哈尔滨工业大学	0.16
55	兰州大学	1.26	85	北京工业大学	0.16
56	长安大学	1.15	86	台湾科技大学 *	0.15
57	上海中医药大学	0.97	87	对外经济贸易大学	0.15
58	中原大学（台湾） *	0.94	88	南京信息工程大学	0.15
59	东华大学	0.84	89	大连理工大学	0.15
60	南昌大学	0.84	90	电子科技大学	0.14
61	北京林业大学	0.77	91	武汉大学	0.13
62	中山大学	0.73	92	南京理工大学	0.12
63	南京航空航天大学	0.63	93	华中科技大学	0.12
64	中兴大学（台湾） *	0.56	94	北京交通大学	0.12
65	中国科学技术大学	0.54	95	中正大学（台湾） *	0.11
66	中国地质大学（武汉）	0.54	96	石河子大学	0.08
67	中国地质大学（北京）	0.54	97	台湾海洋大学 *	0.06
68	中国石油大学（北京）	0.50	98	吉林大学	0.06
69	重庆大学	0.49	99	北京航空航天大学	0.05
70	中国科学院大学	0.47	100	湖南大学	0.04
71	华南理工大学	0.46	101	郑州大学	0.04
72	上海大学	0.43	102	北京理工大学	0.04
73	华北电力大学（北京）	0.42	103	中国石油大学（华东）	0.04
74	西北大学	0.41	104	北京中医药大学	0.04
75	台北科技大学 *	0.38	105	宁波大学	0.03
76	上海财经大学	0.34	106	中国人民大学	0.02
77	上海海洋大学	0.34	107	南京邮电大学	0.02
78	高雄医学大学 *	0.31	108	华东理工大学	0.01
79	天津中医药大学	0.30	109	江南大学	0.01
80	北京科技大学	0.28			

（二）中国内地大学 YouTube 传播力指数分布

YouTube 传播力指数排名靠前的内地大学依次为清华大学、复旦大学、北京大学、中国美术学院、浙江大学、上海交通大学、天津大学、上海外国语大学、西南财经大学和华东师范大学。

表 1-18　内地大学 YouTube 传播力指数

序号	中文名称	得分	序号	中文名称	得分
1	清华大学	100.00	36	华南理工大学	0.46
2	复旦大学	81.43	37	上海大学	0.43
3	北京大学	67.61	38	华北电力大学（北京）	0.42
4	中国美术学院	61.59	39	西北大学	0.41
5	浙江大学	45.29	40	上海财经大学	0.34
6	上海交通大学	44.49	41	上海海洋大学	0.34
7	天津大学	6.99	42	天津中医药大学	0.30
8	上海外国语大学	6.83	43	北京科技大学	0.28
9	西南财经大学	4.17	44	新疆大学	0.27
10	华东师范大学	4.04	45	北京邮电大学	0.18
11	西安交通大学	4.02	46	山东大学	0.17
12	西北工业大学	3.79	47	哈尔滨工业大学	0.16
13	太原理工大学	3.72	48	北京工业大学	0.16
14	西南石油大学	3.62	49	对外经济贸易大学	0.15
15	上海音乐学院	3.32	50	南京信息工程大学	0.15
16	北京外国语大学	2.53	51	大连理工大学	0.15
17	中国矿业大学（徐州）	2.22	52	电子科技大学	0.14
18	西安电子科技大学	2.11	53	武汉大学	0.13
19	北京师范大学	1.86	54	南京理工大学	0.12
20	哈尔滨工程大学	1.56	55	华中科技大学	0.12
21	同济大学	1.36	56	北京交通大学	0.12
22	兰州大学	1.26	57	石河子大学	0.08
23	长安大学	1.15	58	吉林大学	0.06
24	上海中医药大学	0.97	59	北京航空航天大学	0.05
25	东华大学	0.84	60	湖南大学	0.04
26	南昌大学	0.84	61	郑州大学	0.04
27	北京林业大学	0.77	62	北京理工大学	0.04
28	中山大学	0.73	63	中国石油大学（华东）	0.04
29	南京航空航天大学	0.63	64	北京中医药大学	0.04
30	中国科学技术大学	0.54	65	宁波大学	0.03
31	中国地质大学（武汉）	0.54	66	中国人民大学	0.02
32	中国地质大学（北京）	0.54	67	南京邮电大学	0.02
33	中国石油大学（北京）	0.5	68	华东理工大学	0.01
34	重庆大学	0.49	69	江南大学	0.01
35	中国科学院大学	0.47			

（三）YouTube 传播力具体指标分析

YouTube 传播力指数权重占总体传播力指数权重的 16%。其中，是否有官方认证账号占比 1%，订阅数量、一年发布的内容数量、一年内最高点击量各占比 5%。

从是否有官方认证账号来看，112 所大学拥有尚未获得官方认证的 YouTube 账号，其余 70 所大学未注册 YouTube 账号。

从订阅数量来看，112 所大学 YouTube 账号订阅数量平均为 1111 人次。订阅数量排名靠前的中国大学依次为北京大学、清华大学、复旦大学、香港中文大学、上海交通大学、香港大学、中国美术学院、台湾大学、香港浸会大学、香港理工大学。其中内地大学和港澳台大学各 5 所。

从一年内发布的内容数量来看，67 所大学 YouTube 账号曾发布视频。发布内容数量排名靠前的中国大学依次为复旦大学、清华大学、香港理工大学、浙江大学、上海交通大学、香港大学、北京大学、香港城市大学、香港科技大学、中国美术学院。其中 6 所内地大学、4 所港澳台大学。

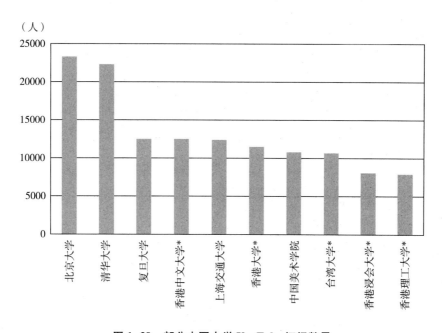

图 1-39　部分中国大学 YouTube 订阅数量

从一年内最高点击量来看，112 所大学 YouTube 账号一年内单条内容最高点击量平均为 17729 次。单条视频最高点击量排名靠前的中国大学依次为香港中文大学、成功大学（台湾）、岭南大学、香港大学、香港理工大学、中国美术学院、香港浸会大学、清华大学、浙江大学、香港城市大学。其中 3 所内地大学，7 所港澳台大学。

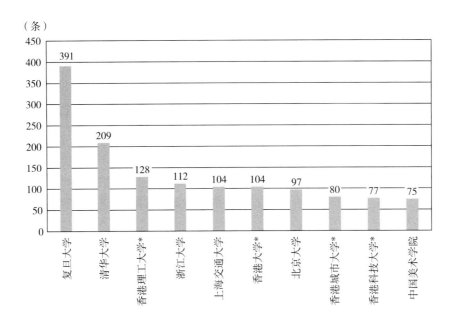

图 1-40　部分中国大学 YouTube 发布内容数量

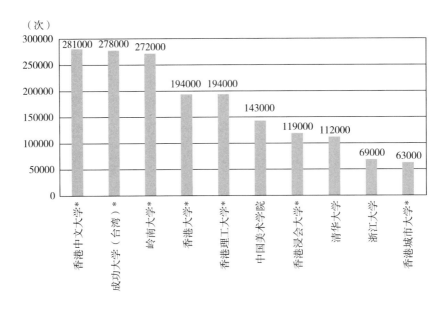

图 1-41　部分中国大学 YouTube 一年内视频最高点击量

（四）参照分析

中国大学 YouTube 传播力指数排名第一的清华大学指数为 100.00，低于首尔大学，但高于其他 3 所日韩参照大学。在官方认证账号方面，首尔大学账号得到官方认证，而清华大学账号未得到官方认证。在一年内发布视频数量方面，清华大学 2022 年发布视频

209条，高于日韩参照大学。清华大学订阅量与最高视频点击量不及首尔大学，但高于其他3所日韩大学。与上年相比，2022年中国大学排名第二和第三的复旦大学和香港中文大学综合指数超过除首尔大学以外的其他3所日韩参照大学，YouTube传播力提升明显。

在YouTube传播力维度下，在包含8所参照大学的190所大学中，排名靠前的有6所内地大学、8所港澳台大学（YouTube传播力指数排名前22），与上年相比，排名靠前的内地大学数量增加，说明内地头部大学YouTube传播力建设与港澳台大学的差距正逐步缩小，内地头部大学YouTube传播力进步明显，而其他内地大学仍有待提升。

与美国参照大学相比，中国大学在YouTube传播力建设上有明显差距。在中国大学与美国参照大学YouTube传播力指数的对比中，4所美国大学排名均在中国大学之前。美国参照大学中，哈佛大学和麻省理工学院YouTube账号得到官方认证，中国大学均不具有官方认证账号。哈佛大学订阅量221万人次，远超清华大学的2.23万人次。

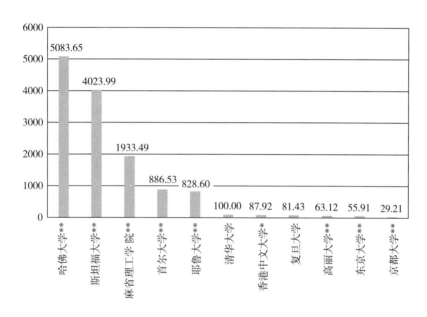

图1-42　YouTube传播力指数参照分析

内地大学YouTube平台建设逐步进行，头部大学优势明显，其他内地大学有所进步，但仍有较大提升空间。部分内地大学较上年排名有所上升，超过港澳台大学，说明内地大学有所进步，但总体来说，仍有较大的提升空间。

（五）YouTube传播力具体案例分析：香港中文大学和复旦大学

在182所中国大学YouTube传播力指数排名中，香港中文大学成绩亮眼、表现稳定，连续3年YouTube传播力指数排名靠前。2022年中国大学YouTube传播力指数排名中，香港中文大学以87.92分位居第2。复旦大学排名第3，在YouTube视频发布内容数量上排名第 1，为 391 条，订阅数量排名第 3，为 12500。两所高校代表了内地大学与港澳台大学 YouTube 平台建设的较高水平。

2022 年，香港中文大学在 YouTube 平台上共发布 128 条视频，其内容主要集中在两大方面。一是三大系列短视频，包括"不'疫''乐'乎"、《疫久常新》及"點解你鍾意中大"短视频，充分展现香港中文大学疫情时期的校园情况、学校面对公共卫生危机的积极状态及校园风貌，向海外网友展现中国大学的特有魅力。二是校园内的重大新闻事件、研究项目及学校的长远策略规划等视频，全面体现校园文化及学术优势。同时，香港中文大学十分注重宣传的国际性，采用三种版本（中文简体版、中文繁体版、英文版）进行宣传，起到了良好的传播效果。

图 1-43　香港中文大学 YouTube 平台发文

复旦大学充分利用 YouTube 重视频的平台特点，发布内容多为师生在校的日常生活与体验，如"Echo 合唱团"相关的表演视频和学校的毕业 MV 视频等，全方位、多角度打造优质校园风貌、展演丰富多彩的校园生活。同时，复旦大学还时常推出名师专家的优质课程讲座，内容涉及各个学科，全面展现复旦大学的名师风采及前沿学术，向全球用户建构了"关注校园生活，展现名师风采"的复旦形象。

图 1-44　复旦大学 YouTube 上"Echo 合唱团"相关表演视频

（六）YouTube 传播力小结

1. 内地大学 YouTube 平台建设有所提升，但仍有较大进步空间

2022 年，141 所内地大学中共有 72 所注册了 YouTube 账号，注册率为 51.06%，低于港澳台大学注册率（97.56%）及国外参照大学注册率。相较于上年，新增注册大学 28 所。不过，参照大学中的哈佛大学、麻省理工、首尔大学拥有经过官方认证的 YouTube 账号，而中国内地大学账号均未获得官方认证。2022 年中国内地大学中 YouTube 账号订阅量最多的大学为北京大学，拥有 23300 人次的订阅量，较上年 YouTube 账号订阅数量最多的清华大学多 10100 订阅人次，但其订阅量仍远低于参照大学。

拥有 YouTube 官方认证账号的 72 所中国内地大学的平均发文量为 18.17 条，仅为参照大学发文量的 23.18%；平均最高点击量为 4865.5 次，低于港澳台大学平均最高点击量（39887 次），远低于参照大学平均最高点击量（551850 次）。由此可见，尽管中国内地大学 YouTube 平台建设有所提升，但在订阅数量、一年内发布的内容数量、一年内最高点击量方面与港澳台大学及参照大学仍有较大差距，YouTube 平台建设仍有较大进步空间。

2. 国际化视频受 YouTube 用户青睐，涉及国际重要议题的视频更受关注

本报告涵盖的 192 所大学中，YouTube 平台单条视频点击量最高的大学为首尔大学，视频点击量 2900000 次，远高于其他大学。该视频涉及国际人口老龄化的全球议题。中国内地大学中，清华大学、北京大学等通过讲述国际化议题、展现留学生生活等方式贴合国际用户，吸引大量关注。

图 1-45　首尔大学 YouTube 平台视频

图 1-46　清华大学与北京大学 YouTube 国际化视频案例

十、结论与分析

（一）清华大学、北京大学和香港大学居 2022 年中国大学海外网络传播力排名三甲

2022 年，中国大学的海外网络传播力综合指数排名靠前的依次是清华大学、北京大学、香港大学、香港中文大学、香港理工大学、台湾大学、浙江大学、上海交通大学、成功大学（台湾）和复旦大学。

2022 年，内地大学的海外网络传播力综合指数排名靠前的依次分别是清华大学、北京大学、浙江大学、上海交通大学、复旦大学、中国美术学院、南京大学、北京外国语大学、山东大学和上海大学。

2022年，中国大学海外网络传播力综合指数排名中，内地大学与港澳台大学均有不俗表现。榜单的前二十所中，内地有8所大学入围，香港有5所大学入围，澳门有1所大学入围，台湾有6所大学入围。

（二）清华大学、北京大学、浙江大学和复旦大学连续6年进入内地排名前十，清华大学和北京大学的头部优势进一步凸显，内地大学间差距进一步扩大

对比2017~2022年内地大学海外网络传播力指数排名，始终稳定在前十的有清华大学、北京大学、浙江大学和复旦大学。另外，中国美术学院5次上榜，南京航空航天大学、上海交通大学、天津大学、南京大学均有4次上榜。2022年，山东大学、上海大学首次跻身前十。

内地大学海外传播力综合指数基本呈现正态分布。141所内地大学的综合指数平均分为13.31，共有41所高校超过平均值。综合指数在30以上的仅有7所，占比4.96%；综合指数10~30的有78所，占比55.32%；综合指数在10以下的有56所，占比39.72%。在清华大学的100.00和北京大学的94.36后，第三名浙江大学的分值为38.72，第四名上海交通大学的分值为38.52。这表明内地大学间海外传播力建设差距逐渐扩大，头部大学的优势越发明显，应发挥头部大学示范作用，全面加强海外全媒体平台建设。

表1-19　2017~2022年内地大学海外网络传播力指数排名靠前的对比

序号	2017年	2018年	2019年	2020年	2021年	2022年
1	清华大学	北京大学	清华大学	清华大学	清华大学	清华大学
2	北京大学	清华大学	北京大学	北京大学	北京大学	北京大学
3	南京大学	中国美术学院	中国美术学院	上海交通大学	浙江大学	浙江大学
4	复旦大学	南京航空航天大学	浙江大学	浙江大学	上海交通大学	上海交通大学
5	浙江大学	南京大学	天津大学	南京航空航天大学	北京外国语大学	复旦大学
6	南京航空航天大学	浙江大学	南京航空航天大学	天津大学	复旦大学	中国美术学院
7	上海交通大学	复旦大学	复旦大学	中国美术学院	华东师范大学	南京大学
8	中国科学技术大学	天津大学	北京航空航天大学	复旦大学	中国美术学院	北京外国语大学
9	对外经济贸易大学	北京航空航天大学	北京师范大学	华中科技大学	天津大学	山东大学
10	北京外国语大学	四川大学	南京大学	华东师范大学	中国科学技术大学	上海大学

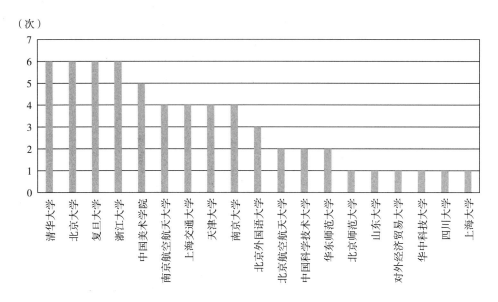

图 1-47　2017~2022 年内地大学海外网络传播力靠前的大学上榜次数

（三）中国大学海外传播力建设不断加强，社交平台活跃度显著提升

将 141 所内地大学与 41 所港澳台大学 2022 年的海外社交平台建设情况与上年的数据进行对比，发现中国大学在 Facebook、Twitter、YouTube、Instagram 等平台的账号注册数量、粉丝（好友）数量、发文数量均有不同程度的提高，海外传播力建设不断加强，社交平台活跃度显著提升。

在 Facebook 平台上，2022 年中国大学账号平均好友数量为 62473，相比于上年的48460 增长了 28.92%。在 Twitter 平台上，各大学粉丝数量均有不同程度的上涨，头部大学中，重庆大学粉丝量增长了 1513%、北京大学粉丝量增长了 113%、浙江大学粉丝量增长了 85%，表现尤为亮眼。在 YouTube 平台上，拥有官方认证账号的大学相较上年增长了 18.5%。在 Instagram 平台上，中国大学账号单条视频信息最高播放量为北京大学的477000 次，远高于上年的 241000 次。中国大学账号单条视频信息平均最高点击量为 6783次，较上年增长了 77.43%。

（四）内地大学在 **Facebook**、**Twitter** 平台较为活跃，而在 **Instagram** 和 **YouTube** 两个主要以图片与视频为载体的新兴社交媒体平台相对不足

通过比较内地大学与港澳台大学在 Facebook、Twitter、YouTube、Instagram 等海外社交平台上的传播力指数差异，发现内地大学在 Twitter 的平台传播力最高，其次是 Facebook，而在 Instagram 和 YouTube 平台上传播力指数大幅落后于港澳台大学。具体而言，内地大学的 Twitter 传播力指数均值为 3.43，约为港澳台大学的 138.31%，表现最好。而在 YouTube 上，内地大学的传播力指数均值只占港澳台大学的 52.04%。由此可见，内地

大学在各个社交平台上活跃度冷热不均，Twitter 和 Facebook 较为活跃，而 Instagram 和 YouTube 活跃度不佳。

从各个平台中国大学传播力指数榜单中也可窥见这种差异，Twitter 榜单前十中有 3 所港台大学，Facebook 榜单前十有 3 所台湾大学，Instagram 榜单前十有 4 所港台大学，YouTube 榜单前十有 5 所港台大学。相较于 Instagram 和 YouTube 两个主要以图片与视频为载体的新兴社交媒体平台，内地大学在 Facebook 和 Twitter 两个偏于传统的社交媒体平台上表现更为突出。

表 1-20　内地大学与港澳台大学各社交平台传播力指数均值

大学地区	Facebook	Twitter	YouTube	Instagram
内地	26.62	3.43	3.32	3.00
港澳台	27.38	2.48	6.38	4.41

（五）中国头部大学海外传播力已超过日韩头部大学，但与美国头部大学相比仍有一定差距

将五年来内地大学海外网络传播力指数排名第 1 与当年美国参照大学排名第 1、日韩参照大学排名第 1 以及港澳台大学排名第 1 进行比较发现，内地第一的大学已经明显超过港澳台大学第一以及日韩参照高校第一。与美国参照大学第一比较，发现内地第一的大学仍有一定的差距，尤其在全社交平台的关注度与讨论度上仍有不小的欠缺，但在平台自我建设方面，内地头部的清华大学、北京大学已经逐渐赶上，差距正在显著缩小，表明内地大学的海外传播力建设取得了明显的进步。

表 1-21　2018~2022 年内地大学排名第一与参照大学排名第一的传播力指数比较

传播力指数比较	2018 年	2019 年	2020 年	2021 年	2022 年
内地/内地	100	100	100	100	100
内地/美国	17.4	16.9	27.3	87.09	44.5
内地/日韩	265.0	245.4	270.3	120.8	115.7
内地/港澳台	183.0	236.1	274.3	112.5	140.81

（六）学术成果和传统文化成为内地各个大学海外传播的突出亮点

通过回溯和分析内地各个大学在各平台发布的内容可以发现，学术成果与传统文化两大主题成为海外传播的突出亮点，得到了广泛的关注与认可。在 Google 新闻中，学术成果是国际媒体报道、关注与评价大学的重要议题，也是各个大学提升 Google 海外网络传播力的主要手段之一。例如，Google 新闻中表现亮眼的四川大学，2022 年有多家媒体报

道了多项重要研究成果，如"中国的碳中和可以缓解全球变暖研究"和"用纠缠的双奇异重子探测 CP 对称性和弱相"等研究成果。在 Facebook 平台上，内地各大学利用图片、视频等形式发布有关校内师生学术研究、科技成果、竞赛成绩的相关信息，向世界展示了中国大学的科研与学术水平，对展示正面形象起到重要作用。

传统文化主题是内地各大学展示自身特色，弘扬中华文化的重要发布内容，其点赞量（或转发量）与评论量明显优于其他主题。例如，中国美术学院在 Instagram 平台上利用学科优势，致力于弘扬包括书法、国画、丝织品、剪纸在内的中华优秀传统文化，将发布内容融入中国传统文化的视觉符号，打造中国名片，讲好中国故事，弘扬中国精神。北京外国语大学在 Facebook 平台上发起"Learn Chinese with BFSU"专题，用英文解释中国成语，借助学校特点与学科优势让中国文化"走出去"。在 Twitter 平台上，浙江大学利用丰富的校内校外资源，发布包括浙大书画社、汉服社、体艺社等众多组织社团以及浙江美术馆、杭州良渚文化博物馆的文化议题，不仅展现出学校师生精彩的课余生活和灵动悠扬的江南风韵，还为中华文化走出去，扩大海外影响力做出有益的尝试。

（七）国际化议题和海外文化符号助力中国大学海外社交媒体平台传播声量增长

在各大社交平台上，贴近与融入国际话语体系是中国各个大学需要着重考虑的方面。为了适应海外传播需要，中国大学在社交平台发布了众多具有全球性、公共性审美意趣的图片与视频，如在 Instagram 平台上，很多大学选择发布校园建筑、萌宠、美食、山水等内容，并获得众多好评。在所配的文案上，也不是简单将中文译成外文，而是用外国人能够理解的方式传播我们的思想与内容。在 YouTube 平台上，国际化的视频内容也更容易受到用户青睐。

通过将海外元素引入传播内容，中国大学的社交平台建设直达国际用户。例如，浙江大学 Twitter 官方账号于 2022 年 9 月发布一条"可持续发展"全球暑期学校的宣传片，收获了超过 10 万好评数量。北京大学则在国际文化节期间，通过不同国家与民族学生的自白、合照与视频展现兼容并包的校园文化，也为不同国家的老师学生抒发情感提供意义空间，有效提升了对外话语的适切性与感召力，扩大了中国大学在海外的话语声量。

（八）内地大学整体互动性有待提高，大学间互动、平台间联动成为发挥集群优势的新方式

内地大学的平台互动建设还有很大提升空间，这主要体现在各社交平台的点击量、点赞量、转发量与评论量不高。YouTube 单条视频点击量榜单前十中，内地仅有 3 所入围，且前五名均为港台大学。在 Instagram 平台上，中国大学 Instagram 账号平均仅获回复 29 条，在排名前十的大学中，港台大学占据八席，第一名台湾逢甲大学发布的一条抽奖类内容，回复量达到 1457 条。在互动性方面，内地大学与美国参照大学的差距更为明显，尤其表现在 Facebook 和 Twitter 平台的最高评论量与最高点赞量等指标上。

　　为了解决互动意识薄弱、互动形式单一、用户回应缺乏等问题，各大学可以从提高用户触达率和提高内容感召力等方面优化整改。例如，从内容上，可以积极转发其他兄弟大学或平台博主的优质内容、与其他大学积极互动，采取有奖问答、公开征集、趣味抽奖等方式吸引用户参与互动，扩大账号影响力。清华大学频频在 Twitter 上发布趣味选择题、公开征集活动，帮助海外用户了解清华园、书写清华故事。从形式上，发挥不同大学、不同平台的合作优势，如浙江大学在 Twitter 平台首页提供了该校其他社交平台的入口，联动多平台同时发布视频等均取得了不错的效果。此外，还可以利用大学合作的科研成果、学术论坛以及校庆活动发布相关内容，发挥集群优势，共同提升内地大学海外网络传播力。

第二章　2022中央企业海外网络传播力建设报告

摘　要

中央企业作为中国经济的"国家队"，是国家形象建设的重要名片，如何讲好中国故事，传播好企业声音，展示真实、立体、全面的中国经济发展现状，是加强我国国际传播能力建设的重要任务。

课题组选取了国务院国有资产监督管理委员会下属的 97 家中央企业作为研究对象，从集团层面开展研究，并选择《2021 年中国民营企业 500 强》榜单第一名华为技术有限公司与 Brand Finance 发布的"2022 年度全球油气公司品牌价值 50 强"榜单第一名壳牌公司作为对比参照。报告选取 Google、Wikipedia、Facebook、Twitter、Instagram、YouTube 6 个平台，挖掘数据并开展分析。

研究发现，2022 年我国中央企业海外网络传播力具有以下 10 个特征：

（1）海外传播力综合指数排名靠前的中央企业依次为中国石油化工集团有限公司、中国移动通信集团有限公司、中国南方航空集团有限公司、中国中车集团有限公司、中国东方航空集团有限公司、中国石油天然气集团有限公司、中国建筑集团有限公司、中国医药集团有限公司、中国海洋石油集团有限公司、华润（集团）有限公司。

（2）中国石油化工集团有限公司、中国移动通信集团有限公司、中国南方航空集团有限公司、中国中车集团有限公司和中国东方航空集团有限公司连续六年保持前列，其中中国东方航空集团有限公司、中国南方航空集团有限公司连续两年排名提升。

（3）中国中车集团有限公司、中国建筑集团有限公司与能源航空类中央企业建设成果显著全面。中国石油化工集团有限公司、中国移动通信集团有限公司、中国东方航空集团有限公司在五个维度中进入排名榜单前十；中国中车集团有限公司、中国石油天然气集团有限公司、中国南方航空集团有限公司、中国建筑集团有限公司在四个维度中进入排名榜单前十。

（4）运输业、服务业企业始终保持前列，制造业企业进步明显。中央企业海外网络传播力综合指数排名靠前的行业，主要是运输业、服务业和制造业。中央企业海外传播的行业建设情况能够反映我国企业"走出去"的发展情况，综合考察历年情况，2022 年我国中央企业中的制造业企业进步明显，说明中国品牌正大步走出国门。

（5）中央企业的海外社交媒体账号建设意识总体提高。在调查的 97 家企业中，有 42

家企业拥有 Twitter 账号，占总体的 43.2%，相比上年账号持有量增加了 13.5%。Instagram 账号持有情况也呈现上升趋势，较上年增加 18.1%。部分中央企业如哈尔滨电气集团有限公司、中国交通建设集团有限公司，虽然官方未认证账号，但同样展现出较强的建设意识，且仍有部分企业在社交媒体建设环节上缺位。

（6）绿色环保与"一带一路"发展中国家市场发展成为热点议题。绿色环保、节能低碳成为海外媒体对于中国经济领域的热点讨论话题，中央企业在"一带一路"发展中国家市场的业务开展情况也是海外媒体对中央企业的报道热点。

（7）公益文化与个人叙事助力社交媒体发展。社交媒体建设中取得良好反响的传播内容中，可以归纳出公益文化元素与个人叙事视角两大亮点内容，善于融入公益文化元素与个人叙事视角的中央企业往往能够输出更多亮点内容，提高企业海外传播力。

（8）社交媒体作为公关平台助力中央企业融入海外社会的作用凸显。积极的社交媒体平台传播力建设，能够作为一种公关手段有效助力中央企业融入海外社会，从而更好进入海外市场，树立良好企业形象。借助社交媒体平台的社区性与公共性，我国中央企业可以用更加亲近的姿态与海外市场群众互动往来。

（9）中外文化美美与共增强中央企业对海外受众的互动灵活性。有中央企业通过兼容并包海外文化传统的方式，提升与海外受众的互动策略灵活性，从而吸引更多海外受众，助力中央企业海外传播。其中以与海外受众共度海外节日，贯通中国文化与节日习俗为代表。

（10）中央企业的负面传播主要集中于生产经营话题，西方媒体泛政治化解读影响大。中央企业在海外网络平台上的负向传播内容大致上仍以生产经营为主。在生产经营等常见的负向传播内容议题之外，有部分负向传播内容来源于西方媒体对于中央企业相关信息的泛政治化解读。

一、背景

2022 年 10 月 16 日，习近平总书记在党的二十大报告中强调加强我国国际传播能力建设，要加快构建中国话语和中国叙事体系，讲好中国故事、传播好中国声音，展现可信、可爱、可敬的中国形象。

本报告涉及两个核心概念：一是"海外"一词包含地理空间和虚拟空间的双重含义。地理空间维度是指考察对象数据来源于海外网站，是非国内注册成立的网络公司，包括 Google、Wikipedia、Twitter、Facebook、Instagram、YouTube 6 个重要互联网平台。虚拟空间维度指网络空间的海外语言内容，限于可行性的要求，选择英语来分析。两个空间有重叠部分，如虚拟空间的英语有可能是从我国境内发出的，只是将英语内容呈现在地理空间的境外网站上。二是将网络传播力概念理解为三个层次。①"在场"，是衡量一个机构在互联网场域中出现的体量大小，这是传播力最基础的部分。没有"在场"，就谈不上任何传播力。②评价，即"在场"内容有没有得到网络空间的关注，得到的关注是正面还是负面的。③承认，即互联网世界对一个机构传播内容的价值承认程度，这是国际传播应该努力达到的现实目标。在三个层次中，"在场"是基础，只有在"在场"前提下才可能有后面的层次。本报告从第一层次的"在场"和第二层次的"评价"两个维度考察我国中央企业在互联网英文世界中的传播力。

本报告选取国务院国有资产监督管理委员会管辖的 97 家中央企业作为研究样本，通过抓取国际搜索网站和大型社交平台数据，设定具体的维度和指标进行比对分析，以期了解我国中央企业海外网络传播力现状，提高企业海外网络传播能力，完善我国海外网络传播体系建设，进而提升中国的国际传播实力。

二、方法

（一）数据采集平台

为更科学、更准确地评价中央企业海外网络传播力建设的状况，为中央企业国际化经营以及我国国际传播新格局建设提供更具针对性的参考，本报告选取 Google、Wikipedia、Twitter、Facebook、Instagram、YouTube 6 个平台作为中央企业海外网络传播力的考察维度，量化研究中央企业的海外网络传播力现状。

Google 是全球最大的搜索引擎，提供 30 余种语言服务，在全球搜索引擎平台中占据主导地位。Google 是世界范围内英文新闻最大的集合渠道之一，涵盖全球主流媒体的新闻报道，因此以 Google 为平台分析中央企业新闻内容和报道数量具有较高的研究价值和可信度。

Wikipedia 是基于多种语言写成的网络百科全书，也是一个动态的、可自由访问与编辑的全球知识体，拥有广泛的用户群体。Wikipedia 上英文词条完整性能够在一定程度上反映我国中央企业面向全球编辑和完善英文媒体资料的主动性和积极性。

Twitter 是极富典型性和代表性的全球性社交媒体平台，话题讨论多样，参与群体多元。数字营销机构 Hootsuite 2022 年报告显示（数据来源包含 Statista），Twitter 月均受访问量达到 70 亿，在全球范围内拥有约 4.4 亿用户，受众覆盖世界多地。Twitter 为受众提供了一个公共讨论平台，不同地理空间的信息都可以通过社交网络传播扩散，有着很强的国际影响力。国际数据分析网站 Alexa.com 显示，Twitter 影响力远远高于论坛、博客等自媒体平台，对 Twitter 中的中央企业自身建设和全平台传播数据进行统计，可在一定程度上反映中央企业在海外普通用户群体中的传播深度和广度。

Facebook 是主打"熟人"社交模式的社交媒体平台，用户可以利用该平台发布各类内容，与拥有共同兴趣的好友交流讨论观点、分享网络信息。Facebook 的投资者报告显示，Facebook 已覆盖 200 多个国家和地区，每日有 17.3 亿用户访问，27.01 亿月活跃用户。Facebook 的官方主页是企业宣传和吸引粉丝的重要阵地，其平台的数据统计在一定程度上可以反映中央企业海外传播的触达范围、触达深度以及认同程度。

Instagram 不同于传统社交媒体，它更专注图片分享，主推图片社交，深受年轻人欢迎。自问世以来其用户数量一直保持高速增长，每月有超过 10 亿人次使用 Instagram，在海外青年群体中影响力较强。Hootsuite 2022 年报告显示，Instagram 平台月活跃用户达到 12 亿，且 34 岁及以下用户数量占到七成，故而是中国企业宣传的重要渠道。以 Instagram 为平台进行数据统计分析，能够从一个侧面了解中央企业的品牌影响力和在海外的多模态信息传播效果。

YouTube 是海外主要视频网站，用户可在平台内自主上传和浏览全球范围的视频内容。YouTube 新闻报道，平台每月有 20 亿活跃用户，每日用户超过 3000 万人次，每月有超过 30 亿次的搜索量，是全球规模最大和最有影响力的视频网站，深受不同群体用户青睐。在 YouTube 上进行视频传播可以做到快速、大范围扩散，吸引不同国家用户成为企业品牌粉丝。YouTube 的数据可以在一定程度上反映中央企业借助视频形式进行跨文化传播和沟通的效果与能力。

（二）指标

本报告采用德尔菲法设立指标和权重。首先，选取 Google、Wikipedia、Twitter、Facebook、Instagram、YouTube 6 个平台作为考察维度；其次，对每个维度设立具体指标，通过赋予各项指标不同权重，计算评估我国中央企业的海外网络传播力综合指数。6 个维度共有二级指标 27 个，逐一赋予权重进行量化统计分析，得出 97 家中央企业的海外网络传播力综合指数得分。

表 2-1　中央企业海外网络传播力指标体系及权重　　　　　单位：%

指标维度			
维度	指标	权重	
Google	新闻数量（正面新闻）	25	25
Wikipedia	词条完整性	2.5	10
	一年内词条被编辑的次数	2.5	
	一年内参与词条编辑的用户数	2.5	
	链接情况（What Links Here）	2.5	

指标维度				
Twitter	自有账号建设	是否有官方认证账号	1	17
		粉丝数量	1	
		一年内发布的内容数量	1	
		一年内转发总量	1	
		一年内评论总数	1	
	平台传播量	一年内正向转发总量	3	
		一年内正向评论总数	3	
		正向传播量	6	
Facebook		是否有官方认证账号	1	16
		好友数量	5	
		一年内最高点赞量	5	
		一年内最高评论量	5	
Instagram		是否有官方认证账号	1	16
		粉丝数量	3	
		一年内发布的内容数量	3	
		一年内最多回复数量	3	
		一年内图文最高点赞量	3	
		一年内视频最多点击量	3	
YouTube		是否有官方认证账号	1	16
		订阅数量	5	
		一年内发布的内容数量	5	
		一年内最高点击量	5	

相较于 2021 年中央企业的海外网络传播力指标体系，本次报告在 Twitter 平台维度的"平台传播量"中加入"一年内正向转发总量"、"一年内正向评论总量"及"正向传播量"3 项指标。正如前文所述，"网络传播力"可分为"在场""评价"和"承认"三个层次。新增平台传播维度，即从"评价"维度考察我国中央企业在互联网英文世界中的传播力，并通过对"转发"行为的考察对"承认"维度加以适当关照。而对其考察，也主要是借助大数据挖掘分析法，即使用 Python 爬虫程序，以企业英文全称为关键词，从海外社交媒体平台中检索、收集推文数据，并对获取的推文信息进行正负面判断。

（三）算法

首先，数据整理。将非定量数据转化成定量数据，非定量数据所在指标分别为：Wikipedia 中的"词条完整性"。Twitter 中的"是否有官方认证账号"。Facebook 中的"是否有官方认证账号"。Instagram 中的"是否有官方认证账号"。YouTube 中的"是否有官方认证账号"等。

其次，计算各个指标的指数。

$$x_j = \frac{\sum\limits_{i=1}^{6} \beta_i y_{ij}}{\max\limits_j \left(\sum\limits_{i=1}^{6} \beta_i y_{ij} \right)} \times 100$$

其中：$x_j \in [0, 100]$，中央企业 j 的海外传播力综合得分。

β_i：任意一级指标的权重，$i = 1, 2, 3, 4, 5, 6$。

$y_{1j} = \dfrac{z_{1j}}{\max\limits_j (z_{1j})} \times 100$：中央企业 j 在 Google 的网络传播力得分，其中 z_{1j} 是中央企业 j 在 Google 的正面数值。

$$y_{2j} = \frac{(1/\beta_2) \sum\limits_{k=1}^{4} \alpha_{2k} \times \dfrac{z_{2j}^k}{\max\limits_j (z_{2j}^k)} \times 100}{\max\limits_j \left((1/\beta_2) \sum\limits_{k=1}^{4} \alpha_{2k} \times \dfrac{z_{2j}^k}{\max\limits_j (z_{2j}^k)} \times 100 \right)} \times 100$$：中央企业 j 在 Wikipedia 的网络传

播力得分，其中 z_{2j}^k 是中央企业 j 在 Wikipedia 的任意二级指标数值，α_{2k} 为一级指标 Wikipedia 下任意二级指标的权重，$k = 1, 2, 3, 4$。

$$y_{3j} = \frac{(1/\beta_3) \sum\limits_{k=1}^{8} \alpha_{3k} \times \dfrac{z_{3j}^k}{\max\limits_j (z_{3j}^k)} \times 100}{\max\limits_j \left((1/\beta_3) \sum\limits_{k=1}^{8} \alpha_{3k} \times \dfrac{z_{3j}^k}{\max\limits_j (z_{3j}^k)} \times 100 \right)} \times 100$$：中央企业 j 在 Twitter 的网络传播力

得分，其中 z_{3j}^k 是中央企业 j 在 Twitter 的任意二级指标数值，α_{3k} 为一级指标 Twitter 下任意二级指标的权重，$k = 1, 2, 3, 4, 5, 6, 7, 8$。

$$y_{4j} = \frac{(1/\beta_4) \sum\limits_{k=1}^{4} \alpha_{4k} \times \dfrac{z_{4j}^k}{\max\limits_j (z_{4j}^k)} \times 100}{\max\limits_j \left((1/\beta_4) \sum\limits_{k=1}^{4} \alpha_{4k} \times \dfrac{z_{4j}^k}{\max\limits_j (z_{4j}^k)} \times 100 \right)} \times 100$$：中央企业 j 在 Facebook 的网络传播

力得分，其中 z_{4j}^k 是中央企业 j 在 Facebook 的任意二级指标数值，α_{4k} 为一级指标 Facebook 下任意二级指标的权重，$k = 1, 2, 3, 4$。

$$y_{5j} = \frac{(1/\beta_5) \sum\limits_{k=1}^{6} \alpha_{5k} \times \dfrac{z_{5j}^k}{\max\limits_j (z_{5j}^k)} \times 100}{\max\limits_j \left((1/\beta_5) \sum\limits_{k=1}^{6} \alpha_{5k} \times \dfrac{z_{5j}^k}{\max\limits_j (z_{5j}^k)} \times 100 \right)} \times 100$$：中央企业 j 在 Instagram 的网络传播

力得分，其中 z_{5j}^k 是中央企业 j 在 Instagram 的任意二级指标数值，α_{5k} 为一级指标 Instagram

下任意二级指标的权重，$k=1$，2，3，4，5，6。

$$y_{6j} = \frac{(1/\beta_6) \sum_{k=1}^{4} \alpha_{6k} \times \dfrac{z_{6j}^{k}}{\max\limits_{j}(z_{6j}^{k})} \times 100}{\max\limits_{j}\left((1/\beta_6) \sum_{k=1}^{4} \alpha_{6k} \times \dfrac{z_{6j}^{k}}{\max\limits_{j}(z_{6j}^{k})} \times 100\right)} \times 100；中央企业 j 在 YouTube 的网络传播$$

力得分，其中 z_{6j}^{k} 是中央企业 j 在 YouTube 的任意二级指标数值，α_{6k} 为一级指标 YouTube 下任意二级指标的权重，$k=1$，2，3，4。

（四）数据采集时间

本报告中 Google、Wikipedia、Twitter、Facebook、Instagram、Youtube 6 个维度 27 个二级指标的采集时间均为 2021 年 10 月 16 日至 2022 年 10 月 15 日，覆盖时间为一年整。

（五）分析对象选择

本报告选取了国务院国有资产监督管理委员会管辖的 97 家中央企业作为研究对象。相较于 2021 年公布的 96 家中央企业名单，2022 年经国务院批准，中央企业发生以下变更：组建中国物流集团有限公司，由原中国铁路物资集团有限公司与中国诚通控股集团有限公司物流板块的中国物资储运集团有限公司、港中旅华贸国际物流股份有限公司、中国物流股份有限公司、中国包装有限责任公司 4 家企业为基础整合而成；新增中国矿产资源集团有限公司、中国稀土集团有限公司两家中央企业；此外，在本报告研究进展过程中，中国宝武钢铁集团有限公司与中国中钢集团有限公司实施重组，中国中钢集团有限公司整体划入中国宝武钢铁集团有限公司，因此在排名中不计入中国中钢集团有限公司。本报告研究从集团层面开展研究，只采集集团层面的相关数据，不对集团的具体子公司数据进行采集。

对中央企业的 Google、Wikipedia、Twitter、Facebook、Instagram、YouTube 6 个维度的考察，均使用其英文名称进行搜索，大部分企业的英文名称包含前缀"China"，或使用中文名称的音译，如"China Huaneng Group"（中国华能集团有限公司），因其英文名称具有唯一性，可以直接对应到该企业。个别企业英文名搜索会存在无关信息混入的情况，通过人工筛选的方法以确定其准确网址。

表 2-2　97 家中央直属企业名单及英文名称

中文名称	英文名称	英文简称	中文名称	英文名称	英文简称
鞍钢集团有限公司	Ansteel Group Corporation	ANSTEEL	中国黄金集团有限公司	China National Gold Group Co., Ltd	China Gold
东风汽车集团有限公司	Dongfeng Motor Corporation	DFM	中国机械工业集团有限公司	China National Machinery Industry Corporation（Ltd）	SINOMACH
国家电力投资集团有限公司	State Power Investment Corporation Limited	SPIC	中国检验认证（集团）有限公司	China Certification & Inspection Group	CCIC

续表

中文名称	英文名称	英文简称	中文名称	英文名称	英文简称
国家电网有限公司	State Grid Corporation of China	State Grid	中国建材集团有限公司	China National Building Material Group Co., Ltd	CNBM
国家开发投资集团有限公司	State Development & Investment Group Co Ltd	SDIC	中国建设科技有限公司	China Construction Technology Consulting Co., Ltd	CCTC
国家能源投资集团有限责任公司	China Energy Investment Corporation	CHN ENERGY	中国建筑集团有限公司	China State Construction Engineering Corporation Co., Ltd	CSCEC/China State Construction
国家石油天然气管网集团有限公司	China Oil & Gas Pipeline Network Corporation	PipeChina	中国建筑科学研究院有限公司	China Academy of Building Research	CABR
哈尔滨电气集团有限公司	Harbin Electric Corporation	HE	中国交通建设集团有限公司	China Communications Construction Company Limited	CCCC
华侨城集团有限公司	Overseas Chinese Town Holdings Company	OCT Group	中国节能环保集团有限公司	China Energy Conservation and Environmental Protection Group	CECEP
华润（集团）有限公司	China Resources (Holdings) Co., Ltd	CR/China Resources Group	中国联合网络通信集团有限公司	China United Network Communications Group Co., Ltd	CHINA UNICOM
矿冶科技集团有限公司	BGRIMM Technology Group	BGRIMM	中国林业集团有限公司	China Forestry Group Corporation	CFGC
南光（集团）有限公司〔中国南光集团有限公司〕	Nam Kwong (Group) Company Limited	Nam Kwong	中国旅游集团有限公司〔香港中旅（集团）有限公司〕	China Tourism Group Corporation Limited/China Travel Service (Holdings) Hong Kong Limited	CTG
新兴际华集团有限公司	Xinxing Cathay International Group Co., Ltd	XXCIG	中国铝业集团有限公司	Aluminum Corporation of China	CHINALCO
有研科技集团有限公司	GRINM Group Corporation Limited	GRINM Group	中国煤炭地质总局	China National Administration of Coal Geology	CCGC
招商局集团有限公司	China Merchants Group	CMG	中国煤炭科工集团有限公司	China Coal Technology & Engineering Group	CCTEG
中国安能建设集团有限公司	China Anneng Construction Group Co., Ltd	CHINA ANNENG	中国民航信息集团有限公司	China TravelSky Holding Company	TravelSky
中国宝武钢铁集团有限公司	China Baowu Steel Group Corporation Limited	CHINA BAOWU	中国南方电网有限责任公司	China Southern Power Grid Company Limited	CSG
中国保利集团有限公司	China Poly Group Corporation Limited	Poly Group	中国南方航空集团有限公司	China Southern Airlines Company Limited	CHINA SOUTHERN
中国兵器工业集团有限公司	China North Industries Group Corporation Limited	NORINCO Group	中国能源建设集团有限公司	China Energy Engineering Co., Ltd	CEEC

中文名称	英文名称	英文简称	中文名称	英文名称	英文简称
中国兵器装备集团有限公司	China South Industries Group CO.，LTD	CSGC	中国农业发展集团有限公司	China National Agricultural Development Group Co.，Ltd	CNADC
中国诚通控股集团有限公司	China Chengtong Holdings Group LTD.	CCT \ CHINA CHENGTONG	中国融通资产管理集团有限公司	China Rong Tong Asset Management Group Corporation Limited	CRTC
中国储备粮管理集团有限公司	China Grain Reserves Group Ltd. Company	SINOGRAIN	中国商用飞机有限责任公司	Commercial Aircraft Corporation of China，Ltd	COMAC
中国船舶集团有限公司	China State Shipbuilding Corporation Limited	CSSC	中国石油化工集团有限公司	China Petrochemical Corporation	SINOPEC
中国大唐集团有限公司	China Datang Corporation Limited	CDT	中国石油天然气集团有限公司	China National Petroleum Corporation	CNPC
中国第一汽车集团有限公司	China FAW Group Corporation	FAW	中国铁道建筑集团有限公司	China Railway Construction Group Co.，Ltd	CRCC
中国电力建设集团有限公司	Power Construction Corporation of China	POWERCHINA	中国铁路工程集团有限公司	China Railway Group Limited	CREC
中国电信集团有限公司	China Telecommunications Corporation	CHINA TELECOM	中国铁路通信信号集团有限公司	China Railway Signal & Communication Corporation Limited	CRSC
中国电子科技集团有限公司	China Electronics Technology Group Corporation	CETC	中国通用技术（集团）控股有限责任公司	China General Technology（Group）Holding Co Ltd	GENERTEC
中国电子信息产业集团有限公司	China Electronics Corporation	CEC	中国五矿集团有限公司	China Minmetals Corporation	MINMETALS
中国东方电气集团有限公司	Dongfang Electric Corporation	DEC	中国信息通信科技集团有限公司	China Information Communication Technologies Group Corporation	CICT
中国东方航空集团有限公司	China Eastern Airlines Co.，Ltd	CEA	中国盐业集团有限公司	China National Salt Industry Group Co.，Ltd	CNSIC
中国钢研科技集团有限公司	China Iron & Steel Research Institute Group	CISRI	中国冶金地质总局	China Metallurgical Geology Bureau	CMGB
中国广核集团有限公司	China General Nuclear Power Corporation	CGN	中国一重集团有限公司	China First Heavy Industries	CFHI
中国国际工程咨询有限公司	China International Engineering Consulting Corporation	CIECC	中国医药集团有限公司	China National Pharmaceutical Group Co.，Ltd	SINOPHARM
中国国际技术智力合作集团有限公司	China International Intellectech Group Co.，Ltd	CIIC	中国移动通信集团有限公司	China Mobile Communications Group Co.，Ltd	CHINA MOBILE/CMCC

续表

中文名称	英文名称	英文简称	中文名称	英文名称	英文简称
中国国新控股有限责任公司	China Reform Holdings Corporation Ltd	CRHC	中国有色矿业集团有限公司	China Nonferrous Metal Mining (Group) Co., Ltd	CNMC
中国海洋石油集团有限公司	China National Offshore Oil Corporation	CNOOC	中国远洋海运集团有限公司	China COSCO SHIPPING Corporation Limited	COSCO SHIPPING
中国航空发动机集团有限公司	Aero Engine Corporation of China	AECC	中国长江三峡集团有限公司	China Three Gorges Corporation	CTG
中国航空工业集团有限公司	Aviation Industry Corporation of China, Ltd	AVIC	中国中车集团有限公司	CRRC Corporation Limited	CRRC
中国航空集团有限公司	China National Aviation Holding Corporation Limited	CNAH/ AIR CHINA	中国中煤能源集团有限公司	China National Coal Group Corp.	ChinaCoal
中国航空器材集团有限公司	China Aviation Supplies Holding Company	CASC	中粮集团有限公司	COFCO Corporation	COFCO
中国航空油料集团有限公司	China National Aviation Fuel Group Limited	CNAF	中国电气装备集团有限公司	China Electrical Equipment Group Co., Ltd	CEE
中国航天科工集团有限公司	China Aerospace Science and Industry Corporation	CASIC	中国机械科学研究总院集团有限公司	China Academy of Machinery Science and Technology Group Co., Ltd	CAM
中国航天科技集团有限公司	China Aerospace Science and Technology Corporation	CASC	中国卫星网络集团有限公司	China Satellite Network Group Co., Ltd	CSCN
中国核工业集团有限公司	China National Nuclear Corporation	CNNC	中国中化控股有限责任公司	Sinochem Holdings Corporation Ltd	Sinochem Holdings
中国华电集团有限公司	China Huadian Corporation Ltd	CHD	中国物流集团有限公司	China Logistics Group Ltd	China Logistics Group
中国华录集团有限公司	China Hualu Group Co., Ltd	Hualu	中国矿产资源集团有限公司	China Mineral Resources Group Co., Ltd	CMRG
中国华能集团有限公司	China Huaneng Group Co., Ltd	CHINA HUANENG	中国稀土集团有限公司	China Rare Earth Group Co., Ltd	REGCC
中国化学工程集团有限公司	China National Chemical Engineering Group Corporation Limited	CNCEC			

（六）参照系选择

本报告同时选择了《2021年中国民营企业500强》榜单第一的华为技术有限公司

（Huawei Technologies Co.，Ltd，HUAWEI）与 Brand Finance 发布的"2022 年度全球油气公司品牌价值 50 强"榜单第一的壳牌公司（Shell Group of Companies，Shell Global）作为参照分析。因为绝对数值一直处于波动状态，所以在中央企业对比参照企业进行相对数值分析时，采用百分比形式，并将中央企业第一位作为 1 进行比较。

三、中央企业海外网络传播力综合指数

（一）97 家中央企业海外传播力综合指数分布

本报告整理并汇集我国 97 家中央企业在 Google、Wikipedia、Twitter、Facebook、Instagram 和 YouTube 6 个维度的 27 个指标数据，通过综合模型计算分析得出海外网络传播力指数。

在这 97 家企业中，综合指数得分最高的是中国石油化工集团有限公司（100.00），其后依次是中国移动通信集团有限公司（82.13）、中国南方航空集团有限公司（79.68）、中国中车集团有限公司（63.08）、中国东方航空集团有限公司（58.73）。能源、民航、通信类企业在海外网络传播力方面总体上居于领先地位。

表 2-3　97 家中央企业海外传播力综合指数

序号	中文名称	综合指数	序号	中文名称	综合指数
1	中国石油化工集团有限公司	100.00	14	中国华电集团有限公司	24.48
2	中国移动通信集团有限公司	82.13	15	中国交通建设集团有限公司	23.91
3	中国南方航空集团有限公司	79.68	16	中粮集团有限公司	22.58
4	中国中车集团有限公司	63.08	17	国家电网有限公司	22.42
5	中国东方航空集团有限公司	58.73	18	中国航空集团有限公司	21.82
6	中国石油天然气集团有限公司	58.65	19	中国旅游集团有限公司	19.33
7	中国建筑集团有限公司	50.96	20	中国远洋海运集团有限公司	19.04
8	中国医药集团有限公司	47.27	21	有研科技集团有限公司	18.89
9	中国海洋石油集团有限公司	35.85	22	中国第一汽车集团有限公司	18.66
10	华润（集团）有限公司	31.51	23	中国核工业集团有限公司	17.45
11	中国中化控股有限责任公司	27.03	24	中国建筑科学研究院有限公司	16.78
12	中国铝业集团有限公司	26.60	25	东风汽车集团有限公司	16.68
13	中国铁路工程集团有限公司	24.62	26	中国铁道建筑集团有限公司	15.83

续表

序号	中文名称	综合指数	序号	中文名称	综合指数
27	中国电信集团有限公司	15.69	61	中国民航信息集团有限公司	4.58
28	中国联合网络通信集团有限公司	15.03	62	中国航空发动机集团有限公司	4.48
29	中国长江三峡集团有限公司	14.96	63	中国黄金集团有限公司	4.46
30	哈尔滨电气集团有限公司	14.46	64	国家开发投资集团有限公司	4.28
31	中国商用飞机有限责任公司	14.29	65	中国南方电网有限责任公司	4.23
32	国家电力投资集团有限公司	13.86	66	华侨城集团有限公司	3.86
33	招商局集团有限公司	13.80	67	中国林业集团有限公司	3.80
34	中国广核集团有限公司	13.63	68	中国兵器装备集团有限公司	3.75
35	中国电力建设集团有限公司	13.09	69	中国节能环保集团有限公司	3.62
36	中国机械工业集团有限公司	12.72	70	中国华录集团有限公司	3.55
37	中国通用技术（集团）控股有限责任公司	11.62	71	中国物流集团有限公司	3.32
38	中国航空工业集团有限公司	10.67	72	中国铁路通信信号集团有限公司	3.31
39	中国航天科技集团有限公司	9.91	73	中国航空器材集团有限公司	3.30
40	中国华能集团有限公司	9.58	74	中国稀土集团有限公司	1.13
41	中国东方电气集团有限公司	9.16	75	国家石油天然气管网集团有限公司	0.45
42	中国航天科工集团有限公司	9.10	76	中国国新控股有限责任公司	0.28
43	中国中钢集团有限公司	9.09	77	中国矿产资源集团有限公司	0.26
44	中国船舶集团有限公司	8.97	78	中国储备粮管理集团有限公司	0.18
45	中国化学工程集团有限公司	8.84	79	中国检验认证（集团）有限公司	0.17
46	国家能源投资集团有限责任公司	7.19	80	中国卫星网络集团有限公司	0.14
47	中国宝武钢铁集团有限公司	6.96	81	中国一重集团有限公司	0.13
48	中国兵器工业集团有限公司	6.41	82	南光（集团）有限公司	0.12
49	中国航空油料集团有限公司	6.27	83	中国诚通控股集团有限公司	0.10
50	中国有色矿业集团有限公司	6.08	84	中国煤炭科工集团有限公司	0.09
51	中国大唐集团有限公司	6.03	85	中国国际工程咨询有限公司	0.06
52	中国电子科技集团有限公司	5.94	86	中国钢研科技集团有限公司	0.05
53	中国五矿集团有限公司	5.90	87	中国电气装备集团有限公司	0.02
54	中国能源建设集团有限公司	5.83	88	中国国际技术智力合作集团有限公司	0.02
55	鞍钢集团有限公司	5.82	89	中国煤炭地质总局	0.01
56	中国电子信息产业集团有限公司	5.81	90	中国安能建设集团有限公司	0.01
57	中国建材集团有限公司	4.97	91	新兴际华集团有限公司	0.01
58	中国盐业集团有限公司	4.73	92	中国农业发展集团有限公司	0.01
59	中国中煤能源集团有限公司	4.73	93	中国机械科学研究总院集团有限公司	0.01
60	中国保利集团有限公司	4.59			

注：未列出企业指数为 0。下同。

（二）参照系比较

中央企业海外网络传播力综合指数排名第 1 的是中国石油化工集团有限公司（100.00），但相较于参照企业华为技术有限公司（1446.15）以及壳牌有限公司（438.64），仍然有明显差距，说明中央企业在海外网络传播力方面还有较大上升空间。

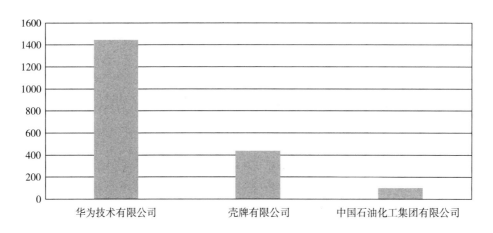

图 2-1　海外传播力综合指数参照

四、维度一：中央企业Google传播力

通过在 Google 搜索引擎的新闻检索，了解在国外英文网站上中央企业新闻出现的总体数量，以及正面新闻与负面新闻的占比，从而整体把握中央企业在海外的受关注程度。

（一）Google 传播力得分

Google 传播力指数维度包括 Google 新闻数量（正面新闻）1 个指标，占总指数权重的 25%。共有 6 位编码员对新闻内容进行分析，6 位编码员的信度为 91%，较为可信。

在 Google 英文搜索引擎的 News 分类下，采用输入双引号加中央企业英文全称的方法（"中央企业英文全称"）进行搜索，限定搜索时间为 2021 年 10 月 16 日到 2022 年 10 月 15 日，得到各企业的新闻数量。通过内容分析，筛选负面新闻，从新闻总数中进行删减。

中央企业 Google 搜索的平均新闻为 1391 条。其中 Google 搜索量最高的是中国医药集团有限公司，有 21500 条新闻。中央企业 Google 搜索的正面新闻量平均为 1236 条，中国医药集团有限公司则有 19565 条正向新闻信息，是 Google 平台正面新闻量最高的中央企业。

1. Google 传播力指数得分分布

Google 传播力指数得分靠前的中央企业依次是中国医药集团有限公司、中国石油化工集团有限公司、中国石油天然气集团有限公司、中国移动通信集团有限公司、中国海洋石油集团有限公司。从总体上来看，能源、航空、通信类企业排名较高。

表 2-4　中央企业 Google 传播力指数

序号	中文名称	综合指数	序号	中文名称	综合指数
1	中国医药集团有限公司	100.00	28	国家电力投资集团有限公司	3.25
2	中国石油化工集团有限公司	95.46	29	中国宝武钢铁集团有限公司	3.19
3	中国石油天然气集团有限公司	48.53	30	中国能源建设集团有限公司	3.16
4	中国移动通信集团有限公司	32.41	31	国家电网有限公司	3.06
5	中国海洋石油集团有限公司	27.02	32	中国铁路工程集团有限公司	2.82
6	中国远洋海运集团有限公司	26.72	33	中国旅游集团有限公司	2.82
7	中国中车集团有限公司	24.17	34	鞍钢集团有限公司	2.70
8	中国航空集团有限公司	23.64	35	中国广核集团有限公司	2.60
9	中国电信集团有限公司	19.77	36	中国铝业集团有限公司	2.35
10	中国商用飞机有限责任公司	18.65	37	招商局集团有限公司	2.15
11	中国东方航空集团有限公司	17.39	38	国家能源投资集团有限责任公司	2.10
12	中国联合网络通信集团有限公司	16.16	39	中国稀土集团有限公司	1.99
13	中国核工业集团有限公司	15.48	40	中国第一汽车集团有限公司	1.66
14	中粮集团有限公司	14.16	41	中国航天科工集团有限公司	1.57
15	东风汽车集团有限公司	11.53	42	中国大唐集团有限公司	1.49
16	中国中钢集团有限公司	11.02	43	中国华能集团有限公司	1.47
17	中国南方航空集团有限公司	9.14	44	中国南方电网有限责任公司	1.44
18	中国建筑集团有限公司	6.64	45	中国机械工业集团有限公司	1.37
19	中国电力建设集团有限公司	6.08	46	中国电子科技集团有限公司	1.16
20	中国铁道建筑集团有限公司	5.96	47	中国兵器工业集团有限公司	1.12
21	中国交通建设集团有限公司	5.94	48	中国建材集团有限公司	1.11
22	中国长江三峡集团有限公司	5.18	49	中国五矿集团有限公司	1.11
23	中国航空工业集团有限公司	4.69	50	国家石油天然气管网集团有限公司	1.10
24	哈尔滨电气集团有限公司	4.12	51	中国电子信息产业集团有限公司	0.88
25	中国东方电气集团有限公司	3.61	52	中国华电集团有限公司	0.72
26	中国船舶集团有限公司	3.55	53	中国保利集团有限公司	0.66
27	中国航天科技集团有限公司	3.50	54	中国矿产资源集团有限公司	0.62

序号	中文名称	综合指数	序号	中文名称	综合指数
55	中国有色矿业集团有限公司	0.61	74	中国林业集团有限公司	0.20
56	中国国新控股有限责任公司	0.56	75	中国诚通控股集团有限公司	0.20
57	中国中煤能源集团有限公司	0.56	76	中国物流集团有限公司	0.19
58	中国化学工程集团有限公司	0.50	77	中国卫星网络集团有限公司	0.18
59	中国盐业集团有限公司	0.44	78	中国建筑科学研究院有限公司	0.16
60	华润（集团）有限公司	0.43	79	有研科技集团有限公司	0.13
61	中国航空油料集团有限公司	0.43	80	中国华录集团有限公司	0.12
62	中国储备粮管理集团有限公司	0.43	81	中国铁路通信信号集团有限公司	0.12
63	中国民航信息集团有限公司	0.37	82	中国航空器材集团有限公司	0.10
64	中国航空发动机集团有限公司	0.35	83	中国钢研科技集团有限公司	0.09
65	中国兵器装备集团有限公司	0.32	84	中国国际技术智力合作集团有限公司	0.05
66	南光（集团）有限公司 [中国南光集团有限公司]	0.28	85	中国节能环保集团有限公司	0.05
			86	中国煤炭科工集团有限公司	0.04
67	中国中化控股有限责任公司	0.28	87	中国国际工程咨询有限公司	0.04
68	中国通用技术（集团）控股有限责任公司	0.28	88	新兴际华集团有限公司	0.02
			89	中国农业发展集团有限公司	0.02
69	国家开发投资集团有限公司	0.26	90	中国机械科学研究总院集团有限公司	0.02
70	华侨城集团有限公司	0.26	91	中国安能建设集团有限公司	0.02
71	中国黄金集团有限公司	0.24	92	中国电气装备集团有限公司	0.01
72	中国检验认证（集团）有限公司	0.22	93	矿冶科技集团有限公司	0.01
73	中国一重集团有限公司	0.22	94	中国建设科技有限公司	0.01

2. 参照系比较

中央企业 Google 传播力指数得分第 1 的是中国医药集团有限公司（100.00），高于华为技术有限公司（48.64）和壳牌有限公司（40.25），是华为技术有限公司的 2.06 倍，壳牌有限公司的 2.48 倍。

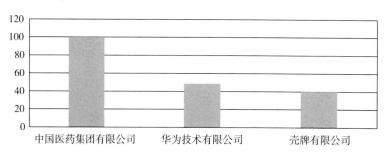

图 2-2　Google 传播力指数参照

（二）Google 传播力案例分析

中国远洋海运集团有限公司（以下简称远洋海运）在 2022 年 Google 传播力指数排名中位居第 6，在 2021 年则排名第 22，取得了巨大的进步。在 Google 新闻搜索中搜索"CHINA COSCO SHIPPING"，共得到 5280 条检索结果。经过抽样筛选，负面新闻比例为 1%，其新闻内容主要围绕绿色减排与企业发展展开。

在新闻报道中，一大部分聚焦远洋海运致力于开发如风能、生物能源、氨燃料等清洁能源用于远洋运输与其他活动，并积极与其他企业合作共同达成这一目标。这些报道反映出远洋海运在绿色减排方面取得的可观成效，推动企业走向碳中和，实现绿色发展。

Lloyd's List

Cosco Shipping tries out biofuel on boxship

This marks the first occasion that Cosco Shipping has used this type of low-emission fuel on its ships. A bunker ship fuelling Cosco Houston off Singapore...

Aug 25, 2022

Offshore Energy

COSCO Shipping Heavy Industry joins hands with Anemoi

Top Chinese yard group COSCO Shipping Heavy Industry Co (CHI) is now able to offer wind propulsion options after signing a landmark agreement with Anemoi...

1 month ago

图 2-3　远洋海运在 Google 中检索的代表性新闻（1）

另一部分报道主要围绕企业发展情况展开。这些报道描述远洋海运开辟新航路、瞄准新业务、市场占有率新高等情况。此类新闻报道大部分以描述为主，并且大多数来源于行业垂类媒体，如 Seatrade Maritime 于 2022 年 2 月撰写报道称远洋海运已控制了全球海上货运量的 5.2%，英国 Lloyd's List 也对类似新闻信息进行了报道。

Seatrade Maritime

Cosco Shipping controls 5.2% of global cargo capacity

Cosco Shipping Group's fleet capacity has reached 110m dwt, up 40% from the pre-merger level, this represents 5.2% of the global shipping capacity, which stood...

Feb 22, 2022

Lloyd's List

Cosco sees strong earnings for box shipping business

Cosco Shipping Holdings reported more than $1.3bn in net profits for the first three quarters of the year · Cosco Shipping buys stake in supply chain unit for...

1 month ago

图 2-4　远洋海运在 Google 中检索的代表性新闻（2）

（三）Google 传播力小结

1. 绿色环保成为央企传播新名片

在本报告所考察的一年时间内，绿色环保涉及多家中央企业，涵盖不同的企业类型，成为中央企业在海外传播中受关注度最高的话题之一。Google 平台中，围绕绿色环保话题展开的新闻报道包含减排与碳中和、自然生态保护、自然景观保护等。能源类企业如中国石油天然气集团有限公司、中国石油化工集团有限公司、中国海洋石油集团有限公司等，基建类企业如中国铁道建筑集团有限公司、中国建筑集团有限公司等，通信类企业如中国移动通信集团有限公司等的新闻报道中均涉及了绿色环保话题。

绿色环保议题相关报道中，一部分报道聚焦于中央企业为实现绿色发展做出的努力和取得的成果。例如，中国建材集团有限公司尝试以太阳能和生物能源替代煤炭供给生产所需；中国移动通信集团有限公司倡导建设绿色 5G；中国石油化工集团有限公司建设世界最大的光伏能源基地等，此类新闻得到了包括彭博社在内的多家海外媒体的关注与报道。

同时，也有部分报道对中央企业从绿色环保层面上进行批评，这一问题值得中央企业在海外传播力建设过程中多加关注。

B Bloomberg.com

China's Role in Climate Change: The Biggest Carbon ...

China National Building Material Group Co., the nation's biggest materials producer, says it's making an effort to replace coal with solar and biomass and ...

Oct 24, 2021

PRN PR Newswire

Sinopec Lands World's Largest Photovoltaic Green Hydrogen ...

30, 2021 /PRNewswire/ -- China Petroleum & Chemical Corporation's (HKG: 0386, "Sinopec") hosted an online launching ceremony on November 30 in the cities of...

Nov 30, 2021

M Mobile World Live

China Mobile Releases 'Green 5G Initiative' with Partners

PRESS RELEASE: On May 24, 2021, China Mobile held a summit on bringing carbon emissions to a peak, achieving carbon neutrality, and developing green 5G...

Nov 22, 2021

图 2-5　绿色环保在 Google 中检索的代表性新闻

2. 走入发展中国家成为热点话题

中央企业在海外传播过程中，走入发展中国家市场取得的发展成果是海外媒体关注的重点，这些报道涉及中央企业从产品到项目再到投资全方位走出去的建设成果。例如，中国铁路工程集团有限公司在孟加拉国承建铁路建设项目；中国建筑集团有限公司在波黑等东欧国家承建工程项目；中国电信集团有限公司在菲律宾投资持股通信企业等。这些新闻消息得到包括彭博社在内的海外媒体的关注与报道，在开拓发展中国家市场中提高了国际声誉，有助塑造大国企业形象。

Reuters

Chinese firm wins $330 mln road deal in Serb Republic

... Bosnia's autonomous Serb Republic on Wednesday sealed a 650 million Bosnian marka ($330 million) deal with China State Construction Engineering Corp.

Aug 24, 2022

B Bloomberg.com

China Telecom's Philippine Venture Wants to Double ...

The company and China Telecom -- which holds 40% of DITO Telecommunity -- will guarantee the debt based on their stakes in the unit.

Jan 17, 2022

Global Construction Review

China pushes Bangladesh to accelerate $10bn high-speed ...

If China's proposal is accepted, the $10bn project would be carried out by China Railway Group (CREC) under a government-to-government public–private...

Jun 10, 2022

图 2-6　中美博弈在 Google 中检索的代表性新闻

值得一提的是，在中美博弈仍然紧张的情况下，不少中央企业受到美国及其盟国的排挤打压，产生了一些不利新闻信息，如中国电信集团有限公司就多次被美国 FCC 列入负面清单。而中央企业在广大发展中国家市场取得的成果同时受到海外媒体关注，在一定程度上对冲了中美博弈带来的舆论冲击，为中央企业海外传播力建设打开了新局面。

五、维度二：中央企业Wikipedia传播力

Wikipedia 既是一个基于多语言写成的网络百科全书，也是一个动态的、可自由访问的允许全球用户参与编辑的全球知识体。Wikipedia 英文词条完整性可以在一定程度上反映中央企业面向全球完善媒体资料的主动性和积极性，编辑频率和链接数量体现企业与用户间的沟通交流情况。

（一）Wikipedia 传播力得分

Wikipedia 传播力指数维度包括四个指标，占总指数权重的 10%。其中，词条完整性、一年内词条被编辑的次数、一年内参与词条编辑的用户数、链接情况各占 2.5%。

中央企业 Wikipedia 词条普及率较高，词条完整性、链接情况变化不大，但整体编辑次数和参编人数仍偏低。其中，72 家中央企业有 Wikipedia 词条，词条普及率为 73.5%。词条平均编辑次数为 14 次，年平均参编用户数为 7 人。在链接方面，平均关联链接数为 174 条。

1. Wikipedia 传播力指数得分分布

Wikipedia 传播力指数得分靠前的中央企业依次是中国东方航空集团有限公司、中国南方航空集团有限公司、中国第一汽车集团有限公司、东风汽车集团有限公司、中国移动通信集团有限公司。

表 2-5　中央企业 Wikipedia 传播力指数

序号	中文名称	综合指数	序号	中文名称	综合指数
1	中国东方航空集团有限公司	100.00	22	中国远洋海运集团有限公司	34.52
2	中国南方航空集团有限公司	83.61	23	中国广核集团有限公司	34.32
3	中国第一汽车集团有限公司	70.34	24	中国宝武钢铁集团有限公司	34.12
4	东风汽车集团有限公司	55.75	25	中国电信集团有限公司	34.07
5	中国移动通信集团有限公司	53.65	26	中国电子信息产业集团有限公司	31.31
6	中国石油天然气集团有限公司	47.70	27	中国中化控股有限责任公司	30.74
7	中国联合网络通信集团有限公司	46.34	28	中国五矿集团有限公司	30.47
8	中国航空工业集团有限公司	44.94	29	中国航空集团有限公司	30.22
9	中国航天科技集团有限公司	43.36	30	中国东方电气集团有限公司	30.16
10	国家电网有限公司	43.10	31	中国铝业集团有限公司	30.09
11	中国航天科工集团有限公司	43.04	32	中国电子科技集团有限公司	29.80
12	中国铁道建筑集团有限公司	41.47	33	中粮集团有限公司	29.40
13	中国商用飞机有限责任公司	39.33	34	华润（集团）有限公司	29.20
14	中国核工业集团有限公司	39.09	35	中国长江三峡集团有限公司	28.56
15	中国海洋石油集团有限公司	38.77	36	中国交通建设集团有限公司	28.47
16	中国建筑集团有限公司	37.88	37	中国铁路工程集团有限公司	27.67
17	中国中车集团有限公司	37.86	38	鞍钢集团有限公司	27.67
18	中国船舶集团有限公司	37.54	39	中国盐业集团有限公司	27.62
19	中国医药集团有限公司	37.00	40	哈尔滨电气集团有限公司	27.53
20	招商局集团有限公司	36.06	41	中国航空油料集团有限公司	27.49
21	中国兵器工业集团有限公司	35.12	42	中国有色矿业集团有限公司	27.48

序号	中文名称	综合指数	序号	中文名称	综合指数
43	中国能源建设集团有限公司	27.46	57	中国南方电网有限责任公司	22.13
44	中国中煤能源集团有限公司	27.33	58	中国兵器装备集团有限公司	21.99
45	中国机械工业集团有限公司	27.15	59	中国华录集团有限公司	21.25
46	中国华能集团有限公司	27.15	60	中国华电集团有限公司	21.20
47	中国民航信息集团有限公司	26.67	61	中国林业集团有限公司	21.16
48	国家能源投资集团有限责任公司	26.65	62	中国化学工程集团有限公司	21.10
49	中国黄金集团有限公司	26.47	63	中国建材集团有限公司	21.04
50	中国保利集团有限公司	26.21	64	中国通用技术（集团）控股有限责任公司	21.04
51	中国中钢集团有限公司	26.07	65	中国电力建设集团有限公司	20.49
52	中国航空发动机集团有限公司	25.56	66	中国节能环保集团有限公司	20.38
53	国家开发投资集团有限公司	25.38	67	中国大唐集团有限公司	19.82
54	中国石油化工集团有限公司	23.89	68	中国航空器材集团有限公司	19.58
55	中国旅游集团有限公司	23.20	69	中国铁路通信信号集团有限公司	19.54
56	国家电力投资集团有限公司	22.15	70	华侨城集团有限公司	13.76

2. 参照系比较

中央企业 Wikipedia 传播力指数排名第一的中国东方航空集团有限公司（100.00）低于华为技术有限公司（193.18）和壳牌有限公司（219.91），华为技术有限公司的得分是中国东方航空集团有限公司的 1.9 倍，壳牌有限公司的得分是中国东方航空集团有限公司的 2.2 倍。

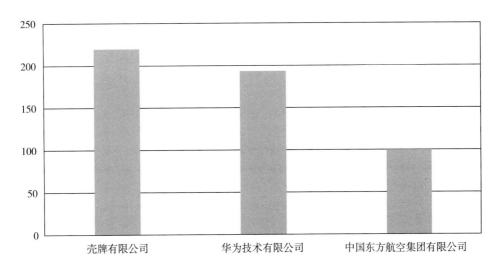

图 2-7 Wikipedia 传播力指数参照

（二）Wikipedia 传播力具体指标分析

对中央企业 Wikipedia 传播力的考察主要分为两个层面：一是词条完整性，主要通过是否包含官方定义、历史发展、地址和外部链接 4 项指标统计；二是中央企业英文 Wikipedia 词条在最近一年的受关注程度，主要通过被编辑次数和参与编辑的用户数以及各公业的 Wikipedia 英文词条与其他词条的链接情况体现。

在词条完整性方面，有 53 家中央企业的词条包含官方定义、历史发展、地址和外部链接 4 项指标，词条构建较为完善，占总体的 54%。

在词条编辑方面，中央企业的词条编辑次数和参编用户数总体偏少，不同企业差异较大。在一年内词条被编辑的次数方面，除中国东方航空集团有限公司仍然破百（129 次）外，其他中央企业的年编辑次数仍小于 100 次。在一年内参与词条编辑的用户数方面，中国东方航空集团有限公司为 55 人，其他中央企业的词条编辑人数都在 50 人以下，总体水平较上年有所下降。中央企业词条年平均编辑次数为 14 次，比上年少 1 次，年平均参编用户数为 7 人，比上年少 1 人。

词条编辑情况统计中 Wikipedia 传播力指数得分第一的中国东方航空集团有限公司，其编辑次数和参与编辑用户数量均低于华为技术有限公司与壳牌有限公司。在一年内词条被编辑的次数方面，中国东方航空集团有限公司是华为技术有限公司的 43.7%、是壳牌有限公司的 27.9%。在一年内参与词条编辑的用户数方面，中国东方航空集团有限公司是华为技术有限公司的 51.4%、是壳牌有限公司的 35.3%。

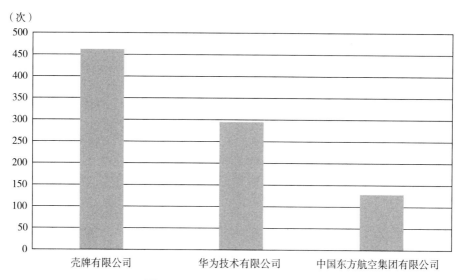

图 2-8　Wikipedia 编辑次数比较

在词条的链接方面，2022 年，中央企业平均关联链接 174 条，比上年多 44 条。中国南方航空集团有限公司的词条关联链接数（1182 条）最高，是华为技术有限公司的 40.2%、是壳牌有限公司的 72.8%。

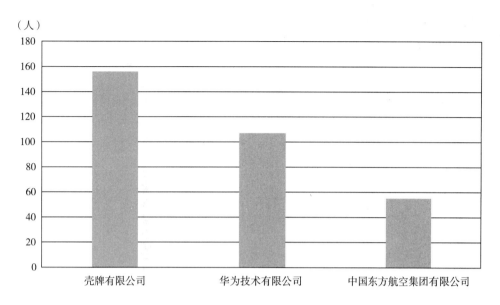

图 2-9 Wikipedia 参与编辑人数比较

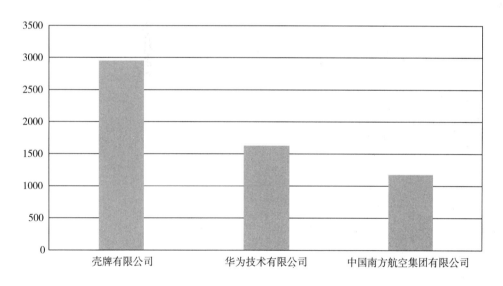

图 2-10 Wikipedia 链接情况比较

（三）Wikipedia 传播力案例分析

中国东方航空公司集团有限公司（以下简称东航）在 Wikipedia 传播力上整体表现较好，Wikipedia 维度排名位列第 1。东航在 Wikipedia 上的建设与传播主要表现在以下三点：

第一，词条完整性方面：东航的 Wikipedia 词条较完整，除官方定义、历史发展、企业地址、外部链接等关键的企业信息介绍外，还囊括了文化、服务、机队、航点、评价、运营数据等类目，企业介绍全面丰富。

第二，词条编辑方面：最近一年内，东航在 Wikipedia 上的词条被编辑 129 次，共有 55 位用户参与编辑，相较上年增加 15 人，有所提升。一年内的编辑次数和参与编辑的用户数量直接影响中央企业 Wikipedia 传播力的总排名情况，反映出一个企业对于 Wikipedia 平台的更新和维护的积极程度。总体来看，东航对企业信息维护具有较高的主动性。

第三，词条链接方面：东航共被外部链接引用 1179 次，较上年增加 10 次，词条链接指标在中央企业排名位列第 2。企业的链接数量越多，表明其可以出现在更多的词条介绍中，东航对外交流互动频繁，具有很大的潜在传播影响力。

（四）Wikipedia 传播力小结

最近一年内，中央企业的词条普及率比 2021 年少 8 家，有所下降。东风汽车集团有限公司、中国石油天然气集团有限公司、国家电网有限公司指数提升主要来源于词条平均编辑次数和平均关联链接数的增加。

Wikipedia 平台上的企业信息关系企业对外形象的塑造和传播，建设并维护好 Wikipedia 平台上的企业介绍，有助于提升中央企业的海外传播力。部分 2021 年没有检索到词条以及词条不完整的企业在 2022 年的数据依然不理想，可见，部分中央企业对维护 Wikipedia 平台的重视程度不足。例如，矿冶科技集团有限公司、中国建筑科学研究院有限公司等 15 家中央企业两年都未能搜索到相关数据。部分企业删除了 Wikipedia 的词条，中国储备粮管理集团有限公司、中国一重集团有限公司等 10 家中央企业，2021 年可以检索到词条，但 2022 年未能搜索到相关数据。以国家开发投资集团有限公司为例，相比较 2021 年在 Wikipedia 上搜索到的该企业相关词条，2022 年该企业完善了 Wikipedia 平台上词条中的历史发展和外部链接，词条定义、历史发展、地址、外部链接 4 项指标完整，但编辑次数和编辑用户数仍为 0。

六、维度三：中央企业Twitter传播力

Twitter 作为全球最大的社交媒体平台之一，是一个开放的社交媒体平台，在多个国家和地区被网民广泛使用，是全球互联网平台访问量最多的 10 个网站之一，平台的数据统计可以在一定程度上反映中央企业在海外的影响力。

（一）Twitter 传播力得分

Twitter 传播力维度具体分为自有账号建设和平台传播量两项。自有账号建设包括是否有官方认证账号、粉丝数量、一年内发布的内容数量、一年内转发总量和一年内评论总数。平台传播量包括一年内正向转发总量、一年内正向评论总量和正向传播量。Twitter 传

播力维度权重占总指数权重的 17%，其中，是否有官方认证账号、粉丝数量、一年内发布的内容数量、一年内转发总量、一年内评论总量各占 1%；一年内正向转发总量、一年内正向评论总数各占 3%。

正向传播量占 6%。在平台传播量的正负面判断上，共有六位编码员对新闻内容进行分析，六位编码员的信度为 99.6%，可信度较高。

总体来看，中央企业的 Twitter 传播力较弱，但相较于上年有所增加。在调查的 97 家企业中，有 45 家企业拥有 Twitter 账号，占总体的 45.9%，相比上年增加 7.4%。仅有六家企业的账号经过官方认证，分别是东风汽车集团有限公司、国家电力投资集团有限公司、中国东方航空集团有限公司、中国建筑集团有限公司、中国南方航空集团有限公司和中国石油化工集团有限公司。

1. Twitter 传播力得分分布

Twitter 传播力指数得分靠前的中央企业依次是中国石油化工集团有限公司、中国石油天然气集团有限公司、中国海洋石油集团有限公司、中国东方航空集团有限公司、中国铝业集团有限公司。

表 2-6　中央企业 Twitter 传播力指数

序号	中文名称	综合指数	序号	中文名称	综合指数
1	中国石油化工集团有限公司	100.00	19	中国中车集团有限公司	8.23
2	中国石油天然气集团有限公司	74.06	20	中国大唐集团有限公司	7.69
3	中国海洋石油集团有限公司	60.50	21	国家能源投资集团有限责任公司	6.93
4	中国东方航空集团有限公司	25.82	22	中国核工业集团有限公司	5.96
5	中国铝业集团有限公司	25.15	23	中国航空油料集团有限公司	5.62
6	中国广核集团有限公司	24.69	24	中国电信集团有限公司	5.26
7	中国铁路工程集团有限公司	24.21	25	中国航天科工集团有限公司	4.92
8	中国南方航空集团有限公司	22.80	26	中国船舶集团有限公司	4.78
9	中国建筑集团有限公司	19.78	27	中国航天科技集团有限公司	4.75
10	国家电网有限公司	19.43	28	中国东方电气集团有限公司	4.73
11	招商局集团有限公司	17.11	29	中国通用技术（集团）控股有限责任公司	4.70
12	国家电力投资集团有限公司	15.43	30	中国机械工业集团有限公司	4.27
13	哈尔滨电气集团有限公司	14.31	31	中国有色矿业集团有限公司	3.81
14	中国长江三峡集团有限公司	14.31	32	中国第一汽车集团有限公司	3.67
15	中国交通建设集团有限公司	12.24	33	中国电力建设集团有限公司	3.39
16	中国中化控股有限责任公司	11.28	34	中国移动通信集团有限公司	2.56
17	中国铁道建筑集团有限公司	10.34	35	中国远洋海运集团有限公司	2.36
18	东风汽车集团有限公司	9.48	36	中国电子科技集团有限公司	1.96

续表

序号	中文名称	综合指数	序号	中文名称	综合指数
37	中国五矿集团有限公司	1.55	56	中国华能集团有限公司	0.23
38	中国联合网络通信集团有限公司	1.42	57	中国国新控股有限责任公司	0.16
39	中国化学工程集团有限公司	1.12	58	中国国际工程咨询有限公司	0.16
40	中国稀土集团有限公司	1.10	59	鞍钢集团有限公司	0.16
41	中国电子信息产业集团有限公司	1.02	60	中国一重集团有限公司	0.15
42	中国建筑科学研究院有限公司	0.95	61	中国航空器材集团有限公司	0.14
43	中国华电集团有限公司	0.89	62	中国铁路通信信号集团有限公司	0.14
44	中国林业集团有限公司	0.86	63	华润（集团）有限公司	0.13
45	中粮集团有限公司	0.86	64	中国医药集团有限公司	0.11
46	中国航空集团有限公司	0.73	65	中国民航信息集团有限公司	0.11
47	中国兵器工业集团有限公司	0.58	66	中国宝武钢铁集团有限公司	0.11
48	中国节能环保集团有限公司	0.54	67	中国电气装备集团有限公司	0.06
49	中国商用飞机有限责任公司	0.51	68	中国诚通控股集团有限公司	0.05
50	中国航空发动机集团有限公司	0.46	69	中国钢研科技集团有限公司	0.05
51	中国航空工业集团有限公司	0.42	70	中国煤炭地质总局	0.05
52	中国建材集团有限公司	0.35	71	有研科技集团有限公司	0.03
53	中国检验认证（集团）有限公司	0.29	72	中国中钢集团有限公司	0.02
54	中国煤炭科工集团有限公司	0.26	73	中国安能建设集团有限公司	0.01
55	中国卫星网络集团有限公司	0.24			

2. 参照系比较

将中央企业 Twitter 传播力指数得分第一的中国石油化工集团有限公司（100.00）与华为技术有限公司（621.60）和壳牌有限公司（113.21）进行比较，中国石油化工集团有限公司的得分是华为技术有限公司得分的 16.1%、是壳牌有限公司得分的 88.3%。

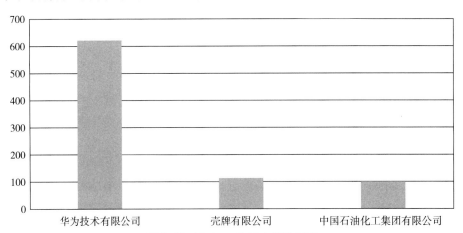

图 2-11　Twitter 传播力指数参照

（二）Twitter 传播力具体指标分析

在账号方面：97 家中央企业中有 43.2%（42 家）的企业拥有 Twitter 账号，六家企业拥有 Twitter 官方认证账号。

在粉丝数量方面：中央企业 Twitter 账号平均粉丝数量为 13699 人，相比 2021 年增长了近 63%。共有 21 家中央企业的粉丝数量在 10000 人以上，占总体的 21.9%，相比 2021 年增加了 6.3 个百分点。其中，粉丝数量较多的是中国石油化工集团有限公司和中国东方航空集团有限公司，均超过 10 万人。但是，中国石油化工集团有限公司与华为技术有限公司及壳牌有限公司的 Twitter 粉丝数量相比仍差距较大，中国石油化工集团有限公司的粉丝数量仅占壳牌有限公司粉丝数量的 34% 和华为技术有限公司粉丝数量的 2%。

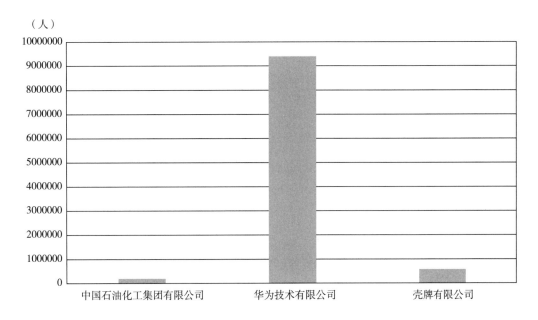

图 2-12   Twitter 账号粉丝数量比较

在一年内发布的内容数量方面：中央企业 Twitter 账号一年内平均发布 56 条信息，相比 2021 年增长了近 9.8%。有 36.7%（36 家）的企业一年内在 Twitter 上发布了内容，相比 2021 年增加了 4.4 个百分点。其中，中国南方航空集团有限公司发布的信息数量最多，但相比参照企业，其内容发布量也仅为华为技术有限公司的 16.6%。

在一年内转发总量方面：中央企业 Twitter 账号一年内平均转发量为 349 条信息。有 32.7%（32 家）的企业一年内在 Twitter 上发布的内容被转发，其中有 14 家中央企业转发量超过 1000 条，占比 43.8%。一年内总转发量最高的企业为中国石油化工集团有限公司，共 5426 条，但相较于参照企业，也仅占华为技术有限公司（52463 条）的 10.3%。

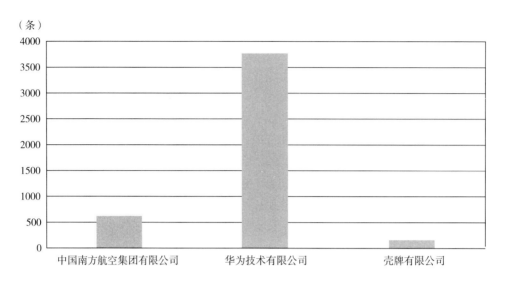

图 2-13　Twitter 一年内发布的内容数量比较

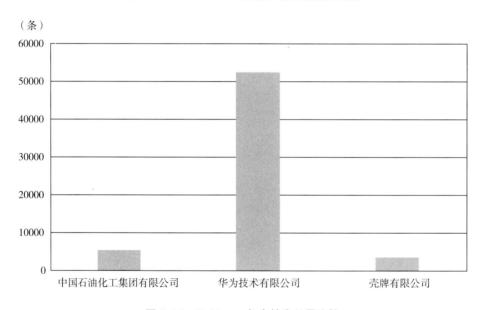

图 2-14　Twitter 一年内转发总量比较

在一年内评论总数方面：中央企业 Twitter 账号一年内平均评论量为 76 条。有 31.6%（31 家）的企业一年内在 Twitter 上发布的内容被评论。中国石油化工集团有限公司评论总数位列第 1，评论数为 1054 条。但相比参照企业，仍然表现一般，仅占华为技术有限公司的 4.6%、壳牌有限公司的 8.8%。

在正向传播量方面：97 家中央企业中有 63.9%（62 家）的企业有正向传播量数据。其中，整体正向传播量平均值为 39 条，有 7 家中央企业正向传播量超过 100 条。中国石油天然气集团有限公司在正向传播量的中央企业排名中位列第 1，为 397 条，相较于参照企业，是华为技术有限公司的 124.8%、壳牌有限公司的 496.2%。

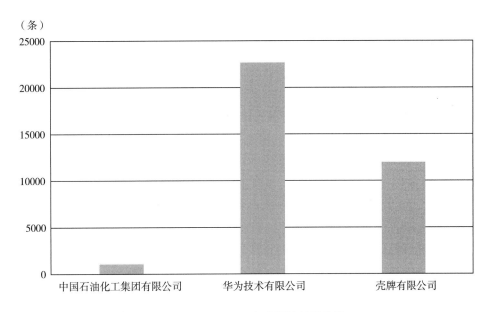

图 2-15 Twitter 一年内评论总数比较

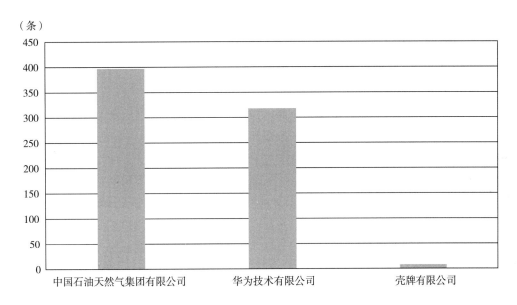

图 2-16 Twitter 正向传播量比较

（三）Twitter 传播力案例分析

1. 中石化：粉丝数量、转发总量与评论总数均排名第 1 位

中国石油化工集团有限公司（以下简称中石化）2022 年 Twitter 传播力指数得分第 1，除粉丝数量排名取得第 1 的佳绩外，在一年发布内容的转发总量和评论总数方面亦最高。具体来看，其粉丝数量相比上年上涨超 12 万人次，粉丝数量已达近 19 万人，2022 年共

发布 314 条推文（相比上年增长 46.7%），转发总量为 5426 条和评论总数为 1054 条。中石化在海外社交媒体 Twitter 上的传播内容可分为信息建构和关系建构两大模块。

（1）信息建构：塑造企业形象，传播中国文化。一方面，中石化在信息建构方面重视对企业主导项目和所获荣誉进行宣传和介绍，在充分彰显了企业专业性的同时塑造了企业形象。例如，2022 年 9 月，中石化第五建设公司承建的新加坡化工炼化一体化项目（CRISP）成功完成了所有炉体的模块化安装，为后续工作铺平了道路；同月，中石化收到厄瓜多尔石油公司和哈里伯顿拉丁美洲公司发来的两封信，对 SP127 油井团队在 365 天内保持零事故生产安全记录表示赞赏，该条推特收获 5401 次点赞量。2022 年 8 月，中国石化厄瓜多尔分公司与斯伦贝谢共同举办了深化合作研讨会，会上发布公告称中石化赢得了斯伦贝谢的多项投标，双方同意今后继续发展牢固的伙伴关系。在企业所获荣誉方面，中石化先后获得国际能源青年大会最佳组织奖、中国能源化工行业第一品牌、中国企业继续工程教育奖等奖项。通过申请国际含金量较高的奖项有利于塑造企业形象，提高国际影响力。

另一方面，中石化通过短视频形式把其企业元素和中华优秀传统文化元素结合；借助 Twitter 社交媒体平台传播该企业文化同时传播中华文化。例如，通过视频宣传中国的越剧、昆曲，介绍中石化公司食堂最受欢迎的小吃——浙江缙云烧饼等。其在 Twitter 上发布的人文习俗和传统文化类的内容的目的不是简单地进行单向的文化内容的传播，而是结合企业特性事实起到品牌传播和推广的目的，其切入的角度和叙事的方式都与石油化工领域或企业文化密切相关。

（2）关系建构：承担社会责任，注重人文关怀。首先，在社会责任方面，中石化在节能环保、提供教育和实习机会、生态修复方面做出了重要贡献。其次，中石化致力于绿色节能减排、碳中和，与清华大学、同济大学等高校联合发布了《中国快递行业绿色包装碳减排潜力 2021—2030 年研究报告》《可降解塑料环境影响评价与政策支持研究项目报告》等，并切实践行节能减排，展示了企业绿色、高效、智能和环保的特点。最后，中石化重视员工福利，开展各类活动促进员工的身心健康，如研制的防静电阻燃工作服用于员工的消防安全，承办的"2022 年中国石化 SIPSC 厄瓜多尔就职杯"促进了不同文化背景的石油公司之间的交流，在炎炎夏日为一线工人送去了饮料、水果等防暑物资以关爱员工，确保安全生产等，以此来塑造整个企业的社会担当与责任。

2. 中海油：自建账号与平台传播相辅相成

中国海洋石油集团有限公司（以下简称中海油）的 2022 年 Twitter 传播力综合指数得分排名相较于上年前进 14 名，位列第 2，其自建账号指数排名第 11 名，但其平台传播表现更为突出，平台传播量指数得分排名第 3。这一方面得益于该企业主持了乌干达重要项目并在平台得以宣传，在该项目中，中海油创新"中国方案"助力乌干达油田产业升级，在有关的 371 条发布内容中正面内容占比 85%。另一方面中海油自建账号与平台传播信息相辅相成，不仅陆续介绍了该项目的背景和进度，还挖掘项目背后的小人物故事，如介绍向受项目影响的人提供安置住房的"土地夫人"——J. L. Kwagala，在内容上具有更高的

Sinopec ✔ @SinopecNews · Sep 26 ···
Sinopec @SinopecEc recently received two letters from EP PetroEcuador and Halliburton Latin America S.R.L., in which they extended praise and appreciation to SP127 well team for keeping zero-incident production safety record within 365 days.

💬 30　　🔁 254　　♡ 5,401　　⬆

Sinopec ✔ @SinopecNews · Aug 17 ···
Thanks to the excellent construction record, SP175, SP982 and SP983, the three teams of Sinopec @SipscKWT have successfully renewed their contract with Kuwait Oil Company (KOC) for another year, allowing them to formally enter into the seventh year of construction. #SinopecNews

💬 17　　🔁 174　　♡ 4,081　　⬆

Sinopec ✔ @SinopecNews · Sep 7 ···
Viewing lanterns in the Mid-Autumn Festival is one of the traditional Chinese customs. In the Pinghu City of Zhejiang Province, watermelon lantern is an intangible cultural heritage. Come and view the special watermelon lantern!

💬 7　　🔁 56　　♡ 1,366　　⬆

图 2-17　中石化 Twitter 的推文截图（1）

图 2-18　中石化 Twitter 的推文截图（2）

趣味性和人文关怀，从而获得更多用户的关注和青睐并积极点赞转发，为平台传播提供了素材和话题。

（四）Twitter 传播力小结

1. 石油化工行业表现突出

Twitter 传播力指数排名靠前的中央企业依次为中国石油化工集团有限公司、中国石油天然气集团有限公司、中国海洋石油集团有限公司、中国东方航空集团有限公司、中国铝业集团有限公司。其中前三家均属于石油化工行业，总体来看石油化工行业表现突出。

图 2-19　中海油 Twitter 的推文截图

2. 不同评价方式下的排名差异显示各企业平台建设有所偏重

2022 年 Twitter 平台的自建账号的评价体系将往年的"最高转发量"和"最高评论量"指标调整为"转发总量"和"评论总数"指标。在这一指标下，各中央企业的综合得分和排名更能反映一年的总体情况。而在指标变动后，通过对比"自有账号建设"和"平台传播量"维度的排名和两个维度综合后的排名可以发现，在具体的排名位次上有些变动。

中国石油化工集团有限公司总体表现平稳，其在自有账号建设、平台传播量和综合维度排名中均位列第 1。而在平台传播量维度排名第 2 的中国石油天然气集团有限公司的自有账号建设却稍显逊色，排名为第 10。相反，在自有账号建设维度排名第 2 的中国东方航空集团有限公司在平台传播量维度排名第 31，这从侧面说明中央企业不仅需要关注自身账号传播，也需要关注平台信息传播。

表2-7　部分中央企业在 Twitter 不同评价方式下的排名

序号	单一"自有账号建设"维度	平台传播量维度	两个维度综合
1	中国石油化工集团有限公司	中国石油化工集团有限公司	中国石油化工集团有限公司
2	中国东方航空集团有限公司	中国石油天然气集团有限公司	中国石油天然气集团有限公司
3	中国南方航空集团有限公司	中国海洋石油集团有限公司	中国海洋石油集团有限公司
4	中国建筑集团有限公司	中国铝业集团有限公司	中国东方航空集团有限公司
5	国家电力投资集团有限公司	中国广核集团有限公司	中国铝业集团有限公司
6	哈尔滨电气集团有限公司	国家电网有限公司	中国广核集团有限公司
7	中国中化控股有限责任公司	招商局集团有限公司	中国铁路工程集团有限公司
8	中国交通建设集团有限公司	中国铁路工程集团有限公司	中国南方航空集团有限公司
9	中国铁道建筑集团有限公司	中国长江三峡集团有限公司	中国建筑集团有限公司
10	中国石油天然气集团有限公司	国家能源投资集团有限责任公司	国家电网有限公司

七、维度四：中央企业Facebook传播力

（一）Facebook 传播力得分

Facebook 传播力指数维度下的各项指标权重如下：是否有官方认证账号占1%，好友数量、一年内最高点赞量、一年内最多评论数各占5%。

中央企业在 Facebook 平台的认证状况相对较差，在97家企业中仅有9家中央企业拥有 Facebook 官方认证账号。在企业总数增加了2家的前提条件下，相较于2021年减少了2家官方认证账号。2022年中央企业的平均好友数量为445740人次，相较于2021年增长了1.8倍多，但仍有46家中央企业并没有关注者。

表2-8　中央企业 Facebook 传播力指数

序号	中文名称	综合指数	序号	中文名称	综合指数
1	中国南方航空集团有限公司	100.00	6	中国交通建设集团有限公司	50.38
2	中国华电集团有限公司	77.64	7	中国中车集团有限公司	38.76
3	中国移动通信集团有限公司	73.00	8	中国东方航空集团有限公司	38.23
4	中国中化控股有限责任公司	71.01	9	中国石油化工集团有限公司	33.99
5	中国旅游集团有限公司/ 香港中旅（集团）有限公司	54.52	10	中国建筑集团有限公司	31.27
			11	中国通用技术（集团）控股有限责任公司	25.56

续表

序号	中文名称	综合指数	序号	中文名称	综合指数
12	中国第一汽车集团有限公司	19.71	25	中国航空工业集团有限公司	4.66
13	国家电力投资集团有限公司	17.34	26	中国电力建设集团有限公司	3.66
14	中国航空集团有限公司	16.97	27	中国建材集团有限公司	3.62
15	中国华能集团有限公司	16.90	28	中国远洋海运集团有限公司	3.26
16	华润（集团）有限公司	15.99	29	中国铝业集团有限公司	1.61
17	中粮集团有限公司	15.95	30	中国电信集团有限公司	1.02
18	中国铁路工程集团有限公司	15.38	31	中国有色矿业集团有限公司	0.91
19	中国铁道建筑集团有限公司	13.46	32	鞍钢集团有限公司	0.43
20	中国核工业集团有限公司	11.33	33	中国电子信息产业集团有限公司	0.03
21	中国机械工业集团有限公司	8.86	34	东风汽车集团有限公司	0.01
22	中国长江三峡集团有限公司	8.38	35	中国航天科技集团有限公司	0.01
23	招商局集团有限公司	8.36	36	中国能源建设集团有限公司	0.01
24	中国东方电气集团有限公司	5.28	37	中国联合网络通信集团有限公司	0.01

将中央企业 Facebook 平台传播力指数得分第 1 的中国南方航空集团有限公司（100.00）与华为技术有限公司（701.23）和壳牌有限公司（98.41）进行比较，中国南方航空集团有限公司的得分是华为技术有限公司得分的 14.26%，是壳牌有限公司得分的 101.6%。

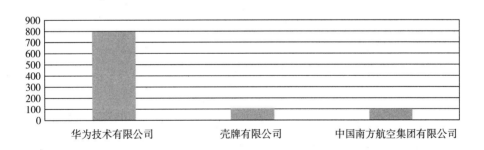

图 2-20 Facebook 传播力指数参照

（二）Facebook 传播力具体指标分析

97 家中央企业在 Facebook 平台的活跃度呈现两极分化的情况。97 家中央企业中仅有 9 家进行账号的官方认证，分别是中粮集团有限公司、中国移动通信集团有限公司、中国石油化工集团有限公司、中国南方航空集团有限公司、中国建筑集团有限公司、中国华能集团有限公司、中国华电集团有限公司、中国东方航空集团有限公司和华润（集团）有限公司。

　　在好友数量方面：不同中央企业的好友数量差距较大。Facebook 账号平均好友数量为445740 人。其中有 5 家中央企业好友数量超过百万，分别为中国东方航空集团有限公司、中国建筑集团有限公司、中国交通建设集团有限公司、中国南方航空集团有限公司和中国石油化工集团有限公司。有 60 家中央企业的好友数量未达到 500 人次。中国南方航空集团有限公司好友数量最多，且领先于其他中央企业，但其好友数量仅为华为技术有限公司的 41.2%。

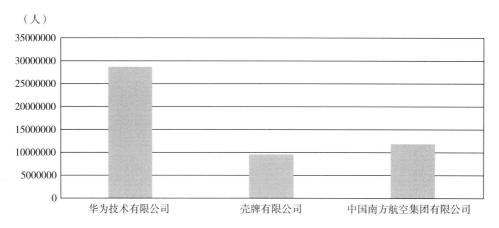

图 2-21　Facebook 好友数量比较

　　在一年内最高点赞量方面：仅有六家中央企业的单条内容最高点赞量超过 5000 次，分别为中国中化控股有限责任公司、中国中车集团有限公司、中国通用技术（集团）控股有限责任公司、中国南方航空集团有限公司、中国交通建设集团有限公司和中国华电集团有限公司。其中中国中化控股有限责任公司的点赞量最高，达 24137 次，远超壳牌有限公司的点赞量（153 次）。

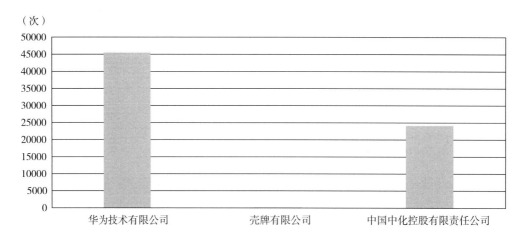

图 2-22　Facebook 一年内最高点赞量比较

在一年内最多评论数方面：中央企业最多评论数平均为41次。其中最多评论数超过200条的仅有两家，分别是中国移动通信集团有限公司（265条），中国旅游集团有限公司/香港中旅（集团）有限公司（249条）。虽然最多评论数与壳牌有限公司的最多评论数（233条）差距不大，但是与华为技术有限公司相比还有很大差距。97家中央企业中仍有67家没有获得评论互动。

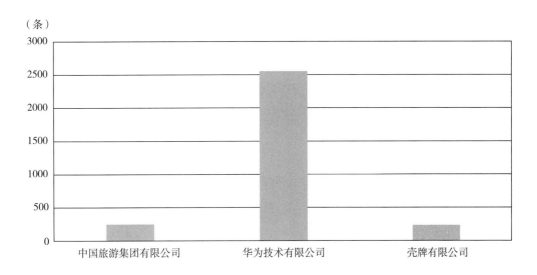

图 2-23 Facebook 一年内最多评论数比较

（三）Facebook 的传播力案例分析

中国中车集团有限公司（以下简称中国中车）在 Facebook 传播力指数排名第7，相比2021年 Facebook 传播力指数排名（第9）上升了两位。其中单条内容获得的最高点赞量位列 Facebook 中央企业排名第5。中国中车在 Facebook 中展现出较好的表现，主要体现在核心元素、文化展示、人文友情3个方面。

（1）紧握列车元素，宣传核心突出。作为中国高铁技术出海的核心龙头企业，中国中车在 Facebook 平台的宣传中紧握高铁、铁路等多种元素视角展示高铁产品。例如，通过列车外观、列车内饰、驾驶舱等多种角度满足海外受众想进一步感受中国高铁的需求。中国中车在平台上发布的列车摄影大多呈现出极具线条感、特技感、速度感的铁路列车形象，完美辅助了中国高铁技术出海，向世界展示中国高铁技术硬实力的特征。

（2）文化融合完美，中西多元展示。在展示色彩方面，中国中车发布的海报减少了展现列车结实等的硬朗色彩的使用，更多地结合节日元素，选择相应的色系。例如，中国中车在宣传复活节的海报中，结合兔子和彩蛋元素，将海报中的列车改为粉色，提升了元素间的契合程度，使得企业产品融入更加自然，受到了海外网友的喜爱。

图 2-24　中国中车 Facebook 图文帖子截图（1）

在元素融合方面，中国中车在 Facebook 中完美地将企业元素融合进西方语境，减少了受众的理解成本。在西方重要的节日时，中国中车会按时发布极具设计感的节日海报。在获得受众关注的同时，也将自身企业形象糅进海报中，打造企业的本地化企业形象，拉近与跨文化受众的心理距离。

在元素展现方面，中国中车在宣传展示中国节日时，并未简单地将中国元素叠加至海报中，而是采用了更多的展现形式，如动漫、山水画等风格，丰富了中国文化及中国企业在海外受众认知中的形象。

（3）饱含人文元素，以"关系"引"连接"。中国中车在宣传内容中大量采用了"关系"、"连接"的意涵元素，展现企业形象。例如，在中秋节海报中将月兔描画为情侣出行，乘车回家团圆的形象；在"中车印象"作品征集活动中，展示企业员工"兄弟情"形象。中国中车用陪伴、友情等全人类共通的情感，在跨文化沟通中进一步缩短了与海外受众的心理距离，减少跨文化传播中的"文化折扣"。

图 2-25　中国中车 Facebook 节日海报截图

图 2-26　中国中车 Facebook 图文帖子截图（2）

（四）Facebook 海外传播力小结

在 Facebook 上中央企业的账号建设存在严重的两极分化情况：在 97 家中央企业中，只有 9 家拥有官方认证的平台账号，有 46 家中央企业账号在 Facebook 平台没有关注者；而根据海外传播力测量权重指标，得分在 30 以上的有 10 家，其中中国南方航空集团有限公司位列榜首。

部分中央企业 Facebook 账号在运营时还需要注意两点：一是可以借助海外重大节日节点来宣传企业文化，从而吸引用户关注，生硬地将海报中的企业元素和节日元素捆绑在一起难以展现企业特色。如何将硬科技和软文化相结合是中央企业在改进 Facebook 账号运营过程中需要着重解决的难点。二是部分账号存在将发布在国内平台的内容和视频直接搬运或是添加英文字幕后发布于 Facebook 平台，这样简单的内容浅加工行为使得传播内容缺乏针对国外受众的内容语境设计，使得传播效果大打折扣。因此，针对不同平台对企业的宣传物料进行加工、再创作，是中央企业提升其 Facebook 平台传播影响力的有效途径之一。

八、维度五：中央企业Instagram传播力

Instagram 于 2010 年 10 月推出，不同于传统社交媒体，它更专注于单一的图片功能，主推图片社交，深受年轻人的欢迎。根据 We AreSocial 与 Hootsuite 发布的《2021 全球数字报告》，Instagram 位列"全球最受喜妥的社交平台"第 3，具有代表性。因此，Instagram 平台的统计数据在一定程度上可以反映中央企业的国际传播能力。

（一）Instagram 传播力得分

Instagram 传播力指数维度包括是否有官方认证账号、粉丝数量、一年内发布的内容数量、一年内最多回复数量、一年内图文最高点赞量、一年内视频最多点击数 6 个指标，占总权重的 16%。其中，是否有官方认证账号占 1%，粉丝数量、一年内发布的内容数量、一年内最多回复数量、一年内图文最高点赞量、一年内视频最多点击数各占 3%。

在 Instagram 平台上，中央企业的传播力偏弱，平台使用度较低，企业间差距大。97 家中央企业有 26 家有 Instagram 账号。26 家中央企业 Instagram 账号平均粉丝数量为 31532 人，粉丝数量与账号持有情况较 2021 年均有上涨。

1. Instagram 传播力得分分布

Instagram 传播力指数排名靠前的中央企业依次是中国南方航空集团有限公司、中国移动通信集团有限公司、华润（集团）有限公司、有研科技集团有限公司、中国建筑集团有限公司。

表 2-9　中央企业 Instagram 传播力指数

序号	企业名称	得分	序号	企业名称	得分
1	中国南方航空集团有限公司	100.00	3	华润（集团）有限公司	83.86
2	中国移动通信集团有限公司	86.63	4	有研科技集团有限公司	70.85

续表

序号	企业名称	得分	序号	企业名称	得分
5	中国建筑集团有限公司	69.82	15	华侨城集团有限公司	5.62
6	中国铝业集团有限公司	45.60	16	中国航空集团有限公司	0.69
7	中国东方航空集团有限公司	41.77	17	中国机械工业集团有限公司	0.66
8	中国中车集团有限公司	30.40	18	中国中钢集团有限公司	0.63
9	中国铁路工程集团有限公司	29.13	19	中国铁道建筑集团有限公司	0.44
10	中国石油化工集团有限公司	24.02	20	中国电信集团有限公司	0.02
11	中国化学工程集团有限公司	17.90	21	中国广核集团有限公司	0.02
12	中国物流集团有限公司	12.20	22	中国宝武钢铁集团有限公司	0.01
13	中粮集团有限公司	10.07	23	中国长江三峡集团有限公司	0.01
14	中国电力建设集团有限公司	6.37			

2. 参照系比较

将中央企业 Instagram 传播力指数排名第一的中国南方航空集团有限公司（100.00）与华为技术有限公司（3003.61）和壳牌有限公司（782.09）进行比较，华为技术有限公司的得分是中国南方航空集团有限公司得分的 30 倍；壳牌有限公司是中国南方航空集团有限公司的 7.82 倍。

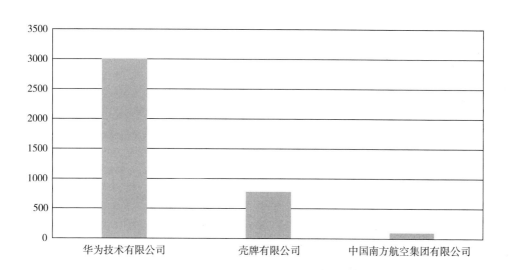

图 2-27　Instagram 传播力指数参照

（二）Instagram 传播力具体指标分析

大多数中央企业在 Instagram 上的整体活跃度较低。在 97 家中央企业中，有 26 家拥有 Instagram 账号。与 2021 年相比，除原已有官方认证的中国南方航空集团有限公司和中国建筑集团有限公司外，中国石油化工集团有限公司的账号也得到了官方认证。

在粉丝数量方面：拥有官方认证账号的 26 家中央企业粉丝数量差距较大。企业 Instagram 账号的平均粉丝数量为 98878 人，中国南方航空集团有限公司粉丝数量最多，为 247000 人；也有部分企业如中国宝武钢铁集团有限公司等粉丝量较少，不足百人。11 家企业的粉丝数量超过 5000 人，依次为中国南方航空集团有限公司、有研科技集团有限公司、中国中车集团有限公司、中国电力建设集团有限公司、中国东方航空集团有限公司、中国建筑集团有限公司、中国移动通信集团有限公司、中国石油化工集团有限公司、中国铝业集团有限公司、中国物流集团有限公司（原中国铁路物资集团有限公司与诚通物流板块改组而来）、中粮集团有限公司。

中国南方航空集团有限公司粉丝数量最多，但仍低于华为技术有限公司和壳牌有限公司的粉丝量，且与华为技术有限公司差距较大，是它的 11.8%，是壳牌有限公司的 60.5%。

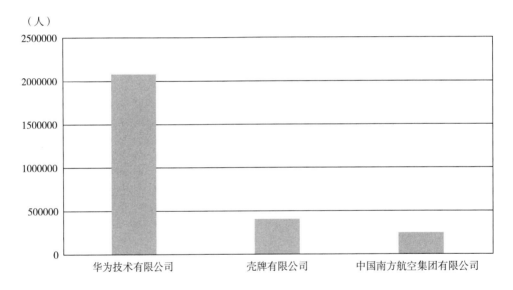

图 2-28　Instagram 账号好友数量

在一年内发布的内容数量方面：97 家中央企业一年内平均发布 36 条信息内容。有 18 家企业在 Instagram 上发布了内容，其中 10 家企业的信息发布量在 100 条以上，分别为中国南方航空集团有限公司、中国铝业集团有限公司、中国移动通信集团有限公司、中国东方航空集团有限公司、中国化学工程集团有限公司、中国建筑集团有限公司、中国中车集团有限公司、中国铁路工程集团有限公司、有研科技集团有限公司、中国物流集团有限公司（原中国铁路物资集团有限公司与诚通物流板块改组而来）。

中国南方航空集团有限公司发布内容数量最多，有 425 条，是华为技术有限公司的 83%，是壳牌有限公司的 212.5 倍。

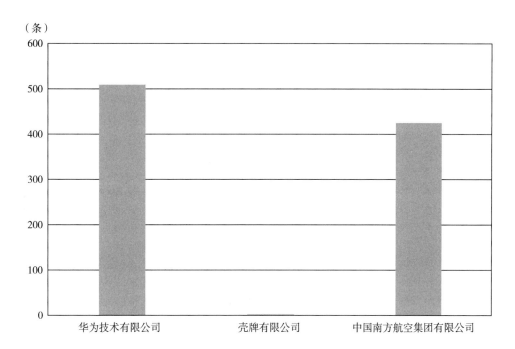

图 2-29　Instagram 一年内发布的内容数量

在一年内最多回复数量方面：97 家中央企业中，中国移动通信集团有限公司遥遥领先，一年内最多回复数量达 306 条，其他则总体一年内发布内容的回复数量较少，均不超过 100 条。但尽管是中国移动通信集团有限公司，一年内最多回复数量也仅是华为技术有限公司的 5.5%，是壳牌有限公司的 8.9%。

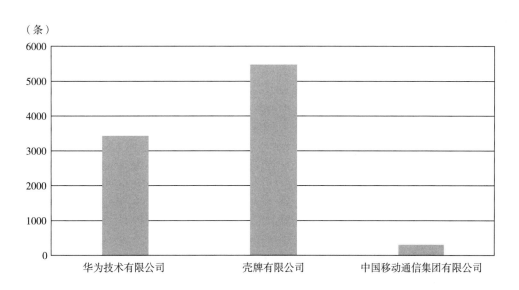

图 2-30　Instagram 一年内最多回复数量比较

在一年内图文最高点赞量方面：97 家中央企业一年内图文最高点赞量差别较大，点赞量在 2000 次之后出现断层，点赞量超过 2000 次的企业有 4 家，紧随其后排名第五位的企业最高点赞量仅为 713 次。华润（集团）有限公司最多，但却是华为技术有限公司的 2.0%、壳牌有限公司的 142.4%。

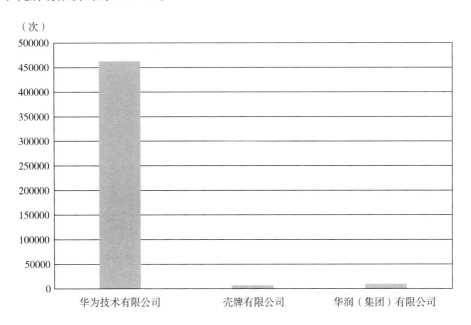

图 2-31　Instagram 一年内图文最高点赞量比较

在一年内视频最多点击数方面：华润（集团）有限公司最高，但却是华为技术有限公司的 10.2%。截至 2022 年 10 月 15 日，壳牌有限公司没有发布视频。

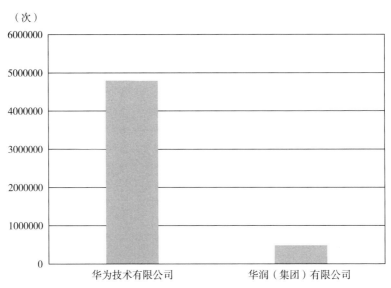

图 2-32　Instagram 一年内视频最多点击数比较

（三）Instagram 海外传播力案例分析

1. 传统文化与企业元素相融濡染受众

传统节日是文化、民俗、经济、文学世界的传承，是人类共有的宝贵财富。中国南方航空集团有限公司（以下简称南航）在节日内容中更多融入企业元素，使传统文化与企业符号相勾连。同时南航围绕传统文化元素打造系列图文内容，增强内容质感，更好地濡染受众。例如，在节气时分如寒露、秋分、夏至等，南航便发布相关图文，简单介绍相应节气的由来和习俗。这些内容选用图片均以俯瞰视角拍摄，并搭配飞机装饰线，整体调性一致形成了一个系列，并将航空元素与节气结合，为海外受众献上审美享受的同时，传递企业文化与中国习俗。

图 2-33　南航发布的 Instagram 推文截图

2. 发布"Z世代"关注的热点话题推文吸引用户

中国移动通信集团有限公司香港地区分号（以下简称中国移动）传播力指数得分仅次于南航，其发布内容呈年轻化、多元化、性别化等特征。Hootsuite2022年报告显示，在Instagram的用户画像中，全球71%的使用者年龄在34岁及以下，中国移动则通过发布年轻用户群体感兴趣的话题，来吸引平台最大的使用群体，提升关注度。其中，获得一年内最多点赞量的推文"2020学年八大男女学生比例"即与"性别""高校"等年轻人关注的热点话题有关。但这部分内容并未很好地展现出中国移动的企业特色，无法通过话题内容与企业本身形成有机地勾连。企业如何把热门话题和自身品牌特色结合起来，在提升关注度的同时打造自身品牌仍路漫漫其修远兮。

图2-34 中国移动发布的Instagram推文截图

3. 通过打造爆款视频扩大影响力

华润（集团）有限公司（以下简称华润）Instagram传播力指数排名第3，该维度排名在本年度得到巨大提升，其发展之路有很强的借鉴意义。让华润粉丝骤增的是一条视频的爆火。该视频以华润旗下的产业为背景，向大家展示"春分竖蛋"这一中国习俗，而这个属于中国的"竖蛋"游戏也早已传到国外，成为"世界游戏"。该视频内容有趣、话题新颖，一经发出便爆火起来，有48.9万次播放，为众多中央企业里播放量最高的一条。整体来看，华润的视频发布频率相对较高，由此可见，丰富内容发布形式，提高视频发布频率，更容易打造出爆款内容，扩大企业影响力。

图 2-35 华润发布的 Instagram 推文截图

（四）Instagram 传播力小结

1. 部分中央企业受局势影响，更新频率降低或停止更新

综观 2022 年世界形势，部分中央企业因为疫情等原因更新频率降低或停止更新，引发粉丝数量下降等问题。例如，中国航空集团有限公司在 2022 年没有发帖，其粉丝数量从 2021 年的 13000 人下降至 4556 人。在疫情人力、物流受限的情况下，中央企业更应发挥新媒体平台超时空化的优势做好企业宣传，协力共克时艰。

2. 多数中央企业账号忽视形成自身特色，亟待塑造自身品牌

部分中央企业为提升自身热度，紧跟实时热点，发布与热点话题相关的图文、视频。但这类图文、视频大多未能展现自身的特色，能引起关注度却无益于企业自身的宣传。还有的中央企业发帖形式单一、内容多为企业运作中的实时记录，如部分钢铁工业类企业，这很难吸引受众。中央企业可以采取多样的形式将自身特色与热点话题相结合，如华为技术有限公司播放量 40 万+的视频将企业的实景与春分节气结合，来实现企业文化破圈，打造出享誉海内外的企业品牌。

九、维度六：中央企业YouTube传播力

YouTube 是世界上用户规模最大的视频网站之一，在全球拥有超过 24 亿用户，具有极大的影响力，用户可以在该平台浏览并上传内容。近年来，YouTube 已经逐渐成为新闻报道与用户原创内容兼具的网络平台，YouTube 平台的统计数据在一定程度上可以反映中

央企业的跨文化传播和沟通能力。

（一） YouTube 传播力得分

YouTube 传播力指数维度包括是否有官方认证账号、订阅数量、一年内发布的内容数量、一年内最高点击量四个指标，占总权重的 16%。其中，是否有官方认证账号占 1%，订阅数量、一年内发布的内容数量、一年内最高点击量各占 5%。

在 YouTube 平台上，中央企业的账户拥有率低，整体订阅数量、发布视频数量和点击量均处于较低水平。在 97 家中央企业中，没有企业拥有经过官方认证的账号。中央企业的 YouTube 账号平均订阅数量为 1840 人，较 2021 年（1161 人）提升 58%。中央企业一年内平均视频发布数量为 12 条，较 2021 年（6.3 条）提升近一倍。

1. YouTube 传播力得分分布

YouTube 传播力指数排名靠前的中央企业依次是中国中车集团有限公司、中国移动通信集团有限公司、中国建筑科学研究院有限公司、中国石油化工集团有限公司、中国石油天然气集团有限公司。

表 2-10　中央企业 YouTube 传播力指数

序号	企业名称	得分	序号	企业名称	得分
1	中国中车集团有限公司	100	19	中国联合网络通信集团有限公司	1.37
2	中国移动通信集团有限公司	65.45	20	中国铁路工程集团有限公司	1.32
3	中国建筑科学研究院有限公司	63.26	21	中国电信集团有限公司	0.78
4	中国石油化工集团有限公司	52.64	22	中国第一汽车集团有限公司	0.73
5	中国石油天然气集团有限公司	38.89	23	东风汽车集团有限公司	0.43
6	中国建筑集团有限公司	38.04	24	中国化学工程集团有限公司	0.37
7	国家电网有限公司	32.71	25	中国交通建设集团有限公司	0.37
8	中国东方航空集团有限公司	25.75	26	中国节能环保集团有限公司	0.37
9	中粮集团有限公司	18.49	27	中国中钢集团有限公司	0.36
10	哈尔滨电气集团有限公司	16.22	28	中国中化控股有限责任公司	0.04
11	中国机械工业集团有限公司	15.35	29	中国民航信息集团有限公司	0.03
12	中国电力建设集团有限公司	13.62	30	中国铁路通信信号集团有限公司	0.02
13	中国南方航空集团有限公司	11.99	31	中国建材集团有限公司	0.02
14	中国航空集团有限公司	8.53	32	中国电子科技集团有限公司	0.02
15	中国长江三峡集团有限公司	7.34	33	中国能源建设集团有限公司	0.02
16	中国海洋石油集团有限公司	5.39	34	中国医药集团有限公司	0.02
17	中国铝业集团有限公司	4.21	35	中国华电集团有限公司	0.01
18	中国远洋海运集团有限公司	3.27			

2. 参照系对比

将中央企业中 YouTube 传播力指数得分第 1 的中国中车集团有限公司（100.00）与华为技术有限公司（834.42）和壳牌有限公司（456.72）进行比较，华为技术有限公司得分是中国中车集团有限公司的 8.34 倍，壳牌有限公司得分是中国中车集团有限公司的 4.56 倍。

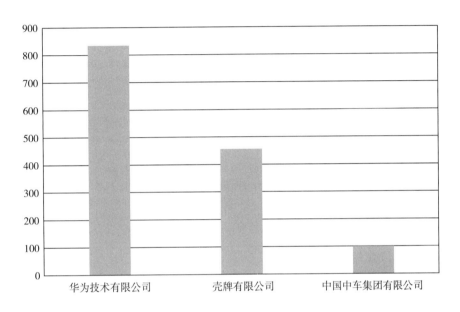

图 2-36　YouTube 传播力指数参照

（二）YouTube 传播力具体指标分析

超过半数中央企业在 YouTube 上的活跃度较低，在 97 家中央企业中，有 41 家企业拥有 YouTube 账号，无企业拥有官方认证账号。

在订阅数量方面：中央企业的 YouTube 账号平均订阅数量为 1840 人次，在 42 家拥有 YouTube 账号的企业中，有 5 家订阅数量在 10000 人以上，分别是中国中车集团有限公司（73600 人）、国家电网有限公司（28100 人）、中国电力建设集团有限公司（16600 人）、中国航空集团有限公司（10400 人）、中国石油化工集团有限公司（10400 人）。其中，中国中车集团有限公司的订阅数量是华为技术有限公司（199000 人）的 37.0%，是壳牌有限公司（515000 人）的 14.3%。

在一年内发布的内容数量方面：41 家拥有 YouTube 账号的中央企业视频发布数量普遍较少，更新频率低，中央企业的 YouTube 账号一年内发布的视频总量平均为 12 条。一年内视频发布数量最多的是中国建筑科学研究院有限公司（170 条），是壳牌有限公司（45 条）的 3.8 倍，但仅为华为技术有限公司（280 条）的 60.7%。

（人）

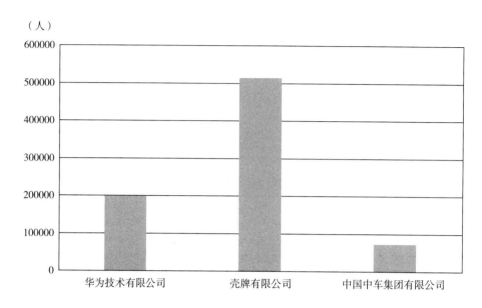

图 2-37　YouTube 订阅数量比较

（条）

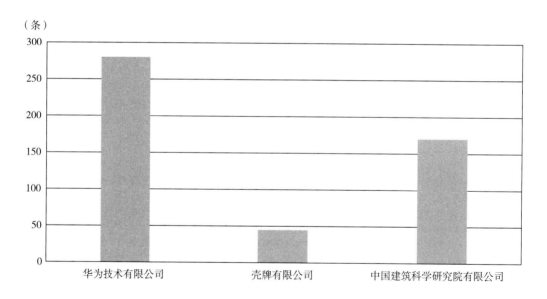

图 2-38　YouTube 一年内发布的内容数量比较

在一年内最高点击量方面：41 家中央企业之间差异明显，排名第 1 的是中国移动通信集团有限公司（1905696 次），是壳牌有限公司（73860 次）的 25.8 倍，为华为技术有限公司（17442296 次）的 10.9%。而第二名国家电网有限公司仅为 40524 次，是中国移动通信集团有限公司的 2.1%。

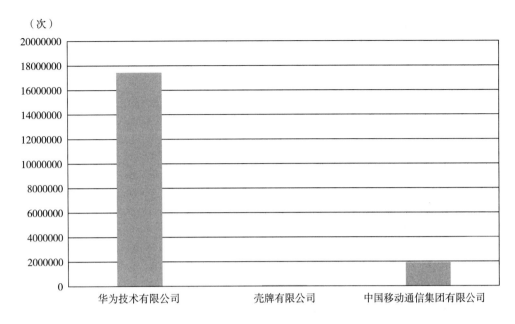

（次）

图 2-39 YouTube 一年内最高点击量比较

（三）YouTube 传播力案例分析

1. 国家电网：自身业务能力提升，展现国家基建实力

国家电网有限公司（以下简称国家电网）的 YouTube 平台海外网络传播力在一年内提升明显，订阅数量从 54 人飞升至 28100 人，一年内视频发布数量实现巨大突破，从 0 条增至 23 条，单个视频最多点击量高达 40524 次，在 97 家中央企业中名列前茅。一年内点击量最多的视频为展示中国西部特高压输电工程部分建设成果，展现了中国特高压输电技术的卓越进步。一方面，国家电网关于湖南特高压工程的视频，在展示国家电网企业形象、展示中国秀丽山川的同时体现了中国国家实力的日益增强；另一方面，该视频所展示的特高压输电工程有效提高湖南省电力保障能力，增强湖南全境供电稳定性，是国家科技发展成果用之于民的生动实践，向世界展示中国坚持以人民为中心的发展思想。

2. 中国中车："智造"助力发展中国家发展，倡导构建人类命运共同体

中国中车集团有限公司（以下简称中国中车）的 YouTube 平台海外网络传播力近些年来发展较好，订阅数量从 59400 人增至 73600 人，一年内视频发布数量为 108 条，单个视频最多点击量 13334 次，海外网络传播力相对较好。中国中车一年内点击量最多的视频题目为"Jakarta-Bandung High-speed EMU Exported to Indonesia-CRRC"，视频中所展示的是中国中车出口印度尼西亚的高速动车组，是中国智造走向世界的典型事例。中国中车高速动车组出口印度尼西亚，帮助印度尼西亚建设高速铁路，是中国促进共同发展的体现，也是中国倡导构建人类命运共同体的生动实践。

图 2-40　国家电网 YouTube 视频截图

图 2-41　中国中车 YouTube 视频截图

（四）YouTube 传播力小结

1. 展示企业科学技术的视频受到广泛关注

YouTube 上，展示中央企业科学技术的视频普遍点击量较高。中国中车有关高速动车组的视频播放量为 13334 次，国家电网有关特高压输电工程的视频播放量为 40524 次。通过视频形式展示中央企业科学技术，有较强视觉冲击力，较好展示了企业形象，也在一定程度上体现中国自主创新能力乃至国家实力。

2. 中央企业 YouTube 传播力整体仍有欠缺

在全部 97 家中央企业中，有 41 家拥有 YouTube 账号，但均无官方认证，虽然拥有 YouTube 账号的中央企业有所增加，但仍有超过半数的中央企业并无 YouTube 账号，且拥有 YouTube 账号的中央企业相较于壳牌有限公司和华为技术有限公司传播力仍有待提高。

以订阅数量增长排名前二的国家电网和中国中车为例，前者一年内订阅数量增长28046人，后者一年内订阅数量增长14200人，虽然相较于华为技术有限公司的13000人较为优秀，但仍远不及壳牌有限公司的44000人。同时，相较于华为技术有限公司的199000人的订阅数量和壳牌有限公司的515000人的订阅数量，中央企业订阅数量明显不足，即使是订阅数量最高的中国中车也仅有73600人的订阅数量，部分中央企业订阅数量甚至为个位数。

在一年内发布的内容数量方面，中央企业发布数量不及华为技术有限公司。华为技术有限公司一年内发布视频280条，一年内发布数量最多的中央企业中国建筑科学研究院有限公司为170条，相较华为技术有限公司仍有差距。大部分中央企业一年内未发布任何视频或发布视频数量较少。

综上所述，中央企业在YouTube的传播力建设仍有待提高，大多数中央企业对YouTube的海外传播建设重视程度不高。

十、结论与分析

（一）中石化、中国移动、南航、中国中车和东航连续六年保持前列，其中南航连续两年排名提升

中国石油化工集团有限公司、中国移动通信集团有限公司、中国南方航空集团有限公司、中国中车集团有限公司、中国东方航空集团有限公司5家企业连续6年中央企业海外网络传播力综合指数排名靠前。而其中中国南方航空集团有限公司连续两年海外网络传播力综合指数排名提升。

表2-11　2017~2022年部分中央企业海外网络传播力综合指数比较

排名	2017年	2018年	2019年	2020年	2021年	2022年
1	中国南方航空集团有限公司	中国南方航空集团有限公司	中国航空集团有限公司	中国移动通信集团有限公司	中国东方航空集团有限公司	中国石油化工集团有限公司
2	中国东方航空集团有限公司	中国航空集团有限公司	中国南方航空集团有限公司	中国电力建设集团有限公司	中国中车集团有限公司	中国移动通信集团有限公司
3	中国移动通信集团有限公司	中国东方航空集团有限公司	中国中车集团有限公司	中国东方航空集团有限公司	中国移动通信集团有限公司	中国南方航空集团有限公司
4	国家电力投资集团有限公司	中国石油化工集团有限公司	中国石油化工集团有限公司	中国中车集团有限公司	中国南方航空集团有限公司	中国中车集团有限公司

排名	2017 年	2018 年	2019 年	2020 年	2021 年	2022 年
5	中国航空集团有限公司	国家电力投资集团有限公司	中国东方航空集团有限公司	中国南方航空集团有限公司	中国建筑集团有限公司	中国东方航空集团有限公司
6	中国石油化工集团有限公司	中国中车集团有限公司	中国移动通信集团有限公司	中国建筑集团有限公司	中国石油天然气集团有限公司	中国石油天然气集团有限公司
7	中国中车集团有限公司	中国移动通信集团有限公司	中国电信集团有限公司	中国石油化工集团有限公司	中粮集团有限公司	中国建筑集团有限公司
8	东风汽车集团有限公司	东风汽车集团有限公司	中国联合网络通信集团有限公司	中国医药集团有限公司	中国石油化工集团有限公司	中国医药集团有限公司
9	中国电信集团有限公司	中国联合网络通信集团有限公司	国家电力投资集团有限公司	中国铁路工程集团有限公司	中国电力建设集团有限公司	中国海洋石油集团有限公司
10	中国商用飞机有限责任公司	中国第一汽车集团有限公司	华润（集团）有限公司	中国航空集团有限公司	中国航空集团有限公司	华润（集团）有限公司

石油化工类和航空类中央企业海外网络传播力综合指数排名表现较好，在前十家连续 6 年排名靠前的中央企业中，有 3 家为石油化工类中央企业，即中国石油化工有限公司、中国石油天然气集团有限公司和中国海洋石油集团有限公司。有 3 家为航空类中央企业，即中国东方航空集团有限公司、中国南方航空集团有限公司和中国航空集团有限公司。

中国建筑集团有限公司、中国石油天然气集团有限公司排名稳定，先后于 2020 年、2021 年进入榜单并基本保持排名靠前。

此外，中国海洋石油集团有限公司近三年首次进入综合指数排名前列，其在能源领域的绿色探索被外界关注，同时其与法国道达尔公司合作在乌干达开展的油田建设项目在 Twitter 平台得到诸多讨论，帮助其在海外传播力排名中取得巨大进步。

（二）中石化、中国移动、东航海外网络传播力建设成果显著，传播渠道布局全面

在 Google、Wikipedia、Twitter、Facebook、Instagram 和 Youtube 6 个具体维度方面，中国石油化工集团有限公司在 Google、Twitter、Facebook、Instagram 和 Youtube 5 个维度进入排名榜单前十；中国移动通信集团有限公司在 Google、Wikipedia、Facebook、Instagram 和 Youtube 5 个维度进入排名榜单前十；中国东方航空集团有限公司在 Wikipedia、Twitter、Facebook、Instagram 和 Youtube 5 个维度进入排名榜单前十。另外，中国南方航空集团有限公司包揽 Facebook 与 Instagram 2 个维度传播力指数中央企业第 1，中国东方航空集团有限公司位列 Wikipedia 维度传播力指数中央企业第 1，中国石油化工集团有限公司位列 Twitter 维度传播力指数第 1，中国中车集团有限公司位列 Youtube 维度传播力指数第 1。

表 2-12　各维度传播力指数排名靠前的中央企业比较

序号	Google	Wikipedia	Twitter	Facebook	Instagram	Youtube
1	中国医药集团有限公司	中国东方航空集团有限公司	中国石油化工集团有限公司	中国南方航空集团有限公司	中国南方航空集团有限公司	中国中车集团有限公司
2	中国石油化工集团有限公司	中国南方航空集团有限公司	中国石油天然气集团有限公司	中国华电集团有限公司	中国移动通信集团有限公司	中国移动通信集团有限公司
3	中国石油天然气集团有限公司	中国第一汽车集团有限公司	中国海洋石油集团有限公司	中国移动通信集团有限公司	华润（集团）有限公司	中国建筑科学研究院有限公司
4	中国移动通信集团有限公司	东风汽车集团有限公司	中国东方航空集团有限公司	中国中化控股有限责任公司	有研科技集团有限公司	中国石油化工集团有限公司
5	中国海洋石油集团有限公司	中国移动通信集团有限公司	中国铝业集团有限公司	中国旅游集团有限公司/香港中旅（集团）有限公司	中国建筑集团有限公司	中国石油天然气集团有限公司
6	中国远洋海运集团有限公司	中国石油天然气集团有限公司	中国广核集团有限公司	中国交通建设集团有限公司	中国铝业集团有限公司	中国建筑集团有限公司
7	中国中车集团有限公司	中国联合网络通信集团有限公司	中国铁路工程集团有限公司	中国中车集团有限公司	中国东方航空集团有限公司	国家电网有限公司
8	中国航空集团有限公司	中国航空工业集团有限公司	中国南方航空集团有限公司	中国东方航空集团有限公司	中国中车集团有限公司	中国东方航空集团有限公司
9	中国电信集团有限公司	中国航天科技集团有限公司	中国建筑集团有限公司	中国石油化工集团有限公司	中国铁路工程集团有限公司	中粮集团有限公司
10	中国商用飞机有限责任公司	国家电网有限公司	国家电网有限公司	中国建筑集团有限公司	中国石油化工集团有限公司	哈尔滨电气集团有限公司

综合来看，航空类与能源类中央企业海外网络传播力建设覆盖平台广且取得了良好的效果，中国移动通信集团有限公司、中国中车集团有限公司与中国建筑集团有限公司作为其他不同领域中央企业的代表也进入这一行列。航空类企业如中国南方航空集团有限公司、中国东方航空集团有限公司在 Twitter、Facebook 与 Instagram 三大社交媒体平台表现活跃，在传播企业声音的同时，直接面向客户群体更新航班航线信息，社交媒体成为其与客户群体的信息沟通渠道；能源类企业如中国石油化工集团有限公司、中国石油天然气集团有限公司在 Google、Twitter 等平台优势明显，2021 年举办了领导人气候峰会等一系列重要环境议题会议，海外媒体与社交媒体平台对能源企业的讨论热度随之提高；中国中车集团有限公司的高铁产品、中国移动通信集团有限公司的 5G 技术等代表了中国高精尖技术发展成果，其企业的海外传播取得成功也呈现出科技助力走向全球的世界格局特征。

（三）能源化工行业企业进步明显，航空企业始终保持前列

数据显示，中国石油化工集团有限公司、中国南方航空集团有限公司、中国移动通信集团有限公司、中国东方航空集团有限公司四家企业连续五年中央企业海外网络传播力综合指数排名靠前。

中国南方航空集团有限公司、中国东方航空集团有限公司等，始终位于近五年的中央企业海外网络传播力综合指数排名榜单前列。航空运输业承担着连接国内外市场的责任，中国南方航空集团有限公司和中国东方航空集团有限公司通过社交网络平台积极树立良好企业形象。其中，中国南方航空集团有限公司的 Facebook 传播力指数和 Instagram 传播力指数排名第 1，中国东方航空集团有限公司十分重视 Wikipedia 词条建设，Wikipedia 传播力指数位于排名第 1。以上企业直接面向海外受众开展企业经营，良好的海外传播建设能够帮助企业打开市场，提升品牌知名度。

中国移动通信集团有限公司等，始终位居中央企业海外网络传播力综合指数排名前列。自 2021 年 5G 开始全面正式商用，凭借着中国拥有全世界规模最大的 5G 网络和全世界最先进的网络技术，中国移动通信集团有限公司等企业在社交网络平台表现突出，Facebook 传播力指数排名第 4，Instagram 传播力指数排名第 2，YouTube 传播力指数排名第 2。以上企业代表我国在互联网时代走在世界前沿的技术实力，其海外传播有效助力了我国高端技术走向世界舞台。

能源化工企业进步明显，中国石油化工集团有限公司的排名由 2021 年的第 8 升至 2022 年的第 1，中国海洋石油集团有限公司首次进入榜单前列，"三桶油"同时位列榜单前十。需要注意的是，在本年度调研中能源类企业的绿色环保转型成为关键词，中车等制造业企业也代表着我国在交通运输、基础建设等领域的尖端技术成就。制造业企业海外传播力迎来大进步，说明我国其他领域的建设成果也逐渐为世界所认可。

（四）主体建设：账号持有情况变动反映建设意识总体提高，部分企业缺位账号建设

2022 年中央企业在社交媒体平台账号持有意识和维护意识增强，在 97 家中央企业中，有 44 家拥有 Twitter 账号，占总体的 45.4%，相比上年账号持有量增加了 22.2%。2022 年共新增 9 家中央企业注册了 Twitter 账号，分别是华润（集团）有限公司、有研科技集团有限公司、中国安能建设集团有限公司、中国钢研科技集团有限公司、中国化学工程集团有限公司、中国建材集团有限公司、中国民航信息集团有限公司、中国商用飞机有限责任公司、中国有色矿业集团有限公司。其中中国有色矿业集团有限公司账号粉丝关注量超过 1 万人，一年内转发总量达 517 条，评论总量达 225 条，账号活跃度和建设力有所增强。此外，2022 年 Instagram 平台账号持有情况也呈现上升趋势，较上年增加 22%。

虽然部分中央企业未认证官方账号，但同样展现出较强的建设意识。例如，哈尔滨电气集团有限公司、中国交通建设集团有限公司利用海外社交媒体平台传播范围广、互动性好的特点，积极发布有关与自身企业业务相关的建设项目与活动，增强用户黏性。在本研究考察时间段内哈尔滨电气集团有限公司共发布 194 条推文，中国交通建设集团有限公司共发布 265 条推文，体现出两家企业对 Twitter 账号的运营积极性较高。在积极主动的建设活动下，两家中央企业粉丝增长量分别超过 11 万人、粉丝增长量超过 9 万人。

虽然中央企业账号建设意识总体提高，但仍有部分企业在社交媒体建设环节上缺位。

例如，东风汽车集团有限公司 2022 年注册了官方账号，但其上年粉丝量 120 人，2022 年仅 108 人，不仅数量减少，且整体粉丝数相较于其他汽车行业明显处于劣势，且账号维护意识不强，在调查时间内未曾发布推文。

（五）问题内容：负面传播主要集中于生产经营话题，西方媒体泛政治化解读影响大

针对各维度各平台的负面传播内容进行梳理，可以发现中央企业在海外网络平台上的负向传播内容大致仍以生产经营为主，具体而言包含了经营不力，如项目中断搁置、利润股价下跌等议题，属于在企业经营中难以避免的负面信息产出。例如，航空类企业受到新冠疫情冲击，在本研究考察时间范围内均出现过利润下跌、财报告急的经营情况，被包括彭博社在内的西方媒体关注报道。此外，由于中美贸易摩擦而产生的中央企业受到美国及其阵营国家打压制裁，包括冻结资产、列入负面实体清单；在项目建设地与本土居民发生矛盾，如建设理念冲突与劳资纠纷；建设过程中的污染与环境破坏等议题，也均是负面传播内容中的常见议题，需要中央企业在后续的传播力建设工作中重点关注。

图 2-42　中央企业在 Google 中检索的负面新闻

值得一提的是，在生产经营等常见的负向传播内容议题外，有部分负向传播内容来源于西方媒体对于中央企业相关信息的泛政治化解读，如将中央企业在"一带一路"国家

的生产建设行为解读为中国对于周边邻国的威胁和控制，如欧亚时报（EurAsian Times）于 2022 年 5 月发布报道，将国家电网有限公司等中央企业在巴基斯坦开展的生产建设解读为中国对巴基斯坦的操纵。在 Twitter 平台上，也有将政治人物相关的投资行为以"阴谋论"的方式进行泛政治化解读的推文，且得到大量转发。此类信息的共同特点，在于将正常的生产经营行为与政治挂钩，将中央企业污名化为意识形态机器或中国控制世界的政治工具。类似的信息会对中央企业合法经营的形象造成伤害，更会有损我国自由开放平等互利的国际形象。因此对于部分西方媒体恶意的泛政治化解读，中央企业也应当打开言路积极发声，对泛政治化的污名化予以澄清回击，维护自身企业形象与我国与他国平等互惠的经济交往形象。

EurAsian Times

China Threatens To Stop CPEC Funding To Pakistan Over Unpaid Dues; Imran Khan's Beijing Visit Fails To Break Ice?

The China Electric Power Equipment and Technology Co Ltd (CET) State Grid Corporation of China (SGCC) — registered in Pakistan as Pak Matiari-Lahore...

Mar 16, 2022

图 2-43　国家电网在 Google 中检索的负面新闻

（六）热点内容：绿色环保与"一带一路"发展中国家市场成为热点议题

在本研究考察时间范围内，绿色环保、节能低碳成为海外媒体对于经济领域的热点讨论话题，我国中央企业中能源类、基建类、交通运输类产业企业众多，规模庞大，经营领域更是与绿色话题息息相关，因而环境议题成为中央企业在海外传播中所需要重视的热点内容。把握好环境议题，突出企业经营特色，展示企业对世界环境保护所做贡献的企业，往往能够取得显著的正面传播成效。典型的代表企业有中国远洋海运集团有限公司，2022 年海外传播力建设成效显著，综合指数得分进入排名前十，进步明显，就是抓住绿色环保议题，展露了企业在减排与碳中和方面做出的努力与贡献。中国远洋海运集团有限公司致力于开发如风能、生物能源、氨燃料等清洁能源用于远洋运输与其他活动，并积极与其他企业合作共同达成这一目标，致力于在 2060 年达成企业碳中和。这些努力得到行业媒体如英国 Lloyd's List、Offshore Energy 等的关注与认可。另外，中国石油化工集团有限公司 2022 年成绩突出，综合指数位列中央企业榜首，其于 2022 年 8 月 29 日宣布齐鲁石化—胜利油田百万吨级碳捕集利用与封存项目正式注气运行，这是我国目前最大的碳捕集利用与封存全产业链示范基地，该项目每年可减排二氧化碳 100 万吨，相当于植树近 900 万棵。此消息得到了路透社、南华早报等大批海外具有广泛影响力的媒体关注和报道。

从行业媒体到综合型媒体，从区域性媒体到全球性媒体，可见环保议题在 2022 年已经贯通大气候与小气候，成为全球各行各业瞩目的焦点议题，向外展示中央企业在环保层

面做出的努力与贡献，既可以树立正面的企业形象，也可以展现中国企业对于世界未来的
责任与担当。

图 2-44 远洋海运在 Google 中检索的代表性新闻

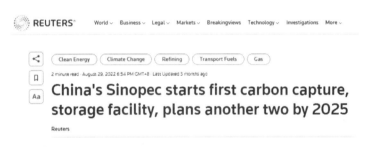

图 2-45 中石化在 Google 中检索的代表性新闻

另外，中央企业在"一带一路"发展中国家市场的业务开展也是海外媒体对中央企业的报道热点。本报告所考察的时间段内，仍有部分中央企业由于中美贸易摩擦在部分西方国家市场受到限制，但中央企业在广大发展中国家市场取得的成果同时受到海外媒体关注，在一定程度上对冲了中美博弈带来的舆论冲击，为中央企业海外传播力建设打开了新局面。例如，中国电信集团有限公司在考察时间内受到美国制裁影响，在 Google、Twitter 等平台出现大量不利传播内容，但其在"一带一路"沿线国家如菲律宾的投资建设取得突破性进展，得到海外媒体的重点关注，包括彭博社、路透社在内的媒体均对此做出了报道。中国电信集团有限公司在菲律宾的投资建设取得成效，被解读为中国在基建事业之外"走出去"的又一大步，而对这方面信息的积极展露，也是中央企业向海外传播企业声音，树立企业形象的新方向。

图 2-46　中国电信在 Google 中检索的代表性新闻

（七）亮点内容：公益文化与个人叙事在社交媒体受到关注

梳理 2022 年中央企业的海外传播建设亮点内容，可以从社交媒体建设中取得良好反响的传播内容中归纳出公益文化元素与个人叙事视角两条亮点内容，善于融入公益文化元素与个人叙事视角的中央企业往往能够输出更多亮点内容，提高企业海外传播力。

例如，中国海洋石油集团有限公司的 Twitter 平台建设取得巨大进步，Twitter 传播力指数排名位列第 3，综合排名进入前十。中国海洋石油集团有限公司 2022 年在乌干达投资建设能源项目，在常规的项目建设外，企业在 Twitter 将镜头转向大项目背后的小人物，在展现如火如荼地建设进展之外，更向外界展现企业如何安置项目涉及土地上生活的民众。通过 Twitter 平台，其向外传达了企业帮助迁移民众建设新家园，改善当地民生的种种信息，将承担社会责任、积极公益事业的企业形象传播了出去。此外，在社交媒体的内容传播带动下，公益文化作为一种正向传播内容还扩展在 Google 等平台上，形成了联动共振的正向效应。

图 2-47　中国海洋石油集团有限公司在 Google 中检索的代表性新闻

　　另外，以个人叙事视角切入，展现企业文化与在当地所做出的贡献，也是优化宣传效果树立企业形象的积极策略。例如，中国华电集团有限公司 Facebook 建设成果突出，Facebook 传播力指数排名第 2，并在社交媒体平台带动下综合指标排名前列。其在 Facebook 平台上发布的内容曾以个人视角发布内容，用一名东南亚年轻女性职工的自白，传达了企业在巴厘岛投资建设发电厂所带来的社会效益，这条内容收获了 19000 多次点赞与 100 多条评论，在传播效果上取得很大的成功。在个人视角下，个人建设家乡的梦想与良好的工作体验的微观叙事和企业积极承担社会责任创造社会效益的宏观叙事形成互文又相得益彰，能够引发更多读者的共鸣。

　　公益文化元素与个人叙事视角能够对社交媒体平台建设形成强大助力效果，主要源于这些元素更加适应社交媒体社交性的需要，其赋予传播内容的信息接近性与传播内容本身所具有的公共性相结合，使传播内容更加适合在社交媒体社区文化、分享文化背景下进行传播。从中央企业社交媒体建设的整体情况来看，仍有企业仅仅将社交媒体作为新闻信息发布墙，却忽视了社交媒体与生俱来的互动性与社区性，从而造成企业社交媒体虽然有账号，却与企业新闻网别无二致，且发布新闻无用户回应，只能对空言说、自说自话。而以上成功的中央企业社交媒体传播案例，借助公益文化元素与个人叙事视角内容，抓住了社交媒体相较于传统网络媒体的异质性，调动了社交媒体用户的阅读兴趣，引发受众的共鸣，取得了传播力建设的成功，这些经验值得分析与借鉴。

我的名字是Thania inas Aprilia，我是Brawijaya大学环境工程的毕业生，2022年7月我开始加入中国华电公司(CHD)在巴厘岛切卢巴旺的发电厂运营，我在安全环保部或HSE部工作，我从陈健先生那里学到了很多关于燃气发电厂(PLTU)的信息。
我进行了几次实地观察以确保工人按照安全程序进行工作并出席与PT General Energi Bali(GEB)的会议，我的梦想是通过在发电厂工作和学习不断提升自己通过努力为巴厘岛建立一个更好的家做贡献。
#LightUpTheFuture
#TogtherWithCHD
#CHDcommunity

1.9 万   101条评论 17次分享

图 2-48 中国华电集团有限公司 Facebook 图文帖子截图

（八）渠道拓展：社交媒体助力中央企业融入海外社会

中央企业 2022 年度的海外传播力建设中一大批"To B"类企业在社交媒体平台建设上成效显著，如中国石油化工集团有限公司、中国石油天然气集团有限公司、中国海洋石油集团有限公司作为能源类企业占据 Twitter 传播力指数排名前三；中国华电集团有限公司、中国交通建设集团有限公司、中国中车集团有限公司等"To B"类基建、高端制造领域企业进入 Facebook 传播力指数排名前十。相较于直接面向海外普通用户进行经营的"To C"类企业，"To B"类企业一般缺少有直接面向海外普通人的机会，而是直接面向海外组织机构、地方政府进行经营活动，因而其海外社交媒体传播力建设往往不会给企业经营带来直接收益，但积极的社交媒体平台传播力建设，能够作为一种公关手段有效助力中央企业融入海外社会，从而更好地进入海外市场，树立良好企业形象。

中国交通建设集团有限公司利用 Facebook 发布内容展示企业项目在海外当地带来的经济效益与社会效益，向海外群众解释了企业项目对当地的重要价值以外，也收获了当地群众的赞誉，从而更好地走进了当地社会。中国核工业集团有限公司在 Facebook 上以视频形式，让记者带领海外群众了解核能发电站内部的构造，帮助海外群众了解企业项目，受到观众的欢迎，并收获了带有感谢、赞美情感的评价。

图 2-49 中国交通建设集团有限公司 Facebook 图文帖子截图

图 2-50　中国核工业集团有限公司 Facebook 视频截图

从 Google、Twitter 的内容传播情况来看，目前依然存在一些西方媒体夸大我国中央企业在海外市场与当地居民存在的摩擦与矛盾，如报道我国中央企业项目影响了当地居民生活、受到当地居民抵制等负面信息，为我国中央企业尤其是"To B"类企业带来了一定的不利内容传播。借助社交媒体平台的社区性与公共性，我国中央企业可以用更加亲近的姿态与海外市场群众互动往来，消解与海外群众的摩擦与隔阂，构建彼此之间的理解与信任，从而减少不利传播内容的产生与扩散，实现更好的正向海外传播。

（九）互动策略：经营企业兼顾中外文化传播，创造共同话语空间

中央企业在海外传播中不仅承担传播企业声音的责任，更承担传播中国声音的重任，立足中国文化，讲好中国故事是中央企业进行海外传播力建设的任务。在此过程中，有中央企业通过兼容并包海外文化传统的方式，提升与海外受众的互动策略灵活性，从而吸引更多海外受众，助力中央企业海外传播。在其中以与海外受众共度海外节日，贯通中国文化与节日习俗为代表。

中国南方航空集团有限公司在 Instagram 成绩优秀，排名第 1，在其 Instagram 建设中，注重中西文化的交流，如在感恩节、圣诞节等西方重要传统节日时发布推文，展现中国企业文化包容的态度，并吸引国外受众，能够引起海外受众共鸣。在与海外受众共度海外佳节的基础上，再打造中国节气、节日系列推文内容，并在其他图文中展示企业形象，能够取得更好的传播效果。在 Facebook 传播力指数排名位列前十的中国中车集团有限公司，通过在海外佳节发布精美图文，融合列车元素与白兔等中国相关的动物形象，实现中国文化、海外文化与企业文化的三者贯通，吸引更多海外受众关注企业账号。通过接纳融汇海外文化传统的方式拉近与海外受众的距离，构建更加紧密的关系与情感，从而助力企业账号传播企业文化与中国文化，这样的经验值得在更多中央企业的海外传播力建设过程中推广。

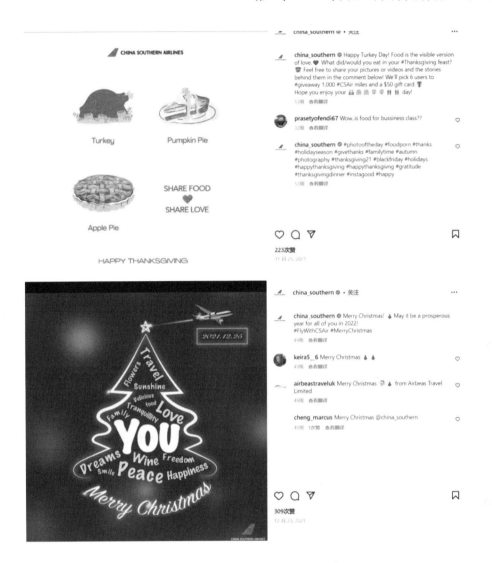

图 2-51 南航发布的 Instagram 推文截图

第三章　2022 中国城市海外网络传播力建设报告

摘　要

讲好中国故事、传播好中国声音，城市是我国国际传播的重要构成内容，互联网是我国城市走向世界的重要传播渠道。本研究选取 Google、Twitter、YouTube 以及 TikTok 四个在线平台作为数据来源，采集英文数据，对我国 337 座内地城市（不含港澳台地区）的海外网络传播力进行考察。

（1）2022 年，我国 337 座城市（自治州、地区、盟）海外网络传播力综合指数排名靠前的依次是北京市、上海市、武汉市、哈尔滨市、广州市、成都市、深圳市、杭州市、重庆市、南京市。北京市和上海市的头部效应显著。

（2）我国 301 座地级市（自治州、地区、盟）海外网络传播力综合指数排名靠前的依次是三亚市、温州市、张家界市、西双版纳傣族自治州、洛阳市、桂林市、普洱市、苏州市、柳州市、徐州市。

（3）从各省份所有城市的平均海外网络传播力指数来看，2022 年排名靠前的省份（不包括直辖市）依次是湖北省、黑龙江省、广东省、四川省、浙江省、江苏省、福建省、海南省、甘肃省、安徽省。

2022 年中国城市海外网络传播呈现出以下等特色和亮点：

（1）成都、长沙、秦皇岛等城市传播与网红地标结合。在对外传播过程中，不少城市将对外传播与网红地标相结合，为城市打造"国际范儿"。成都市的 IFS（成都国际金融中心）选用了成都市的标志元素"大熊猫"作为外墙装饰，吸引了一大批动物爱好者以及网红地标打卡爱好者；在秦皇岛市举办的"2023 年 Louis Vuitton 阿那亚男装大秀"中，秦皇岛市与国际奢侈品中的"蓝血"Louis Vuitton 合作，打造平地而起的"时尚游乐场"，开启"奢侈品牌开始和我们的日常生活息息相关"的创意文化之旅。

（2）泰州、邢台、聊城等地级市以当地知名企业带动地级市宣传。由于我国强大的生产制造能力，"中国制造"相关的视频备受国际社会关注。在 TikTok 上，玻璃制造厂商账号"hassanplas"发布了大量有关泰州市的视频，详细展示玻璃的制作过程；在邢台市的相关视频中，kronos5.ru、tractortrc 等账号为邢台市生产的拖拉机进行宣传，在提升城市影响力的同时展示"中国制造"的魅力。

（3）天津、兰州、西双版纳等城市借助网红博主视角等个人视角建构立体的城市国际形象。在城市传播中，网红博主在提升城市影响力上起到了重要作用。YouTube 博主"@大辉爱美食"带领网友们探索天津市 10 年以上的老面馆、20 年的明星老店和天津路边摊上的肉夹馍，在介绍天津美食的同时，也讲述了背后的历史文化；博主 Nico 以个人化的第一视角对广州市进行呈现，城市景观不再是宏大的符号，而是一次次鲜活而生动的体验；"tailuegirl""tiktoksaodai""nicolajiang"等个人账号则展示了西双版纳各种各样的"异域"建筑以及傣族服饰。

（4）广州、拉萨、西双版纳等城市借助长短视频，制造视觉盛宴。与文字、图片形式相比，视频在呈现城市景观上更具感染力和视觉冲击力。在 YouTube 中，广州市的城市景观以"俯拍"的方式尽收眼底，带来强烈的视觉冲击力，视频对广州市传统景观的细节化呈现也使城市传播更具"烟火气"；TikTok 的视频将拉萨市"旅游城市"的标签具象化，"拉萨犬"凭借极为可爱的外表引发了外国网友们的喜爱，使得城市形象更加真实可感；在西双版纳傣族自治州的相关视频中，夜幕下的澜沧江畔的夜市、各式各样的美食、琳琅满目的文创产品、傣泰风格的写真、精彩纷呈的歌舞逐一呈现，营造出一种别样的异域风情。

（5）济南、广州、杭州等城市通过举办大型国际活动，制造媒介议程，提升城市知名度。大型国际活动是城市对外展示的重要窗口，有利于提升城市在国际上的知名度。2022 年 8 月 25～29 日，济南市举办的第七届中国非物质文化遗产博览会，推动了济南的中国太极拳、仰韶彩陶等非遗文化在国际上的传播；中国进出口商品交易会（以下简称广交会）是世界上最大的贸易博览会，因历届都在广州市举办，逐渐成为广州提升国际知名度和影响力的重要载体；杭州市 2022 年第 19 届亚运会以"中国特色、浙江风采、杭州韵味、精彩纷呈"为目标，秉持"绿色、智能、节俭、文明"的办会理念，成为世界看杭州的重要窗口。虽然本届亚运会推迟至 2023 年举办，但是在国际上已经产生了一定的影响力。

（6）南京、福州、兰州等城市重视打造"文化名片"。作为"六朝古都""十朝都会"的南京市在推文中既有秋日满城金黄的法国梧桐，也有细数六朝旧事的历史沧桑，让人们在欣赏南京自然景色的同时，也能够了解南京厚重的历史文化；福州市在 Twitter 上推出的美食文化、茶文化和木雕文化成为最突出的城市标签；YouTube 博主 John Thomas 在素有"一朝发祥地，两代帝王都"之称的沈阳市，徒步中国第一条商业步行街——"沈阳中街"，还在沈阳故宫博物院，用指尖触摸沈阳故宫的大红墙，一边讲述感受，一边介绍沈阳故宫的历史和建筑设计，该视频在 YouTube 上得到众多粉丝点赞和转发。

（7）天津、宜宾、潍坊等城市重视传播产业升级中的绿色理念，以"城市担当"彰显"大国担当"。天津市在海外传播中努力塑造"智慧零碳码头"形象。海外媒体关于宜宾市的报道多聚焦于该城市锂电池、光伏等零碳新能源事业，"坚决不要带污染的GDP""打造长江生态第一城"等口号也在媒体报道中被提到，体现了实现"碳中和"的中国担当。海外机构媒体关注到潍坊市已经建成全球规模最大的氢燃料电池发动机制造工厂，推动了汽车产业"绿色"发展。

一、背景

城市作为国家的组成单元，是国家形象构建中的重要元素。中国城市的海外传播是向世界展现中国文化的重要窗口和载体。对城市海外传播力的调查研究则可以为我们提供海外传播的典型案例，帮助我们深入剖析挖掘我国城市海外传播的效果及其展现出的特征与问题，继而以国际视角来阐释和塑造中国形象。

本研究以我国 337 座城市（自治州、地区、盟，不含港澳台地区城市）为研究对象，通过采集它们在海外主要社交媒体平台上（包括 Google、Twitter、YouTube 以及 TikTok）的相关数据，并设定具体维度和指标来构建传播力指数，从而能够比较全面客观地了解我国主要城市的海外网络传播力状况，为发掘城市海外网络传播力构建的经验和教训提供事实依据，以期建设和完善城市对外传播体系，提升我国城市及其整体的国际传播力。

Google 搜索是全球最大的搜索引擎，提供三十余种语言服务，在全球搜索引擎平台上占据主导地位。Google News 是国际知名的新闻聚合平台、世界范围内英文新闻最大的集合渠道之一，成为国际公众认知全球性议题的主要媒介途径。此外，Google News 依靠算法进行新闻内容的聚合生产与智能分发，强调规避人为因素干扰而具备"技术中立性"[①]，为客观分析中国城市的新闻内容和报道数量提供较高的研究价值和可信度。

Twitter 是极富典型性和代表性的全球性社交媒体平台，话题讨论多样，参与群体多元。据报告数据，Twitter 拥有 4.36 亿月活跃用户和 2.38 亿可获利的日活跃用户。在 Twitter 上，新闻扮演着重要角色，新闻机构分享的内容比其他类型分享者（个人或政府网站）的内容更具影响力，且新闻受众对其内容的真实性基本持肯定态度。因此，Twitter 的数据统计在一定程度上可以更加真实反映出中国城市在海外传播，尤其是海外新闻媒体传播中的深度与广度。

YouTube 是全球规模最大和最有影响力的视频网站，用户可在平台内自主上传和浏览全球范围的视频内容。应用程序 Annie 提供的数据显示，YouTube 是用户平均使用时间最长的平台：YouTube 用户平均每月在线时间长达 23.7 小时，远远超过并列排名第二位的 Facebook 和 TikTok（19.6 小时）。在 YouTube 上进行影像视觉传播可以实现快速、大范围传播，吸引全球用户关注中国城市并形成视觉化印象。所以，YouTube 的统计数据在一定程度上也可以反映出中国城市的跨文化传播和沟通能力。

TikTok 是一款于 2017 年 5 月上线的短视频软件，在短视频兴起的背景下，利用本土

---

① 徐明华，李丹妮，王中字．"有别的他者"：西方视野下的东方国家环境形象建构差异——基于 Google News 中印雾霾议题呈现的比较视野［J］．新闻与传播研究，2020，27（3）：68-85，127.

化运营策略在海外赢得了大量用户的喜爱，具有较大的影响力。根据Socialinsider对海外社交媒体近两年的互动率分析，TikTok的平均互动率不仅远远高于Instagram、Facebook和Twitter，而且差距还在不断扩大。2021年，TikTok的平均互动率为5.96%，位居首位。考察城市在TikTok上的统计数据，对于研究城市在短视频这一媒介形式上的海外网络传播力具有重要意义。

二、方法

（一）研究对象

本报告的研究对象为中国内地337座城市（自治州、地区、盟，不含港澳台地区城市，下同），在四个平台中使用关键词检索的方式搜索相关信息，为保证所采集数据为英文语境下的信息，且避免与城市同名的信息混淆，研究者在关键词检索时，对直辖市、省会城市及计划单列市的英文名称冠以双引号，对地级市的英文名称在冠以双引号的同时，加上了该城市所在省份的英文名称（带双引号）。例如，在检索直辖市上海时使用的关键词为"Shanghai"，检索地级市洛阳时使用的关键词为"Luoyang""Henan"[①]。

（二）指标与算法

1. 指标体系

本研究选取Google、Twitter、TikTok以及YouTube 4个在线平台作为数据来源，采用专家法设置指标权重体系。其中，Google、Twitter和YouTube 3个平台的指标均包含有"非负新闻/信息/视频数（总）量"这一项，该指标是通过随机抽样的方式，对新闻、信息和视频等条目进行正负面情感倾向编码得到负面信息率后计算而来。例如，广州市在Google News中检索到的数据总量是182000条[②]，随机抽取容量为100的视频样本后，对样本条目的正负面情感倾向进行人工编码，在信度达到可接受水平的前提下，得到广州市在Google这一维度上的负面信息率为5%，进而求得广州市的非负新闻数量为172900条。Twitter平台维度还包含"点赞量"、"转发量"和"评论量"3个指标，所占权重均为5%。此外，由于TikTok仅显示包含关键词标签的浏览总量，故在该平台仅包含一个指标"浏览总量"，所占权重为25%。

---

① 在实际检索时，引号使用的是英文输入法半角模式下的字符。
② 数据以Google搜索展示的结果为准，平台自身可能存在取近似值的情况。

表 3-1　中国城市海外网络传播力指标体系及权重　　　　　　单位：%

指标维度			
维度	指标	权重	
Google News	非负新闻数量	30	30
Twitter	非负信息总量	5	20
	点赞量	5	
	转发量	5	
	评论量	5	
YouTube	非负视频总量	25	25
Tiktok	浏览总量	25	25

2. 算法

本研究所使用的城市海外网络传播力指数算法如下：

$$x_j = \frac{\sum_{i=1}^{4} \beta_i y_{ij}}{\max_j \left(\sum_{i=1}^{4} \beta_i y_{ij} \right)} \times 100$$

其中，$x_j \in [0, 100]$：城市 j 的海外传播力综合得分。

β_i：任意一级指标的权重，$i = 1, 2, 3, 4$。

$y_{1j} = \frac{z_{1j}}{\max_j (z_{1j})} \times 100$：城市 j 在 Google 搜索的网络传播力得分，其中 z_{1j} 是城市 j 在 Google 搜索的正面数值。

$y_{2j} = \frac{z_{2j}}{\max_j (z_{2j})} \times 100$：城市 j 在 YouTube 的网络传播力得分，其中 z_{2j} 是城市 j 在 YouTube 上的正面数值。

$y_{3j} = \frac{z_{3j}}{\max_j (z_{3j})} \times 100$：城市 j 在 TikTok 的网络传播力得分，其中 z_{3j} 是城市 j 在 TikTok 上的数值。

$$y_{4j} = \frac{(1/\beta_4) \sum_{k=1}^{4} \alpha_{4k} \times \frac{z_{4j}^{k}}{\max_j (z_{4j}^{k})} \times 100}{\max_j \left((1/\beta_4) \sum_{k=1}^{4} \alpha_{4k} \times \frac{z_{4j}^{k}}{\max_j (z_{4j}^{k})} \times 100 \right)} \times 100$$：城市 j 在 Twitter 的网络传播力得

分，其中 z_{4j}^{k} 是城市 j 在 Twitter 任意二级指标上的数值，α_{4k} 为一级指标 Twitter 下任意二级指标的权重，$k = 1, 2, 3, 4$。

（三）数据采集

本研究采集数据的时间跨度限定为 2021 年 10 月 16 日至 2022 年 10 月 15 日。为确保数据的相对一致性，数据采集工作集中于 2022 年 10 月 16 日至 11 月 6 日开展。

三、中国城市海外网络传播力综合指数

（一）中国 337 座城市（自治州、地区、盟）海外网络传播力综合指数分布

本研究整理并汇集我国 337 座城市（自治州、地区、盟）在 Google、Twitter、YouTube 和 TikTok 4 个维度上的数据，同时剔除各平台中的城市负面信息，通过综合模型计算分析得出中国城市的海外网络传播力综合指数与排名。城市网络传播力综合指数是一个相对值，最高一座城市为 100，计算方法为：首先，将海外网络传播力每个维度得分最高的城市指数化为 100，再在各维度上分别换算出每座城市的海外网络传播力相对指数后进行对数标准化，最后综合 Google、Twitter、YouTube 和 TikTok 4 个维度的标准化得分，通过加权计算和归一化处理得出每座城市的海外网络传播力相对综合指数（保留 2 位小数位数）。

337 座城市（自治州、地区、盟）的海外网络传播力综合指数，排名靠前的依次是北京市、上海市、武汉市、哈尔滨市、广州市、成都市、深圳市、杭州市、重庆市、南京市。

表 3-2　337 座城市海外网络传播力指数

序号	城市名称	综合指数	序号	城市名称	综合指数
1	北京市	100.00	11	福州市	7.17
2	上海市	75.28	12	三亚市	6.91
3	武汉市	22.37	13	天津市	6.89
4	哈尔滨市	20.84	14	兰州市	6.59
5	广州市	14.81	15	合肥市	5.62
6	成都市	13.37	16	沈阳市	5.01
7	深圳市	10.46	17	青岛市	4.18
8	杭州市	9.23	18	厦门市	3.72
9	重庆市	8.16	19	南昌市	3.59
10	南京市	7.29	20	拉萨市	3.57

序号	城市名称	综合指数	序号	城市名称	综合指数
21	西安市	3.03	56	淄博市	0.56
22	贵阳市	2.29	57	临沂市	0.55
23	石家庄市	1.99	58	喀什地区	0.54
24	温州市	1.88	59	张家口市	0.53
25	济南市	1.88	60	宿迁市	0.53
26	张家界市	1.69	61	绍兴市	0.51
27	昆明市	1.51	62	中山市	0.50
28	宁波市	1.48	63	唐山市	0.49
29	长沙市	1.35	64	甘孜藏族自治州	0.49
30	长春市	1.35	65	烟台市	0.46
31	海口市	1.29	66	舟山市	0.46
32	郑州市	1.29	67	南阳市	0.44
33	西双版纳傣族自治州	1.28	68	日照市	0.44
34	洛阳市	1.09	69	梧州市	0.43
35	大连市	1.08	70	安顺市	0.42
36	桂林市	1.02	71	乐山市	0.40
37	普洱市	0.99	72	鞍山市	0.40
38	苏州市	0.95	73	张掖市	0.40
39	柳州市	0.94	74	惠州市	0.40
40	徐州市	0.88	75	扬州市	0.40
41	吉林市	0.83	76	威海市	0.39
42	佛山市	0.81	77	开封市	0.38
43	丽江市	0.80	78	常州市	0.38
44	珠海市	0.77	79	陇南市	0.37
45	台州市	0.76	80	泉州市	0.37
46	南宁市	0.75	81	湖州市	0.37
47	太原市	0.74	82	雅安市	0.34
48	湘西土家族苗族自治州	0.73	83	赣州市	0.32
49	大理白族自治州	0.72	84	湛江市	0.32
50	黄山市	0.68	85	恩施土家族苗族自治州	0.31
51	景德镇市	0.65	86	阿勒泰地区	0.31
52	无锡市	0.63	87	漳州市	0.30
53	金华市	0.63	88	江门市	0.30
54	潍坊市	0.61	89	乌鲁木齐市	0.29
55	东莞市	0.61	90	眉山市	0.29

序号	城市名称	综合指数	序号	城市名称	综合指数
91	保定市	0.29	126	肇庆市	0.19
92	汕头市	0.28	127	日喀则市	0.19
93	盐城市	0.28	128	遵义市	0.18
94	梅州市	0.28	129	商丘市	0.18
95	南平市	0.28	130	包头市	0.18
96	南通市	0.28	131	济宁市	0.18
97	丽水市	0.27	132	阳江市	0.16
98	和田地区	0.26	133	韶关市	0.16
99	宜宾市	0.26	134	鄂州市	0.16
100	阿坝藏族羌族自治州	0.26	135	百色市	0.16
101	通化市	0.26	136	昭通市	0.16
102	自贡市	0.25	137	芜湖市	0.16
103	玉林市	0.24	138	天水市	0.15
104	莆田市	0.24	139	德宏傣族景颇族自治州	0.15
105	银川市	0.24	140	枣庄市	0.15
106	连云港市	0.24	141	红河哈尼族彝族自治州	0.15
107	吐鲁番市	0.24	142	乌兰察布市	0.15
108	潮州市	0.24	143	抚州市	0.15
109	西宁市	0.23	144	宁德市	0.14
110	宜昌市	0.23	145	丹东市	0.14
111	泰州市	0.23	146	咸宁市	0.14
112	大同市	0.23	147	安阳市	0.14
113	伊犁哈萨克自治州	0.22	148	玉溪市	0.14
114	邯郸市	0.22	149	呼和浩特市	0.13
115	昌都市	0.22	150	宿州市	0.13
116	九江市	0.22	151	襄阳市	0.13
117	铜仁市	0.22	152	毕节市	0.13
118	黑河市	0.21	153	保山市	0.13
119	运城市	0.21	154	锦州市	0.13
120	清远市	0.20	155	聊城市	0.13
121	淮安市	0.20	156	汉中市	0.13
122	沧州市	0.20	157	廊坊市	0.13
123	酒泉市	0.20	158	内江市	0.13
124	东营市	0.19	159	阜阳市	0.13
125	上饶市	0.19	160	茂名市	0.13

序号	城市名称	综合指数	序号	城市名称	综合指数
161	延安市	0.13	196	濮阳市	0.09
162	黔东南苗族侗族自治州	0.12	197	晋城市	0.09
163	榆林市	0.12	198	曲靖市	0.09
164	赤峰市	0.12	199	衡阳市	0.09
165	驻马店市	0.12	200	株洲市	0.09
166	揭阳市	0.12	201	钦州市	0.09
167	海南藏族自治州	0.12	202	十堰市	0.09
168	绵阳市	0.12	203	海西蒙古族藏族自治州	0.08
169	菏泽市	0.12	204	锡林郭勒盟	0.08
170	林芝市	0.12	205	邢台市	0.08
171	滁州市	0.12	206	信阳市	0.08
172	常德市	0.12	207	大庆市	0.08
173	朝阳市	0.11	208	吉安市	0.08
174	怀化市	0.11	209	盘锦市	0.08
175	泸州市	0.11	210	阿拉善盟	0.08
176	镇江市	0.11	211	三门峡市	0.08
177	平顶山市	0.11	212	山南市	0.08
178	凉山彝族自治州	0.11	213	新余市	0.08
179	六盘水市	0.11	214	齐齐哈尔市	0.08
180	崇左市	0.11	215	池州市	0.08
181	绥化市	0.11	216	南充市	0.08
182	怒江傈僳族自治州	0.11	217	周口市	0.08
183	阿克苏地区	0.11	218	玉树藏族自治州	0.08
184	克拉玛依市	0.10	219	宜春市	0.07
185	滨州市	0.10	220	许昌市	0.07
186	楚雄彝族自治州	0.10	221	呼伦贝尔市	0.07
187	迪庆藏族自治州	0.10	222	岳阳市	0.07
188	龙岩市	0.10	223	达州市	0.07
189	文山壮族苗族自治州	0.10	224	随州市	0.07
190	永州市	0.10	225	延边朝鲜族自治州	0.07
191	北海市	0.10	226	那曲市	0.07
192	黄冈市	0.10	227	通辽市	0.07
193	嘉兴市	0.10	228	广元市	0.07
194	新乡市	0.10	229	嘉峪关市	0.07
195	衢州市	0.10	230	阿里地区	0.07

序号	城市名称	综合指数	序号	城市名称	综合指数
231	临沧市	0.07	266	巴中市	0.05
232	金昌市	0.07	267	伊春市	0.05
233	荆门市	0.07	268	六安市	0.05
234	郴州市	0.07	269	汕尾市	0.05
235	衡水市	0.07	270	昌吉回族自治州	0.05
236	牡丹江市	0.06	271	萍乡市	0.05
237	哈密市	0.06	272	本溪市	0.05
238	贵港市	0.06	273	黔南布依族苗族自治州	0.05
239	淮北市	0.06	274	巴彦淖尔市	0.04
240	长治市	0.06	275	鹰潭市	0.04
241	安康市	0.06	276	资阳市	0.04
242	定西市	0.06	277	阜新市	0.04
243	白银市	0.06	278	淮南市	0.04
244	临汾市	0.06	279	攀枝花市	0.04
245	德阳市	0.06	280	白山市	0.04
246	临夏回族自治州	0.06	281	塔城地区	0.04
247	葫芦岛市	0.06	282	邵阳市	0.04
248	克孜勒苏柯尔克孜自治州	0.06	283	佳木斯市	0.04
249	益阳市	0.06	284	漯河市	0.04
250	晋中市	0.06	285	云浮市	0.04
251	宣城市	0.06	286	亳州市	0.04
252	中卫市	0.06	287	孝感市	0.04
253	黄石市	0.06	288	遂宁市	0.04
254	庆阳市	0.05	289	鸡西市	0.04
255	河池市	0.05	290	广安市	0.04
256	荆州市	0.05	291	石嘴山市	0.04
257	武威市	0.05	292	来宾市	0.03
258	平凉市	0.05	293	松原市	0.03
259	鹤岗市	0.05	294	铁岭市	0.03
260	湘潭市	0.05	295	海北藏族自治州	0.03
261	抚顺市	0.05	296	鹤壁市	0.03
262	河源市	0.05	297	吴忠市	0.03
263	甘南藏族自治州	0.05	298	博尔塔拉蒙古自治州	0.03
264	贺州市	0.05	299	商洛市	0.03
265	防城港市	0.05	300	海东市	0.03

序号	城市名称	综合指数	序号	城市名称	综合指数
301	焦作市	0.03	320	三明市	0.02
302	鄂尔多斯市	0.03	321	双鸭山市	0.02
303	四平市	0.03	322	德州市	0.02
304	营口市	0.03	323	铜川市	0.02
305	咸阳市	0.03	324	朔州市	0.02
306	儋州市	0.03	325	大兴安岭地区	0.02
307	马鞍山市	0.03	326	乌海市	0.02
308	忻州市	0.03	327	果洛藏族自治州	0.02
309	三沙市	0.03	328	吕梁市	0.02
310	阳泉市	0.03	329	渭南市	0.02
311	娄底市	0.03	330	黄南藏族自治州	0.02
312	白城市	0.02	331	兴安盟	0.01
313	秦皇岛市	0.02	332	辽源市	0.01
314	固原市	0.02	333	安庆市	0.01
315	黔西南布依族苗族自治州	0.02	334	宝鸡市	0.01
316	泰安市	0.02	335	蚌埠市	0.01
317	辽阳市	0.02	336	铜陵市	0.01
318	七台河市	0.02	337	巴音郭楞蒙古自治州	0.01
319	承德市	0.02			

（二）直辖市、省会城市及计划单列市海外网络传播力综合指数分布

对直辖市、省会城市以及计划单列市共 36 座城市的海外网络传播力综合指数进行比较，排名靠前的依次是北京市、上海市、武汉市、哈尔滨市、广州市、成都市、深圳市、杭州市、重庆市、南京市。

表 3-3　36 座直辖市/省会城市/计划单列市海外网络传播力指数

序号	城市名称	综合指数	序号	城市名称	综合指数
1	北京市	100.00	8	杭州市	9.23
2	上海市	75.28	9	重庆市	8.16
3	武汉市	22.37	10	南京市	7.29
4	哈尔滨市	20.84	11	福州市	7.17
5	广州市	14.81	12	天津市	6.89
6	成都市	13.37	13	兰州市	6.59
7	深圳市	10.46	14	合肥市	5.62

序号	城市名称	综合指数	序号	城市名称	综合指数
15	沈阳市	5.01	26	长沙市	1.35
16	青岛市	4.18	27	长春市	1.35
17	厦门市	3.72	28	海口市	1.29
18	南昌市	3.59	29	郑州市	1.29
19	拉萨市	3.57	30	大连市	1.08
20	西安市	3.03	31	南宁市	0.75
21	贵阳市	2.29	32	太原市	0.74
22	石家庄市	1.99	33	乌鲁木齐市	0.29
23	济南市	1.88	34	银川市	0.24
24	昆明市	1.51	35	西宁市	0.23
25	宁波市	1.48	36	呼和浩特市	0.13

（三）地级市（自治州、地区、盟）海外网络传播力综合指数分布

301 座地级市（自治州、地区、盟）海外网络传播力综合指数中，排名靠前的依次是三亚市、温州市、张家界市、西双版纳傣族自治州、洛阳市、桂林市、普洱市、苏州市、柳州市、徐州市。

表 3-4　301 座地级市海外网络传播力指数

序号	城市名称	综合指数	序号	城市名称	综合指数
1	三亚市	6.91	16	湘西土家族苗族自治州	0.73
2	温州市	1.88	17	大理白族自治州	0.72
3	张家界市	1.69	18	黄山市	0.68
4	西双版纳傣族自治州	1.28	19	景德镇市	0.65
5	洛阳市	1.09	20	无锡市	0.63
6	桂林市	1.02	21	金华市	0.63
7	普洱市	0.99	22	潍坊市	0.61
8	苏州市	0.95	23	东莞市	0.61
9	柳州市	0.94	24	淄博市	0.56
10	徐州市	0.88	25	临沂市	0.55
11	吉林市	0.83	26	喀什地区	0.54
12	佛山市	0.81	27	张家口市	0.53
13	丽江市	0.80	28	宿迁市	0.53
14	珠海市	0.77	29	绍兴市	0.51
15	台州市	0.76	30	中山市	0.50

序号	城市名称	综合指数	序号	城市名称	综合指数
31	唐山市	0.49	66	宜宾市	0.26
32	甘孜藏族自治州	0.49	67	阿坝藏族羌族自治州	0.26
33	烟台市	0.46	68	通化市	0.26
34	舟山市	0.46	69	自贡市	0.25
35	南阳市	0.44	70	玉林市	0.24
36	日照市	0.44	71	莆田市	0.24
37	梧州市	0.43	72	连云港市	0.24
38	安顺市	0.42	73	吐鲁番市	0.24
39	乐山市	0.40	74	潮州市	0.24
40	鞍山市	0.40	75	宜昌市	0.23
41	张掖市	0.40	76	泰州市	0.23
42	惠州市	0.40	77	大同市	0.23
43	扬州市	0.40	78	伊犁哈萨克自治州	0.22
44	威海市	0.39	79	邯郸市	0.22
45	开封市	0.38	80	昌都市	0.22
46	常州市	0.38	81	九江市	0.22
47	陇南市	0.37	82	铜仁市	0.22
48	泉州市	0.37	83	黑河市	0.21
49	湖州市	0.37	84	运城市	0.21
50	雅安市	0.34	85	清远市	0.20
51	赣州市	0.32	86	淮安市	0.20
52	湛江市	0.32	87	沧州市	0.20
53	恩施土家族苗族自治州	0.31	88	酒泉市	0.20
54	阿勒泰地区	0.31	89	东营市	0.19
55	漳州市	0.30	90	上饶市	0.19
56	江门市	0.30	91	肇庆市	0.19
57	眉山市	0.29	92	日喀则市	0.19
58	保定市	0.29	93	遵义市	0.18
59	汕头市	0.28	94	商丘市	0.18
60	盐城市	0.28	95	包头市	0.18
61	梅州市	0.28	96	济宁市	0.18
62	南平市	0.28	97	阳江市	0.16
63	南通市	0.28	98	韶关市	0.16
64	丽水市	0.27	99	鄂州市	0.16
65	和田地区	0.26	100	百色市	0.16

序号	城市名称	综合指数	序号	城市名称	综合指数
101	昭通市	0.16	136	常德市	0.12
102	芜湖市	0.16	137	朝阳市	0.11
103	天水市	0.15	138	怀化市	0.11
104	德宏傣族景颇族自治州	0.15	139	泸州市	0.11
105	枣庄市	0.15	140	镇江市	0.11
106	红河哈尼族彝族自治州	0.15	141	平顶山市	0.11
107	乌兰察布市	0.15	142	凉山彝族自治州	0.11
108	抚州市	0.15	143	六盘水市	0.11
109	宁德市	0.14	144	崇左市	0.11
110	丹东市	0.14	145	绥化市	0.11
111	咸宁市	0.14	146	怒江傈僳族自治州	0.11
112	安阳市	0.14	147	阿克苏地区	0.11
113	玉溪市	0.14	148	克拉玛依市	0.10
114	宿州市	0.13	149	滨州市	0.10
115	襄阳市	0.13	150	楚雄彝族自治州	0.10
116	毕节市	0.13	151	迪庆藏族自治州	0.10
117	保山市	0.13	152	龙岩市	0.10
118	锦州市	0.13	153	文山壮族苗族自治州	0.10
119	聊城市	0.13	154	永州市	0.10
120	汉中市	0.13	155	北海市	0.10
121	廊坊市	0.13	156	黄冈市	0.10
122	内江市	0.13	157	嘉兴市	0.10
123	阜阳市	0.13	158	新乡市	0.10
124	茂名市	0.13	159	衢州市	0.10
125	延安市	0.13	160	濮阳市	0.09
126	黔东南苗族侗族自治州	0.12	161	晋城市	0.09
127	榆林市	0.12	162	曲靖市	0.09
128	赤峰市	0.12	163	衡阳市	0.09
129	驻马店市	0.12	164	株洲市	0.09
130	揭阳市	0.12	165	钦州市	0.09
131	海南藏族自治州	0.12	166	十堰市	0.09
132	绵阳市	0.12	167	海西蒙古族藏族自治州	0.08
133	菏泽市	0.12	168	锡林郭勒盟	0.08
134	林芝市	0.12	169	邢台市	0.08
135	滁州市	0.12	170	信阳市	0.08

序号	城市名称	综合指数	序号	城市名称	综合指数
171	大庆市	0.08	206	定西市	0.06
172	吉安市	0.08	207	白银市	0.06
173	盘锦市	0.08	208	临汾市	0.06
174	阿拉善盟	0.08	209	德阳市	0.06
175	三门峡市	0.08	210	临夏回族自治州	0.06
176	山南市	0.08	211	葫芦岛市	0.06
177	新余市	0.08	212	克孜勒苏柯尔克孜自治州	0.06
178	齐齐哈尔市	0.08	213	益阳市	0.06
179	池州市	0.08	214	晋中市	0.06
180	南充市	0.08	215	宣城市	0.06
181	周口市	0.08	216	中卫市	0.06
182	玉树藏族自治州	0.08	217	黄石市	0.06
183	宜春市	0.07	218	庆阳市	0.05
184	许昌市	0.07	219	河池市	0.05
185	呼伦贝尔市	0.07	220	荆州市	0.05
186	岳阳市	0.07	221	武威市	0.05
187	达州市	0.07	222	平凉市	0.05
188	随州市	0.07	223	鹤岗市	0.05
189	延边朝鲜族自治州	0.07	224	湘潭市	0.05
190	那曲市	0.07	225	抚顺市	0.05
191	通辽市	0.07	226	河源市	0.05
192	广元市	0.07	227	甘南藏族自治州	0.05
193	嘉峪关市	0.07	228	贺州市	0.05
194	阿里地区	0.07	229	防城港市	0.05
195	临沧市	0.07	230	巴中市	0.05
196	金昌市	0.07	231	伊春市	0.05
197	荆门市	0.07	232	六安市	0.05
198	郴州市	0.07	233	汕尾市	0.05
199	衡水市	0.07	234	昌吉回族自治州	0.05
200	牡丹江市	0.06	235	萍乡市	0.05
201	哈密市	0.06	236	本溪市	0.05
202	贵港市	0.06	237	黔南布依族苗族自治州	0.05
203	淮北市	0.06	238	巴彦淖尔市	0.04
204	长治市	0.06	239	鹰潭市	0.04
205	安康市	0.06	240	资阳市	0.04

续表

序号	城市名称	综合指数	序号	城市名称	综合指数
241	阜新市	0.04	272	忻州市	0.03
242	淮南市	0.04	273	三沙市	0.03
243	攀枝花市	0.04	274	阳泉市	0.03
244	白山市	0.04	275	娄底市	0.03
245	塔城地区	0.04	276	白城市	0.03
246	邵阳市	0.04	277	秦皇岛市	0.02
247	佳木斯市	0.04	278	固原市	0.02
248	漯河市	0.04	279	黔西南布依族苗族自治州	0.02
249	云浮市	0.04	280	泰安市	0.02
250	亳州市	0.04	281	辽阳市	0.02
251	孝感市	0.04	282	七台河市	0.02
252	遂宁市	0.04	283	承德市	0.02
253	鸡西市	0.04	284	三明市	0.02
254	广安市	0.04	285	双鸭山市	0.02
255	石嘴山市	0.04	286	德州市	0.02
256	来宾市	0.03	287	铜川市	0.02
257	松原市	0.03	288	朔州市	0.02
258	铁岭市	0.03	289	大兴安岭地区	0.02
259	海北藏族自治州	0.03	290	乌海市	0.02
260	鹤壁市	0.03	291	果洛藏族自治州	0.02
261	吴忠市	0.03	292	吕梁市	0.02
262	博尔塔拉蒙古自治州	0.03	293	渭南市	0.02
263	商洛市	0.03	294	黄南藏族自治州	0.02
264	海东市	0.03	295	兴安盟	0.01
265	焦作市	0.03	296	辽源市	0.01
266	鄂尔多斯市	0.03	297	安庆市	0.01
267	四平市	0.03	298	宝鸡市	0.01
268	营口市	0.03	299	蚌埠市	0.01
269	咸阳市	0.03	300	铜陵市	0.01
270	儋州市	0.03	301	巴音郭楞蒙古自治州	0.01
271	马鞍山市	0.03			

（四）各省、自治区的城市（自治州、地区、盟）海外网络传播力分布

通过综合模型计算分析得出我国 337 座城市（自治州、地区、盟）的海外网络传播

力综合指数，进一步在各省份内部看各城市（自治州、地区、盟）在其所属省级行政区划内分布情况。

31 个省级行政区（包括 4 个直辖市、22 个省份及 5 个自治区）中，4 个直辖市的海外网络传播力水平名列前茅，海南省、湖北省、黑龙江省等省份的城市平均综合指数较高。其中，海南省内海外网络传播力综合指数最高的城市为三亚市，湖北省内海外网络传播力综合指数最高的城市为武汉市，黑龙江省内海外网络传播力综合指数最高的城市为哈尔滨市。广东省、浙江省、福建省等省份紧随其后。另外，31 个省级行政区中有 6 个省份的省会城市的传播力综合指数不是省内最高分。

表 3-5　31 个省级行政区的城市海外网络传播力平均指数分布

序号	省、自治区、直辖市及其城市							
1	北京市							
2	上海市							
3	重庆市							
4	天津市							
5	海南省							
	三亚市	海口市	三沙市	儋州市				
6	湖北省							
	武汉市	恩施土家族苗族自治州	宜昌市	鄂州市	咸宁市	襄阳市	黄冈市	十堰市
	随州市	荆门市	黄石市	荆州市	孝感市			
7	黑龙江省							
	哈尔滨市	黑河市	绥化市	大庆市	齐齐哈尔市	牡丹江市	鹤岗市	伊春市
	佳木斯市	鸡西市	七台河市	双鸭山市	大兴安岭地区			
8	广东省							
	广州市	深圳市	佛山市	珠海市	东莞市	中山市	惠州市	湛江市
	江门市	汕头市	梅州市	潮州市	清远市	肇庆市	阳江市	韶关市
	茂名市	揭阳市	河源市	汕尾市	云浮市			
9	浙江省							
	杭州市	温州市	宁波市	台州市	金华市	绍兴市	舟山市	湖州市
	丽水市	嘉兴市	衢州市					
10	福建省							
	福州市	厦门市	泉州市	漳州市	南平市	莆田市	宁德市	龙岩市
	三明市							
11	江苏省							
	南京市	苏州市	徐州市	无锡市	宿迁市	扬州市	常州市	盐城市
	南通市	连云港市	泰州市	淮安市	镇江市			

序号	省、自治区、直辖市及其城市							
12	四川省							
	成都市	甘孜藏族自治州	乐山市	雅安市	眉山市	宜宾市	阿坝藏族羌族自治州	自贡市
	内江市	绵阳市	泸州市	凉山彝族自治州	南充市	达州市	广元市	德阳市
	巴中市	资阳市	攀枝花市	遂宁市	广安市			
13	山东省							
	青岛市	济南市	潍坊市	淄博市	临沂市	烟台市	日照市	威海市
	东营市	济宁市	枣庄市	聊城市	菏泽市	滨州市	泰安市	德州市
14	西藏自治区							
	拉萨市	昌都市	日喀则市	林芝市	山南市	那曲市	阿里地区	
15	甘肃省							
	兰州市	张掖市	陇南市	酒泉市	天水市	嘉峪关市	金昌市	定西市
	白银市	临夏回族自治州	庆阳市	武威市	平凉市	甘南藏族自治州		
16	辽宁省							
	沈阳市	大连市	鞍山市	丹东市	锦州市	朝阳市	盘锦市	葫芦岛市
	抚顺市	本溪市	阜新市	铁岭市	营口市	辽阳市		
17	江西省							
	南昌市	景德镇市	赣州市	九江市	上饶市	抚州市	吉安市	新余市
	宜春市	萍乡市	鹰潭市					
18	安徽省							
	合肥市	黄山市	芜湖市	宿州市	阜阳市	滁州市	池州市	淮北市
	宣城市	六安市	淮南市	亳州市	马鞍山市	安庆市	蚌埠市	铜陵市
19	云南省							
	昆明市	西双版纳傣族自治州	普洱市	丽江市	大理白族自治州	昭通市	德宏傣族景颇族自治州	红河哈尼族彝族自治州
	玉溪市	保山市	怒江傈僳族自治州	楚雄彝族自治州	迪庆藏族自治州	文山壮族苗族自治州	曲靖市	临沧市
20	贵州省							
	贵阳市	安顺市	铜仁市	遵义市	毕节市	黔东南苗族侗族自治州	六盘水市	黔南布依族苗族自治州
	黔西南布依族苗族自治州							
21	河北省							
	石家庄市	张家口市	唐山市	保定市	邯郸市	沧州市	廊坊市	邢台市
	衡水市	秦皇岛市	承德市					

序号	省、自治区、直辖市及其城市						
22	陕西省						
	西安市	汉中市	延安市	榆林市	安康市	商洛市	咸阳市	铜川市
	渭南市	宝鸡市						
23	湖南省						
	张家界市	长沙市	湘西土家族苗族自治州	常德市	怀化市	永州市	衡阳市	株洲市
	岳阳市	郴州市	益阳市	湘潭市	邵阳市	娄底市		
24	吉林省						
	长春市	吉林市	通化市	延边朝鲜族自治州	白山市	松原市	四平市	白城市
	辽源市							
25	广西壮族自治区						
	桂林市	柳州市	南宁市	梧州市	玉林市	百色市	崇左市	北海市
	钦州市	贵港市	河池市	贺州市	防城港市	来宾市		
26	河南省						
	郑州市	洛阳市	南阳市	开封市	商丘市	安阳市	驻马店市	平顶山市
	新乡市	濮阳市	信阳市	三门峡市	周口市	许昌市	漯河市	鹤壁市
	焦作市							
27	新疆维吾尔自治区						
	喀什地区	阿勒泰地区	乌鲁木齐市	和田地区	吐鲁番市	伊犁哈萨克自治州	阿克苏地区	克拉玛依市
	哈密市	克孜勒苏柯尔克孜自治州	昌吉回族自治州	塔城地区	博尔塔拉蒙古自治州	巴音郭楞蒙古自治州		
28	山西省						
	太原市	大同市	运城市	晋城市	长治市	临汾市	晋中市	忻州市
	阳泉市	朔州市	吕梁市					
29	内蒙古自治区						
	包头市	乌兰察布市	呼和浩特	赤峰市	锡林郭勒盟	阿拉善盟	呼伦贝尔市	通辽市
	巴彦淖尔市	鄂尔多斯市	乌海市	兴安盟				
30	宁夏回族自治区						
	银川市	中卫市	石嘴山市	吴忠市	固原市			
31	青海省						
	西宁市	海南藏族自治州	海西蒙古族藏族自治州	玉树藏族自治州	海北藏族自治州	海东市	果洛藏族自治州	黄南藏族自治州

注：省份、自治区的排序按照各省级行政区下辖城市的传播力综合指数的平均值由高至低排列，直辖市使用其综合指数作为排序依据。

四、维度一：中国城市 Google 传播力

本研究主要使用 Google 搜索中的 Google 这一新闻数据库，采集了 2021 年 10 月 16 日至 2022 年 10 月 15 日中国 337 座城市（自治州、地区、盟）的新闻样本。直辖市、省会城市和计划单列市以带双引号的城市英文名称为搜索关键词，地级市以带双引号的城市英文名称和带双引号的所属省份英文名称为搜索关键词。此外，还将新闻的正负面情感倾向纳入考量标准，按照相关性排序抽取每座城市的前 100 条新闻作为情感编码的样本，由三位编码员对抽样新闻进行编码和信度检验，信度值均在 0.85 以上。最后根据算法，得出 337 座城市（自治州、地区、盟）的 Google 传播力指数。

（一）中国 337 座城市 Google 传播力指数分布

Google 传播力指数，排名靠前的城市依次是北京市、上海市、广州市、深圳市、杭州市、南京市、成都市、天津市、重庆市、青岛市。4 座直辖市全部位于排名前十的城市名单内，其他城市均为省会城市或计划单列市。排名靠前的地级市（自治州、地区、盟）分别为三亚市、珠海市、苏州市、延安市、开封市。城市间的 Google 传播力指数差异较大。

表 3-6　337 座城市 Google 传播力指数

序号	城市名称	得分	序号	城市名称	得分
1	北京市	100.00	14	昆明市	0.56
2	上海市	80.38	15	郑州市	0.43
3	广州市	7.31	16	沈阳市	0.40
4	深圳市	3.08	17	合肥市	0.36
5	杭州市	2.28	18	长春市	0.36
6	南京市	1.59	19	长沙市	0.32
7	成都市	1.56	20	大连市	0.28
8	天津市	1.42	21	武汉市	0.25
9	重庆市	1.17	22	三亚市	0.25
10	青岛市	1.16	23	石家庄市	0.20
11	厦门市	0.78	24	南昌市	0.19
12	宁波市	0.73	25	福州市	0.18
13	哈尔滨市	0.68	26	珠海市	0.17

序号	城市名称	得分	序号	城市名称	得分
27	苏州市	0.14	62	扬州市	0.03
28	西安市	0.13	63	咸阳市	0.03
29	兰州市	0.13	64	雅安市	0.03
30	乌鲁木齐市	0.13	65	中山市	0.03
31	贵阳市	0.10	66	绍兴市	0.03
32	济南市	0.09	67	金华市	0.03
33	延安市	0.09	68	黄山市	0.03
34	开封市	0.08	69	西双版纳傣族自治州	0.03
35	拉萨市	0.08	70	沧州市	0.03
36	常州市	0.07	71	济宁市	0.03
37	海口市	0.07	72	泰州市	0.03
38	南通市	0.07	73	洛阳市	0.02
39	张家口市	0.07	74	临沂市	0.02
40	烟台市	0.07	75	赣州市	0.02
41	无锡市	0.06	76	和田地区	0.02
42	连云港市	0.06	77	宁德市	0.02
43	东莞市	0.06	78	大理白族自治州	0.02
44	潍坊市	0.06	79	芜湖市	0.02
45	温州市	0.06	80	桂林市	0.02
46	梧州市	0.06	81	伊犁哈萨克自治州	0.02
47	佛山市	0.05	82	张家界市	0.02
48	南宁市	0.05	83	宜宾市	0.02
49	太原市	0.05	84	宜昌市	0.02
50	舟山市	0.05	85	德州市	0.02
51	台州市	0.05	86	湘西土家族苗族自治州	0.02
52	淄博市	0.05	87	惠州市	0.02
53	宿州市	0.04	88	威海市	0.02
54	喀什地区	0.04	89	九江市	0.02
55	唐山市	0.04	90	枣庄市	0.02
56	西宁市	0.04	91	镇江市	0.02
57	海南藏族自治州	0.04	92	呼和浩特市	0.02
58	嘉兴市	0.04	93	安阳市	0.02
59	泉州市	0.04	94	东营市	0.02
60	湖州市	0.03	95	昌吉回族自治州	0.02
61	盐城市	0.03	96	保定市	0.02

序号	城市名称	得分	序号	城市名称	得分
97	丹东市	0.02	132	滨州市	0.01
98	日照市	0.02	133	泸州市	0.01
99	甘孜藏族自治州	0.02	134	衢州市	0.01
100	新乡市	0.02	135	鄂尔多斯市	0.01
101	莆田市	0.02	136	漳州市	0.01
102	江门市	0.02	137	包头市	0.01
103	阿克苏地区	0.02	138	钦州市	0.01
104	宿迁市	0.02	139	红河哈尼族彝族自治州	0.01
105	秦皇岛市	0.02	140	晋中市	0.01
106	大同市	0.02	141	抚州市	0.01
107	柳州市	0.02	142	昭通市	0.01
108	银川市	0.02	143	绵阳市	0.01
109	湛江市	0.01	144	黑河市	0.01
110	阿坝藏族羌族自治州	0.01	145	聊城市	0.01
111	乐山市	0.01	146	酒泉市	0.01
112	阿勒泰地区	0.01	147	日喀则市	0.01
113	北海市	0.01	148	遵义市	0.01
114	徐州市	0.01	149	景德镇市	0.01
115	汕头市	0.01	150	株洲市	0.01
116	玉溪市	0.01	151	蚌埠市	0.01
117	邯郸市	0.01	152	邢台市	0.01
118	淮安市	0.01	153	鞍山市	0.01
119	大庆市	0.01	154	承德市	0.01
120	榆林市	0.01	155	宜春市	0.01
121	儋州市	0.01	156	上饶市	0.01
122	吐鲁番市	0.01	157	常德市	0.01
123	哈密市	0.01	158	长治市	0.01
124	梅州市	0.01	159	十堰市	0.01
125	淮北市	0.01	160	南平市	0.01
126	运城市	0.01	161	衡水市	0.01
127	襄阳市	0.01	162	廊坊市	0.01
128	丽江市	0.01	163	玉林市	0.01
129	眉山市	0.01	164	张掖市	0.01
130	韶关市	0.01	165	保山市	0.01
131	肇庆市	0.01	166	龙岩市	0.01

序号	城市名称	得分	序号	城市名称	得分
167	濮阳市	0.01	202	南阳市	0.01
168	临汾市	0.01	203	山南市	0.01
169	焦作市	0.01	204	荆门市	0.01
170	汉中市	0.01	205	曲靖市	0.00
171	阳江市	0.01	206	益阳市	0.00
172	铜陵市	0.01	207	鄂州市	0.00
173	揭阳市	0.01	208	临沧市	0.00
174	岳阳市	0.01	209	恩施土家族苗族自治州	0.00
175	菏泽市	0.01	210	百色市	0.00
176	楚雄彝族自治州	0.01	211	黔西南布依族苗族自治州	0.00
177	泰安市	0.01	212	营口市	0.00
178	湘潭市	0.01	213	安康市	0.00
179	衡阳市	0.01	214	铜仁市	0.00
180	池州市	0.01	215	许昌市	0.00
181	新余市	0.01	216	黔东南苗族侗族自治州	0.00
182	阜阳市	0.01	217	三明市	0.00
183	嘉峪关市	0.01	218	锦州市	0.00
184	普洱市	0.01	219	黄冈市	0.00
185	吉林市	0.01	220	晋城市	0.00
186	丽水市	0.01	221	玉树藏族自治州	0.00
187	南充市	0.01	222	亳州市	0.00
188	自贡市	0.01	223	德宏傣族景颇族自治州	0.00
189	三门峡市	0.01	224	安庆市	0.00
190	郴州市	0.01	225	克拉玛依市	0.00
191	凉山彝族自治州	0.01	226	萍乡市	0.00
192	清远市	0.01	227	朝阳市	0.00
193	毕节市	0.01	228	甘南藏族自治州	0.00
194	荆州市	0.01	229	朔州市	0.00
195	六安市	0.01	230	武威市	0.00
196	潮州市	0.01	231	商丘市	0.00
197	盘锦市	0.01	232	吉安市	0.00
198	茂名市	0.01	233	赤峰市	0.00
199	永州市	0.01	234	内江市	0.00
200	葫芦岛市	0.01	235	牡丹江市	0.00
201	怀化市	0.01	236	怒江傈僳族自治州	0.00

序号	城市名称	得分	序号	城市名称	得分
237	崇左市	0.00	272	白银市	0.00
238	鹤岗市	0.00	273	宣城市	0.00
239	平顶山市	0.00	274	塔城地区	0.00
240	鸡西市	0.00	275	阳泉市	0.00
241	中卫市	0.00	276	伊春市	0.00
242	昌都市	0.00	277	防城港市	0.00
243	林芝市	0.00	278	随州市	0.00
244	信阳市	0.00	279	铜川市	0.00
245	那曲市	0.00	280	广安市	0.00
246	资阳市	0.00	281	河源市	0.00
247	德阳市	0.00	282	海北藏族自治州	0.00
248	滁州市	0.00	283	孝感市	0.00
249	抚顺市	0.00	284	咸宁市	0.00
250	邵阳市	0.00	285	黄石市	0.00
251	六盘水市	0.00	286	固原市	0.00
252	海东市	0.00	287	广元市	0.00
253	淮南市	0.00	288	临夏回族自治州	0.00
254	乌兰察布市	0.00	289	文山壮族苗族自治州	0.00
255	达州市	0.00	290	贺州市	0.00
256	汕尾市	0.00	291	漯河市	0.00
257	辽阳市	0.00	292	通化市	0.00
258	海西蒙古族藏族自治州	0.00	293	博尔塔拉蒙古自治州	0.00
259	攀枝花市	0.00	294	陇南市	0.00
260	天水市	0.00	295	来宾市	0.00
261	驻马店市	0.00	296	庆阳市	0.00
262	三沙市	0.00	297	通辽市	0.00
263	阿里地区	0.00	298	白城市	0.00
264	定西市	0.00	299	迪庆藏族自治州	0.00
265	遂宁市	0.00	300	佳木斯市	0.00
266	阜新市	0.00	301	金昌市	0.00
267	黔南布依族苗族自治州	0.00	302	阿拉善盟	0.00
268	齐齐哈尔市	0.00	303	石嘴山市	0.00
269	延边朝鲜族自治州	0.00	304	马鞍山市	0.00
270	周口市	0.00	305	云浮市	0.00
271	安顺市	0.00	306	白山市	0.00

续表

序号	城市名称	得分	序号	城市名称	得分
307	宝鸡市	0.00	323	巴音郭楞蒙古自治州	0.00
308	贵港市	0.00	324	克孜勒苏柯尔克孜自治州	0.00
309	本溪市	0.00	325	锡林郭勒盟	0.00
310	河池市	0.00	326	七台河市	0.00
311	乌海市	0.00	327	黄南藏族自治州	0.00
312	巴中市	0.00	328	巴彦淖尔市	0.00
313	四平市	0.00	329	鹰潭市	0.00
314	鹤壁市	0.00	330	辽源市	0.00
315	娄底市	0.00	331	果洛藏族自治州	0.00
316	忻州市	0.00	332	吕梁市	0.00
317	松原市	0.00	333	兴安盟	0.00
318	吴忠市	0.00	334	双鸭山市	0.00
319	铁岭市	0.00	335	大兴安岭地区	0.00
320	商洛市	0.00	336	呼伦贝尔市	0.00
321	绥化市	0.00	337	渭南市	0.00
322	平凉市	0.00			

* 注：传播力指数为"0.00"是四舍五入后保留两位小数的结果，实际数值并不为 0。下同。

（二）中国不同行政级别城市的 Google 传播力指数分布

1. 直辖市、省会城市及计划单列市 Google 传播力指数分布

在 36 座直辖市、省会城市及计划单列市中，Google 传播力指数排名靠前的城市依次是北京市、上海市、广州市、深圳市、杭州市。其中北京市和上海市的头部效应明显，与其他城市的传播力指数存在显著差异，其余城市的差距较小。

表 3-7　36 座直辖市、省会城市及计划单列市 Google 传播力指数及排名

序号	城市名称	得分	序号	城市名称	得分
1	北京市	100.00	9	重庆市	1.17
2	上海市	80.38	10	青岛市	1.16
3	广州市	7.31	11	厦门市	0.78
4	深圳市	3.08	12	宁波市	0.73
5	杭州市	2.28	13	哈尔滨市	0.68
6	南京市	1.59	14	昆明市	0.56
7	成都市	1.56	15	郑州市	0.43
8	天津市	1.42	16	沈阳市	0.40

序号	城市名称	得分	序号	城市名称	得分
17	合肥市	0.36	27	乌鲁木齐市	0.13
18	长春市	0.36	28	贵阳市	0.10
19	长沙市	0.32	29	济南市	0.09
20	大连市	0.28	30	拉萨市	0.08
21	武汉市	0.25	31	海口市	0.07
22	石家庄市	0.20	32	南宁市	0.05
23	南昌市	0.19	33	太原市	0.05
24	福州市	0.18	34	西宁市	0.04
25	西安市	0.13	35	呼和浩特市	0.02
26	兰州市	0.13	36	银川市	0.02

2. 地级市（自治州、地区、盟）Google 传播力指数分布

在我国其余 301 座地级市（自治州、地区、盟）中，Google 传播力指数排名靠前的依次是三亚市、珠海市、苏州市、延安市、开封市、常州市、南通市、张家口市、烟台市、无锡市。与 36 座直辖市、省会城市和计划单列市相比，地级市的传播力指数普遍偏低，且各城市之间的差异较小，各城市在海外传播的效果差距不大。

表 3-8　301 座地级市 Google 传播力指数及排名

序号	城市名称	得分	序号	城市名称	得分
1	三亚市	0.25	17	舟山市	0.05
2	珠海市	0.17	18	台州市	0.05
3	苏州市	0.14	19	淄博市	0.05
4	延安市	0.09	20	宿州市	0.04
5	开封市	0.08	21	喀什地区	0.04
6	常州市	0.07	22	唐山市	0.04
7	南通市	0.07	23	海南藏族自治州	0.04
8	张家口市	0.07	24	嘉兴市	0.04
9	烟台市	0.07	25	泉州市	0.04
10	无锡市	0.06	26	湖州市	0.03
11	连云港市	0.06	27	盐城市	0.03
12	东莞市	0.06	28	扬州市	0.03
13	潍坊市	0.06	29	咸阳市	0.03
14	温州市	0.06	30	雅安市	0.03
15	梧州市	0.06	31	中山市	0.03
16	佛山市	0.05	32	绍兴市	0.03

序号	城市名称	得分	序号	城市名称	得分
33	金华市	0.03	68	阿克苏地区	0.02
34	黄山市	0.03	69	宿迁市	0.02
35	西双版纳傣族自治州	0.03	70	秦皇岛市	0.02
36	沧州市	0.03	71	大同市	0.02
37	济宁市	0.03	72	柳州市	0.02
38	泰州市	0.03	73	湛江市	0.01
39	洛阳市	0.02	74	阿坝藏族羌族自治州	0.01
40	临沂市	0.02	75	乐山市	0.01
41	赣州市	0.02	76	阿勒泰地区	0.01
42	和田地区	0.02	77	北海市	0.01
43	宁德市	0.02	78	徐州市	0.01
44	大理白族自治州	0.02	79	汕头市	0.01
45	芜湖市	0.02	80	玉溪市	0.01
46	桂林市	0.02	81	邯郸市	0.01
47	伊犁哈萨克自治州	0.02	82	淮安市	0.01
48	张家界市	0.02	83	大庆市	0.01
49	宜宾市	0.02	84	榆林市	0.01
50	宜昌市	0.02	85	儋州市	0.01
51	德州市	0.02	86	吐鲁番市	0.01
52	湘西土家族苗族自治州	0.02	87	哈密市	0.01
53	惠州市	0.02	88	梅州市	0.01
54	威海市	0.02	89	淮北市	0.01
55	九江市	0.02	90	运城市	0.01
56	枣庄市	0.02	91	襄阳市	0.01
57	镇江市	0.02	92	丽江市	0.01
58	安阳市	0.02	93	眉山市	0.01
59	东营市	0.02	94	韶关市	0.01
60	昌吉回族自治州	0.02	95	肇庆市	0.01
61	保定市	0.02	96	滨州市	0.01
62	丹东市	0.02	97	泸州市	0.01
63	日照市	0.02	98	衢州市	0.01
64	甘孜藏族自治州	0.02	99	鄂尔多斯市	0.01
65	新乡市	0.02	100	漳州市	0.01
66	莆田市	0.02	101	包头市	0.01
67	江门市	0.02	102	钦州市	0.01

序号	城市名称	得分	序号	城市名称	得分
103	红河哈尼族彝族自治州	0.01	138	岳阳市	0.01
104	晋中市	0.01	139	菏泽市	0.01
105	抚州市	0.01	140	楚雄彝族自治州	0.01
106	昭通市	0.01	141	泰安市	0.01
107	绵阳市	0.01	142	湘潭市	0.01
108	黑河市	0.01	143	衡阳市	0.01
109	聊城市	0.01	144	池州市	0.01
110	酒泉市	0.01	145	新余市	0.01
111	日喀则市	0.01	146	阜阳市	0.01
112	遵义市	0.01	147	嘉峪关市	0.01
113	景德镇市	0.01	148	普洱市	0.01
114	株洲市	0.01	149	吉林市	0.01
115	蚌埠市	0.01	150	丽水市	0.01
116	邢台市	0.01	151	南充市	0.01
117	鞍山市	0.01	152	自贡市	0.01
118	承德市	0.01	153	三门峡市	0.01
119	宜春市	0.01	154	郴州市	0.01
120	上饶市	0.01	155	凉山彝族自治州	0.01
121	常德市	0.01	156	清远市	0.01
122	长治市	0.01	157	毕节市	0.01
123	十堰市	0.01	158	荆州市	0.01
124	南平市	0.01	159	六安市	0.01
125	衡水市	0.01	160	潮州市	0.01
126	廊坊市	0.01	161	盘锦市	0.01
127	玉林市	0.01	162	茂名市	0.01
128	张掖市	0.01	163	永州市	0.01
129	保山市	0.01	164	葫芦岛市	0.01
130	龙岩市	0.01	165	怀化市	0.01
131	濮阳市	0.01	166	南阳市	0.01
132	临汾市	0.01	167	山南市	0.01
133	焦作市	0.01	168	荆门市	0.01
134	汉中市	0.01	169	曲靖市	0.00
135	阳江市	0.01	170	益阳市	0.00
136	铜陵市	0.01	171	鄂州市	0.00
137	揭阳市	0.01	172	临沧市	0.00

序号	城市名称	得分	序号	城市名称	得分
173	恩施土家族苗族自治州	0.00	208	信阳市	0.00
174	百色市	0.00	209	那曲市	0.00
175	黔西南布依族苗族自治州	0.00	210	资阳市	0.00
176	营口市	0.00	211	德阳市	0.00
177	安康市	0.00	212	滁州市	0.00
178	铜仁市	0.00	213	抚顺市	0.00
179	许昌市	0.00	214	邵阳市	0.00
180	黔东南苗族侗族自治州	0.00	215	六盘水市	0.00
181	三明市	0.00	216	海东市	0.00
182	锦州市	0.00	217	淮南市	0.00
183	黄冈市	0.00	218	乌兰察布市	0.00
184	晋城市	0.00	219	达州市	0.00
185	玉树藏族自治州	0.00	220	汕尾市	0.00
186	亳州市	0.00	221	辽阳市	0.00
187	德宏傣族景颇族自治州	0.00	222	海西蒙古族藏族自治州	0.00
188	安庆市	0.00	223	攀枝花市	0.00
189	克拉玛依市	0.00	224	天水市	0.00
190	萍乡市	0.00	225	驻马店市	0.00
191	朝阳市	0.00	226	三沙市	0.00
192	甘南藏族自治州	0.00	227	阿里地区	0.00
193	朔州市	0.00	228	定西市	0.00
194	武威市	0.00	229	遂宁市	0.00
195	商丘市	0.00	230	阜新市	0.00
196	吉安市	0.00	231	黔南布依族苗族自治州	0.00
197	赤峰市	0.00	232	齐齐哈尔市	0.00
198	内江市	0.00	233	延边朝鲜族自治州	0.00
199	牡丹江市	0.00	234	周口市	0.00
200	怒江傈僳族自治州	0.00	235	安顺市	0.00
201	崇左市	0.00	236	白银市	0.00
202	鹤岗市	0.00	237	宣城市	0.00
203	平顶山市	0.00	238	塔城地区	0.00
204	鸡西市	0.00	239	阳泉市	0.00
205	中卫市	0.00	240	伊春市	0.00
206	昌都市	0.00	241	防城港市	0.00
207	林芝市	0.00	242	随州市	0.00

序号	城市名称	得分	序号	城市名称	得分
243	铜川市	0.00	273	本溪市	0.00
244	广安市	0.00	274	河池市	0.00
245	河源市	0.00	275	乌海市	0.00
246	海北藏族自治州	0.00	276	巴中市	0.00
247	孝感市	0.00	277	四平市	0.00
248	咸宁市	0.00	278	鹤壁市	0.00
249	黄石市	0.00	279	娄底市	0.00
250	固原市	0.00	280	忻州市	0.00
251	广元市	0.00	281	松原市	0.00
252	临夏回族自治州	0.00	282	吴忠市	0.00
253	文山壮族苗族自治州	0.00	283	铁岭市	0.00
254	贺州市	0.00	284	商洛市	0.00
255	漯河市	0.00	285	绥化市	0.00
256	通化市	0.00	286	平凉市	0.00
257	博尔塔拉蒙古自治州	0.00	287	巴音郭楞蒙古自治州	0.00
258	陇南市	0.00	288	克孜勒苏柯尔克孜自治州	0.00
259	来宾市	0.00	289	锡林郭勒盟	0.00
260	庆阳市	0.00	290	七台河市	0.00
261	通辽市	0.00	291	黄南藏族自治州	0.00
262	白城市	0.00	292	巴彦淖尔市	0.00
263	迪庆藏族自治州	0.00	293	鹰潭市	0.00
264	佳木斯市	0.00	294	辽源市	0.00
265	金昌市	0.00	295	果洛藏族自治州	0.00
266	阿拉善盟	0.00	296	吕梁市	0.00
267	石嘴山市	0.00	297	兴安盟	0.00
268	马鞍山市	0.00	298	双鸭山市	0.00
269	云浮市	0.00	299	大兴安岭地区	0.00
270	白山市	0.00	300	呼伦贝尔市	0.00
271	宝鸡市	0.00	301	渭南市	0.00
272	贵港市	0.00			

（三）中国不同经济圈城市的 Google 传播力指数分布

为考察我国城市集群的海外网络传播力建设情况，对四大经济圈的城市传播力进行了分析。京津冀经济圈的 Google 传播力指数最高，均值为 7.28，其后是长三角经济圈

（3.31）和珠三角经济圈（1.19），成渝地区双城经济圈的传播力指数最低，均值仅为 0.18。

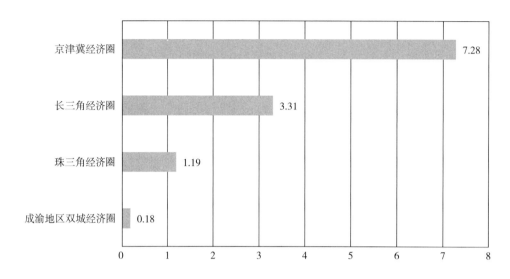

图 3-1　不同经济圈城市 Google 传播力指数均值

2022 年，在京津冀经济圈中，Google 传播力指数排名靠前的城市依次是北京市、天津市、石家庄市，与上年排名保持一致。北京作为中国的多元文化中心受外媒关注度最高，因此传播力指数与该经济圈内其他城市差异显著，且遥遥领先于其他城市。

表 3-9　京津冀经济圈城市的 Google 传播力指数分布

序号	城市名称	得分	序号	城市名称	得分
1	北京市	100.00	8	保定市	0.02
2	天津市	1.42	9	秦皇岛市	0.02
3	石家庄市	0.20	10	邯郸市	0.01
4	张家口市	0.07	11	邢台市	0.01
5	唐山市	0.04	12	承德市	0.01
6	沧州市	0.03	13	衡水市	0.01
7	安阳市	0.02	14	廊坊市	0.01

在长三角经济圈中，Google 传播力指数排名靠前的城市依次是上海市、杭州市、南京市、宁波市、合肥市。值得注意的是，安庆市、滁州市、宣城市、马鞍山市 4 座城市的传播力指数（四舍五入保留两位小数后）为 0，与上海的头部效应显著形成鲜明对比。

表 3-10 长三角经济圈城市的 Google 传播力指数分布

序号	城市名称	得分	序号	城市名称	得分
1	上海市	80.38	14	盐城市	0.03
2	杭州市	2.28	15	扬州市	0.03
3	南京市	1.59	16	绍兴市	0.03
4	宁波市	0.73	17	金华市	0.03
5	合肥市	0.36	18	泰州市	0.03
6	苏州市	0.14	19	芜湖市	0.02
7	常州市	0.07	20	镇江市	0.02
8	南通市	0.07	21	铜陵市	0.01
9	无锡市	0.06	22	池州市	0.01
10	舟山市	0.05	23	安庆市	0.00
11	台州市	0.05	24	滁州市	0.00
12	嘉兴市	0.04	25	宣城市	0.00
13	湖州市	0.03	26	马鞍山市	0.00

在珠三角经济圈包含的 9 座地级市中，Google 传播力指数排名靠前的依次是广州市、深圳市、珠海市、东莞市、佛山市。

表 3-11 珠三角经济圈城市的 Google 传播力指数分布

序号	城市名称	得分	序号	城市名称	得分
1	广州市	7.31	6	中山市	0.03
2	深圳市	3.08	7	惠州市	0.02
3	珠海市	0.17	8	江门市	0.02
4	东莞市	0.06	9	肇庆市	0.01
5	佛山市	0.05			

在成渝地区双城经济圈中，Google 传播力指数排名前两位是成都市和重庆市，两座城市传播力指数相差不大，但与在成渝经济圈中的其他城市差异较大。作为国家发展改革委于 2021 年新设立的经济圈，该经济圈中的城市传播力指数普遍偏低，且排在后六位的城市传播力指数四舍五入保留两位小数后的结果都为 0。

表 3-12 成渝经济圈城市的 Google 传播力指数分布

序号	城市名称	得分	序号	城市名称	得分
1	成都市	1.56	3	雅安市	0.03
2	重庆市	1.17	4	宜宾市	0.02

序号	城市名称	得分	序号	城市名称	得分
5	乐山市	0.01	11	内江市	0.00
6	眉山市	0.01	12	资阳市	0.00
7	泸州市	0.01	13	德阳市	0.00
8	绵阳市	0.01	14	达州市	0.00
9	南充市	0.01	15	遂宁市	0.00
10	自贡市	0.01	16	广安市	0.00

（四）Google 平台城市案例分析

1. 宜宾市：积极发展新能源，长江生态之城崛起

宜宾地处四川东南部，有"万里长江第一城"、"中国酒都"、"中国竹都"等美称。该市 2022 年 Google 传播力指数排名第 83 位，与上年相比排名上升 72 位，排名变动较大，海外传播力提升较为显著。在 Google News 中搜索"Yibin""Sichuan"，共得出 535 条结果。

根据收集到的新闻样本可以发现，海外媒体关于宜宾市的报道多聚焦于该城市锂电电池、光伏等零碳新能源事业。例如，中国领先的动力电池公司宁德时代（CATL）于 2022 年 3 月 24 日在宜宾市落户首个零碳电池工厂的信息，受到 Pandaily 等媒体的广泛关注，宁德时代宣布将持续利用"灯塔工厂"的优势在全球基地陆续实现碳中和。此外，据 Just-Auto 的报道，宜宾市于 2022 年启动的英发德耀 20 吉瓦高效晶硅电池项目被视为全球 5 个最大制造工厂建设项目之一，引起了外媒的关注，该项目旨在提高产能以满足该地区对锂电池日益增长的需求。

Pandaily

CATL to Establish First Zero-Carbon Battery Plant

The firm already has many lithium battery projects in Yibin, such as Sichuan CATL and CATL-Geely (Sichuan) Power Battery Co., Ltd. Since 2019, the firm has...

2022年3月25日

图 3-2　宁德时代将建立首个零碳电池工厂

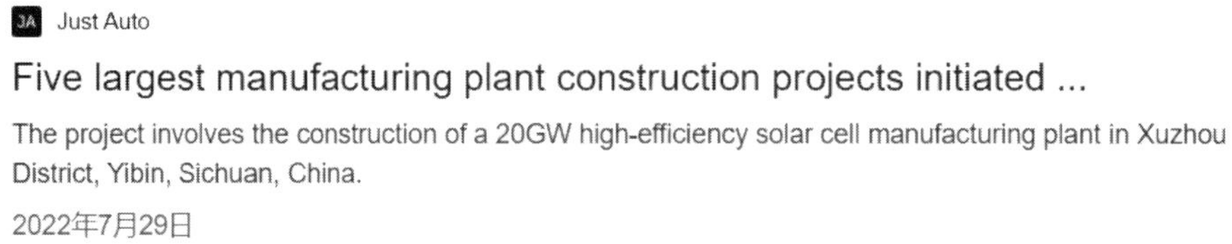

JA Just Auto

Five largest manufacturing plant construction projects initiated ...

The project involves the construction of a 20GW high-efficiency solar cell manufacturing plant in Xuzhou District, Yibin, Sichuan, China.

2022年7月29日

图 3-3　宜宾将建造高效晶体硅太阳能电池生产厂

除新能源发展外，近年来宜宾市打响了环境保护攻坚战，坚持以生态保护为前提、以创新驱动为引领、以绿色低碳为导向，在生态建设方面作出了诸多努力，"坚决不要带污染的 GDP"、"打造长江生态第一城"等口号也在媒体报道中被提到。据了解，宜宾市还举办了"2022 年世界动力电池大会""万人进环保"等活动，助力中国的碳中和事业。

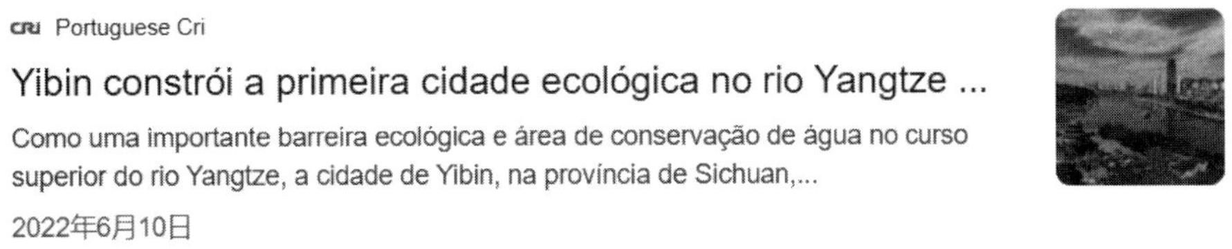

CRI Portuguese Cri

Yibin constrói a primeira cidade ecológica no rio Yangtze ...

Como uma importante barreira ecológica e área de conservação de água no curso superior do rio Yangtze, a cidade de Yibin, na província de Sichuan,...

2022年6月10日

图 3-4 宜宾打造长江生态第一城

2. 潍坊市：深耕制造业，打造高端高质量发展城市

潍坊市在 2022 年中国海外传播力传播指数排名中位列第 44 位，较上年排名上升 13 位。在 Google News 中搜索"Weifang""Shandong"，共得出 1390 条结果。

具体来看，海外媒体对潍坊市的报道集中在风筝文化以及制造业的发展两个维度。"世界风筝之都"作为潍坊市在世界的代名词之一，自不必多提。而高端制造业作为该城市的核心规划发展之一，在海外新闻媒体平台受到广泛关注，则说明了潍坊市在这方面的发展成就有目共睹。

潍坊市围绕薄弱环节、关键技术、基础工艺、关键零部件、基础材料等方面，在内燃机、氢燃料动力系统、新一代信息技术、生物医药、新材料、高端化工、新能源汽车、智能农业装备、磁技术、工业互联网、工业软件等领域，组织企业开展关键核心技术攻关，提高制造业企业研发攻关能力，全力争创"国家制造业高质量发展试验区"，力争打造成全国制造业高质量发展样板城市，叫响"全国制造业看山东，山东制造业看潍坊"品牌，形成可复制可推广的制造业高质量发展"潍坊模式"。

据 Google News 报道，在智能农业装备方面，潍坊市通过卫星遥感、无人机、传感器等技术，为农户提供了可以实现无人收割小麦的智能设备，并且可以为农户提供精准数据指导。在工业方面，位于潍坊的制造公司设计、开发和制造了"特大型智能立环高梯度磁选机"，是"中国乃至世界高端磁选设备的重要突破"。在新能源方面，潍坊市成立了燃料电池开发公司，公司试运营期间，建成了全球规模最大的氢燃料电池发动机制造工厂，在全产业链和燃料电池产业化方面也取得多项突破。

3. 长沙市："深夜食堂"与"公铁水空"共促经济提速

长沙市是湖南省的省会城市，在 2022 年中国海外传播力传播指数排名中位列第 19 位，较上年排名上升 6 位。在 Google News 中搜索"Changsha"，共得出 9710 条结果。具体来看，海外媒体关于长沙市的报道主要集中在美食与夜间经济、交通运输业的发展两个领域。

E Entreprendre.fr

Les technologies intelligentes aident les agriculteurs chinois à ...

Dans un champ de blé de Weifang, une ville de la province du Shandong, dans l'est de la Chine, deux moissonneuses de blé sans pilote équipées d'un logiciel...

2022年9月20日

图 3-5　智能技术帮助中国农民

IM International Mining

China's Huate Magnet sets new size records with latest ...

... separation equipment and technology supplier, Shandong Huate Magnet Technology Co, based in Linqu Economic Development Area, Weifang City, Shandong.

2022年5月4日

图 3-6　中国的华特磁体凭借最新的磁选机和过滤器型号创造了新的尺寸纪录

P Presseportal

GLOBAL TIMES ONLINE: Weichai Power in Weifang beschleunigt die Kommerzialisierung von...

mit Sitz in der Stadt Weifang in der ostchinesischen Provinz Shandong und die China National Heavy Duty Truck Group Co., Ltd. haben kürzlich einen Auftrag über...

2022年9月19日

图 3-7　潍柴动力加速氢燃料电池物流车商业化

　　长沙夜间经济已成为全国闻名的消费名片，据媒体报道，长沙市连续三年入选"中国城市夜经济十大影响力城市"，2019 年、2020 年排名第 3，2021 年排名第 2。长沙市在这一领域的发展吸引了媒体和大众的关注。例如，媒体以图像的方式展现了长沙夜间的商业街繁华的景象，并指出夜间经济帮助长沙经济强劲复苏。此外，美食和夜间经济的繁荣也使得长沙市的旅游业发展前景良好，携程集团在长沙市举办了旅行者论坛，还开展"音乐节暨生活博览会"，将旅游目的地与音乐节、露营、集市等趣味活动相结合，点燃了中国长沙的夏夜，为长沙市经济发展做出贡献。

PHOTO / CHINA

Changsha sees robust recovery of nighttime economy

By Xinhua
Published: Jul 30, 2022 10:06 PM

图 3-8　长沙夜间经济强劲复苏

PRN PR Newswire Asia

"NOWCITY" Music Festival & Lifestyle Fair ignites the summer ...

CHANGSHA, China, Aug. 24, 2022 /PRNewswire/ -- Leading online travel service provider Trip.com Group hosted Traveler's Night, and "NOWCITY" Music Festival...

2022年8月24日

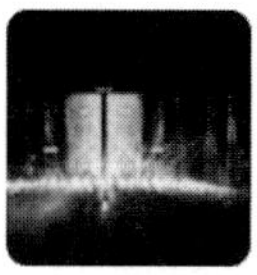

图 3-9　音乐节暨生活博览会点燃中国长沙的夏夜

　　长沙同时具有公路、铁路、水路、航空 4 种交通，交通运输布局是该市的另一张国际名片。长沙已经形成了以国际化航线、高速化铁路、现代化公路为主要骨架的立体交通格局，以黄花机场、长沙南站为区域枢纽的综合交通运输体系，具备了良好的旅游交通基础设施条件。近一年来，长沙在交通运输方面的政策行动也受到了国际瞩目。例如，媒体就连接中国中部湖南省省会长沙和埃塞俄比亚的亚的斯亚贝巴的新国际航空货运航线开通进行了报道。此外，作为国内最早采用自动驾驶服务的城市之一，长沙拥有良好的智能网联汽车产业生态和试验环境，百度在长沙布局自动驾驶出行服务 Apollo Go，并进行付费商业试点，得到了媒体关注。

Gasgoo

Baidu Apollo starts paid Robotaxi service in Changsha

Beijing (Gasgoo)- Baidu's autonomous driving mobility service, Apollo Go, started off pilot paid commercial operation in Changsha, the capital city of Hunan...

2022年8月5日

图 3-10　百度 Apollo Go 在长沙开通 Robotaxi 付费服务

New air cargo route links Changsha, Addis Ababa

CHANGSHA, July 27 (Xinhua) -- A new international air cargo route linking Changsha, capital of central China's Hunan Province, and Addis Ababa in Ethiopia...

2022年7月27日

图 3-11　新的航空货运航线连接长沙和埃塞俄比亚的亚的斯亚贝巴

五、维度二：中国城市Twitter传播力

　　本研究在 Twitter 平台进行数据爬取时，对 36 座直辖市、省会城市及计划单列市以带双引号的城市英文名称为关键词，对地级市以带双引号的城市英文名称和所在省份英文名

称为关键词，采集 2021 年 10 月 16 日至 2022 年 10 月 15 日的信息，算法包含的 4 个指标分别为"非负信息数量"、"点赞量"、"转发量"和"评论量"。"非负信息数量"是指数据采集周期内 Twitter 发布的所有与某个城市相关的英文推文总量减去其中负面信息后的信息数量。点赞量、转发量和评论量指采集样本中用户产生的点赞、转发和评论数量之和。

（一）中国 337 座城市 Twitter 传播力指数分布

Twitter 传播力指数排名靠前的城市依次是北京市、哈尔滨市、武汉市、上海市、福州市、合肥市、沈阳市、南昌市、兰州市、南京市。北京市的 Twitter 传播力指数依然排在第 1 位，而哈尔滨市从 2021 年的第 10 位升至 2022 年的第 2 位，除这 2 座城市外，武汉市、上海市、南京市依然位于排名前十，但排名较上年有所下降；与上年相比，福州市、合肥市、沈阳市、南昌市、兰州市进入排名前十，而广州市、深圳市、成都市、杭州市、重庆市排名则跌出前十梯队。

表 3–13　337 座城市 Twitter 传播力指数

序号	城市名称	得分	序号	城市名称	得分
1	北京市	100.00	22	重庆市	4.89
2	哈尔滨市	94.70	23	柳州市	4.64
3	武汉市	52.16	24	广州市	4.41
4	上海市	38.17	25	长春市	4.12
5	福州市	28.76	26	吉林市	4.00
6	合肥市	22.98	27	徐州市	3.69
7	沈阳市	19.47	28	台州市	3.61
8	南昌市	15.89	29	西双版纳傣族自治州	3.39
9	兰州市	14.44	30	张家界市	3.25
10	南京市	14.23	31	苏州市	3.05
11	成都市	13.80	32	南宁市	2.98
12	杭州市	11.35	33	太原市	2.94
13	贵阳市	9.44	34	大理白族自治州	2.92
14	石家庄市	8.27	35	洛阳市	2.83
15	西安市	7.62	36	佛山市	2.71
16	拉萨市	6.59	37	宁波市	2.67
17	三亚市	6.15	38	宿迁市	2.61
18	深圳市	5.88	39	淄博市	2.56
19	海口市	5.80	40	潍坊市	2.46
20	青岛市	5.40	41	景德镇市	2.35
21	厦门市	4.99	42	无锡市	2.19

序号	城市名称	得分	序号	城市名称	得分
43	桂林市	2.14	78	湛江市	1.11
44	张家口市	2.10	79	恩施土家族苗族自治州	1.11
45	唐山市	2.02	80	盐城市	1.10
46	东莞市	2.02	81	南通市	1.09
47	黄山市	1.97	82	和田地区	1.09
48	鞍山市	1.96	83	邯郸市	1.05
49	烟台市	1.90	84	开封市	1.05
50	珠海市	1.85	85	宜昌市	1.04
51	梧州市	1.84	86	宜宾市	1.03
52	大连市	1.81	87	漳州市	1.03
53	张掖市	1.79	88	连云港市	1.03
54	临沂市	1.76	89	九江市	1.01
55	湖州市	1.75	90	黑河市	0.98
56	喀什地区	1.71	91	西宁市	0.96
57	舟山市	1.64	92	阿坝藏族羌族自治州	0.94
58	绍兴市	1.61	93	大同市	0.94
59	雅安市	1.52	94	伊犁哈萨克自治州	0.92
60	赣州市	1.52	95	上饶市	0.91
61	日照市	1.52	96	东营市	0.90
62	温州市	1.51	97	运城市	0.88
63	普洱市	1.49	98	江门市	0.86
64	常州市	1.48	99	莆田市	0.86
65	甘孜藏族自治州	1.45	100	金华市	0.84
66	威海市	1.41	101	包头市	0.84
67	乐山市	1.34	102	酒泉市	0.83
68	济南市	1.33	103	吐鲁番市	0.82
69	丽水市	1.32	104	昌都市	0.81
70	长沙市	1.28	105	遵义市	0.80
71	昆明市	1.26	106	眉山市	0.80
72	泉州市	1.25	107	百色市	0.77
73	惠州市	1.22	108	日喀则市	0.77
74	保定市	1.15	109	淮安市	0.77
75	中山市	1.15	110	铜仁市	0.76
76	扬州市	1.14	111	天水市	0.74
77	银川市	1.11	112	芜湖市	0.73

序号	城市名称	得分	序号	城市名称	得分
113	乌兰察布市	0.72	148	崇左市	0.52
114	枣庄市	0.71	149	阿勒泰地区	0.52
115	红河哈尼族彝族自治州	0.70	150	昭通市	0.51
116	清远市	0.70	151	襄阳市	0.50
117	潮州市	0.70	152	镇江市	0.50
118	鄂州市	0.69	153	商丘市	0.49
119	济宁市	0.66	154	楚雄彝族自治州	0.49
120	丹东市	0.65	155	锦州市	0.49
121	德宏傣族景颇族自治州	0.64	156	阿克苏地区	0.48
122	韶关市	0.64	157	怀化市	0.48
123	沧州市	0.63	158	丽江市	0.48
124	玉溪市	0.63	159	肇庆市	0.47
125	聊城市	0.62	160	滨州市	0.47
126	汉中市	0.61	161	永州市	0.47
127	内江市	0.61	162	延安市	0.47
128	保山市	0.60	163	常德市	0.46
129	湘西土家族苗族自治州	0.60	164	衢州市	0.46
130	廊坊市	0.59	165	北海市	0.45
131	黔东南苗族侗族自治州	0.59	166	文山壮族苗族自治州	0.45
132	茂名市	0.59	167	朝阳市	0.44
133	驻马店市	0.58	168	克拉玛依市	0.44
134	榆林市	0.57	169	天津市	0.44
135	赤峰市	0.57	170	绵阳市	0.44
136	自贡市	0.56	171	曲靖市	0.43
137	汕头市	0.56	172	凉山彝族自治州	0.42
138	宁德市	0.55	173	衡阳市	0.42
139	泰州市	0.55	174	阳江市	0.41
140	滁州市	0.55	175	龙岩市	0.41
141	林芝市	0.55	176	锡林郭勒盟	0.41
142	海南藏族自治州	0.54	177	钦州市	0.40
143	呼和浩特市	0.54	178	株洲市	0.40
144	绥化市	0.54	179	吉安市	0.40
145	阜阳市	0.53	180	新乡市	0.39
146	平顶山市	0.53	181	信阳市	0.39
147	毕节市	0.53	182	山南市	0.39

序号	城市名称	得分	序号	城市名称	得分
183	三门峡市	0.38	218	牡丹江市	0.29
184	新余市	0.38	219	那曲市	0.29
185	邢台市	0.37	220	哈密市	0.29
186	盘锦市	0.37	221	嘉兴市	0.29
187	陇南市	0.37	222	淮北市	0.28
188	南平市	0.36	223	长治市	0.28
189	海西蒙古族藏族自治州	0.36	224	葫芦岛市	0.28
190	大庆市	0.36	225	齐齐哈尔市	0.28
191	南充市	0.36	226	临夏回族自治州	0.28
192	宜春市	0.35	227	郴州市	0.27
193	许昌市	0.35	228	河池市	0.27
194	安顺市	0.35	229	宣城市	0.26
195	周口市	0.35	230	晋中市	0.26
196	阿拉善盟	0.34	231	益阳市	0.26
197	达州市	0.34	232	中卫市	0.26
198	广元市	0.34	233	德阳市	0.26
199	池州市	0.33	234	泸州市	0.26
200	濮阳市	0.33	235	庆阳市	0.26
201	岳阳市	0.33	236	平凉市	0.25
202	通辽市	0.33	237	武威市	0.25
203	延边朝鲜族自治州	0.32	238	六盘水市	0.25
204	临沧市	0.32	239	黄石市	0.25
205	南阳市	0.32	240	贺州市	0.23
206	玉树藏族自治州	0.32	241	临汾市	0.23
207	怒江傈僳族自治州	0.32	242	定西市	0.23
208	嘉峪关市	0.32	243	湘潭市	0.22
209	阿里地区	0.31	244	伊春市	0.22
210	贵港市	0.31	245	巴中市	0.22
211	抚州市	0.31	246	河源市	0.22
212	荆门市	0.31	247	本溪市	0.22
213	十堰市	0.30	248	宿州市	0.22
214	菏泽市	0.30	249	安阳市	0.22
215	衡水市	0.30	250	六安市	0.22
216	白银市	0.30	251	防城港市	0.22
217	安康市	0.30	252	鹰潭市	0.22

序号	城市名称	得分	序号	城市名称	得分
253	巴彦淖尔市	0.22	288	吴忠市	0.14
254	甘南藏族自治州	0.21	289	通化市	0.14
255	黔南布依族苗族自治州	0.21	290	四平市	0.14
256	阜新市	0.21	291	鹤岗市	0.14
257	汕尾市	0.21	292	海东市	0.14
258	荆州市	0.20	293	金昌市	0.13
259	攀枝花市	0.20	294	忻州市	0.13
260	淮南市	0.20	295	咸宁市	0.13
261	抚顺市	0.20	296	营口市	0.13
262	白山市	0.19	297	马鞍山市	0.13
263	迪庆藏族自治州	0.19	298	三沙市	0.13
264	资阳市	0.19	299	阳泉市	0.13
265	昌吉回族自治州	0.19	300	鹤壁市	0.13
266	漯河市	0.19	301	焦作市	0.12
267	晋城市	0.19	302	娄底市	0.12
268	云浮市	0.19	303	郑州市	0.12
269	乌鲁木齐市	0.18	304	白城市	0.12
270	塔城地区	0.18	305	固原市	0.10
271	揭阳市	0.18	306	黔西南布依族苗族自治州	0.10
272	亳州市	0.17	307	来宾市	0.10
273	邵阳市	0.17	308	儋州市	0.09
274	黄冈市	0.17	309	七台河市	0.09
275	石嘴山市	0.17	310	呼伦贝尔市	0.09
276	萍乡市	0.17	311	双鸭山市	0.09
277	克孜勒苏柯尔克孜自治州	0.16	312	辽阳市	0.08
278	佳木斯市	0.16	313	铜川市	0.08
279	遂宁市	0.16	314	大兴安岭地区	0.08
280	松原市	0.16	315	乌海市	0.08
281	铁岭市	0.16	316	果洛藏族自治州	0.08
282	鸡西市	0.15	317	朔州市	0.08
283	随州市	0.15	318	吕梁市	0.07
284	博尔塔拉蒙古自治州	0.15	319	承德市	0.07
285	海北藏族自治州	0.15	320	秦皇岛市	0.07
286	商洛市	0.15	321	兴安盟	0.06
287	孝感市	0.15	322	咸阳市	0.06

序号	城市名称	得分	序号	城市名称	得分
323	鄂尔多斯市	0.06	331	巴音郭楞蒙古自治州	0.03
324	辽源市	0.06	332	梅州市	0.02
325	宝鸡市	0.05	333	泰安市	0.02
326	黄南藏族自治州	0.05	334	广安市	0.02
327	安庆市	0.05	335	渭南市	0.01
328	玉林市	0.04	336	铜陵市	0.01
329	德州市	0.04	337	蚌埠市	0.01
330	三明市	0.03			

（二）中国不同行政级别城市的 Twitter 传播力指数分布

从城市的行政级别角度来看，不同级别城市传播力存在较大差异。2022 年直辖市、省会城市及计划单列市的 Twitter 传播力指数均值为 14.19，而地级市这一数值仅为 0.66，这表明直辖市、省会城市和计划单列市在 Twitter 的传播力水平明显高于地级市。

1. 直辖市、省会城市及计划单列市 Twitter 传播力指数分布

在我国 36 座直辖市、省会城市以及计划单列市中，Twitter 传播力指数排名靠前的依次是北京市、哈尔滨市、武汉市、上海市与福州市。直辖市、省会城市和计划单列市整体传播力较高，但各城市之前依然存在较大差异，呼和浩特市、天津市、乌鲁木齐市和郑州市的指数明显低于其他城市。

表 3-14　36 座直辖市、省会城市及计划单列市的 Twitter 传播力指数

序号	城市名称	得分	序号	城市名称	得分
1	北京市	100.00	14	石家庄市	8.27
2	哈尔滨市	94.70	15	西安市	7.62
3	武汉市	52.16	16	拉萨市	6.59
4	上海市	38.17	17	深圳市	5.88
5	福州市	28.76	18	海口市	5.80
6	合肥市	22.98	19	青岛市	5.40
7	沈阳市	19.47	20	厦门市	4.99
8	南昌市	15.89	21	重庆市	4.89
9	兰州市	14.44	22	广州市	4.41
10	南京市	14.23	23	长春市	4.12
11	成都市	13.80	24	南宁市	2.98
12	杭州市	11.35	25	太原市	2.94
13	贵阳市	9.44	26	宁波市	2.67

序号	城市名称	得分	序号	城市名称	得分
27	大连市	1.81	32	西宁市	0.96
28	济南市	1.33	33	呼和浩特市	0.54
29	长沙市	1.28	34	天津市	0.44
30	昆明市	1.26	35	乌鲁木齐市	0.18
31	银川市	1.11	36	郑州市	0.12

2. 地级市（自治州、地区、盟）Twitter 传播力指数分布

与直辖市、省会城市和计划单列市的传播力指数均值相比，地级市（自治州、地区、盟）的 Twitter 传播力指数相对较低，其中排名靠前的城市（自治州、地区、盟）为三亚市、柳州市、吉林市、徐州市、台州市、西双版纳傣族自治州、张家界市、苏州市、大理白族自治州以及洛阳市。地级市的 Twitter 传播力总体较弱，各城市间的传播力差异相对较小。

表 3-15　301 座地级市的 Twitter 传播力指数

序号	城市名称	得分	序号	城市名称	得分
1	三亚市	6.15	21	黄山市	1.97
2	柳州市	4.64	22	鞍山市	1.96
3	吉林市	4.00	23	烟台市	1.90
4	徐州市	3.69	24	珠海市	1.85
5	台州市	3.61	25	梧州市	1.84
6	西双版纳傣族自治州	3.39	26	张掖市	1.79
7	张家界市	3.25	27	临沂市	1.76
8	苏州市	3.05	28	湖州市	1.75
9	大理白族自治州	2.92	29	喀什地区	1.71
10	洛阳市	2.83	30	舟山市	1.64
11	佛山市	2.71	31	绍兴市	1.61
12	宿迁市	2.61	32	雅安市	1.52
13	淄博市	2.56	33	赣州市	1.52
14	潍坊市	2.46	34	日照市	1.52
15	景德镇市	2.35	35	温州市	1.51
16	无锡市	2.19	36	普洱市	1.49
17	桂林市	2.14	37	常州市	1.48
18	张家口市	2.10	38	甘孜藏族自治州	1.45
19	唐山市	2.02	39	威海市	1.41
20	东莞市	2.02	40	乐山市	1.34

序号	城市名称	得分	序号	城市名称	得分
41	丽水市	1.32	76	日喀则市	0.77
42	泉州市	1.25	77	淮安市	0.77
43	惠州市	1.22	78	铜仁市	0.76
44	保定市	1.15	79	天水市	0.74
45	中山市	1.15	80	芜湖市	0.73
46	扬州市	1.14	81	乌兰察布市	0.72
47	湛江市	1.11	82	枣庄市	0.71
48	恩施土家族苗族自治州	1.11	83	红河哈尼族彝族自治州	0.70
49	盐城市	1.10	84	清远市	0.70
50	南通市	1.09	85	潮州市	0.70
51	和田地区	1.09	86	鄂州市	0.69
52	邯郸市	1.05	87	济宁市	0.66
53	开封市	1.05	88	丹东市	0.65
54	宜昌市	1.04	89	德宏傣族景颇族自治州	0.64
55	宜宾市	1.03	90	韶关市	0.64
56	漳州市	1.03	91	沧州市	0.63
57	连云港市	1.03	92	玉溪市	0.63
58	九江市	1.01	93	聊城市	0.62
59	黑河市	0.98	94	汉中市	0.61
60	阿坝藏族羌族自治州	0.94	95	内江市	0.61
61	大同市	0.94	96	保山市	0.60
62	伊犁哈萨克自治州	0.92	97	湘西土家族苗族自治州	0.60
63	上饶市	0.91	98	廊坊市	0.59
64	东营市	0.90	99	黔东南苗族侗族自治州	0.59
65	运城市	0.88	100	茂名市	0.59
66	江门市	0.86	101	驻马店市	0.58
67	莆田市	0.86	102	榆林市	0.57
68	金华市	0.84	103	赤峰市	0.57
69	包头市	0.84	104	自贡市	0.56
70	酒泉市	0.83	105	汕头市	0.56
71	吐鲁番市	0.82	106	宁德市	0.55
72	昌都市	0.81	107	泰州市	0.55
73	遵义市	0.80	108	滁州市	0.55
74	眉山市	0.80	109	林芝市	0.55
75	百色市	0.77	110	海南藏族自治州	0.54

序号	城市名称	得分	序号	城市名称	得分
111	绥化市	0.54	146	新乡市	0.39
112	阜阳市	0.53	147	信阳市	0.39
113	平顶山市	0.53	148	山南市	0.39
114	毕节市	0.53	149	三门峡市	0.38
115	崇左市	0.52	150	新余市	0.38
116	阿勒泰地区	0.52	151	邢台市	0.37
117	昭通市	0.51	152	盘锦市	0.37
118	襄阳市	0.50	153	陇南市	0.37
119	镇江市	0.50	154	南平市	0.36
120	商丘市	0.49	155	海西蒙古族藏族自治州	0.36
121	楚雄彝族自治州	0.49	156	大庆市	0.36
122	锦州市	0.49	157	南充市	0.36
123	阿克苏地区	0.48	158	宜春市	0.35
124	怀化市	0.48	159	许昌市	0.35
125	丽江市	0.48	160	安顺市	0.35
126	肇庆市	0.47	161	周口市	0.35
127	滨州市	0.47	162	阿拉善盟	0.34
128	永州市	0.47	163	达州市	0.34
129	延安市	0.47	164	广元市	0.34
130	常德市	0.46	165	池州市	0.33
131	衢州市	0.46	166	濮阳市	0.33
132	北海市	0.45	167	岳阳市	0.33
133	文山壮族苗族自治州	0.45	168	通辽市	0.33
134	朝阳市	0.44	169	延边朝鲜族自治州	0.32
135	克拉玛依市	0.44	170	临沧市	0.32
136	绵阳市	0.44	171	南阳市	0.32
137	曲靖市	0.43	172	玉树藏族自治州	0.32
138	凉山彝族自治州	0.42	173	怒江傈僳族自治州	0.32
139	衡阳市	0.42	174	嘉峪关市	0.32
140	阳江市	0.41	175	阿里地区	0.31
141	龙岩市	0.41	176	贵港市	0.31
142	锡林郭勒盟	0.41	177	抚州市	0.31
143	钦州市	0.40	178	荆门市	0.31
144	株洲市	0.40	179	十堰市	0.30
145	吉安市	0.40	180	菏泽市	0.30

序号	城市名称	得分	序号	城市名称	得分
181	衡水市	0.30	216	六安市	0.22
182	白银市	0.30	217	防城港市	0.22
183	安康市	0.30	218	鹰潭市	0.22
184	牡丹江市	0.29	219	巴彦淖尔市	0.22
185	那曲市	0.29	220	甘南藏族自治州	0.21
186	哈密市	0.29	221	黔南布依族苗族自治州	0.21
187	嘉兴市	0.29	222	阜新市	0.21
188	淮北市	0.28	223	汕尾市	0.21
189	长治市	0.28	224	荆州市	0.20
190	葫芦岛市	0.28	225	攀枝花市	0.20
191	齐齐哈尔市	0.28	226	淮南市	0.20
192	临夏回族自治州	0.28	227	抚顺市	0.20
193	郴州市	0.27	228	白山市	0.19
194	河池市	0.27	229	迪庆藏族自治州	0.19
195	宣城市	0.26	230	资阳市	0.19
196	晋中市	0.26	231	昌吉回族自治州	0.19
197	益阳市	0.26	232	漯河市	0.19
198	中卫市	0.26	233	晋城市	0.19
199	德阳市	0.26	234	云浮市	0.19
200	泸州市	0.26	235	塔城地区	0.18
201	庆阳市	0.26	236	揭阳市	0.18
202	平凉市	0.25	237	亳州市	0.17
203	武威市	0.25	238	邵阳市	0.17
204	六盘水市	0.25	239	黄冈市	0.17
205	黄石市	0.25	240	石嘴山市	0.17
206	贺州市	0.23	241	萍乡市	0.17
207	临汾市	0.23	242	克孜勒苏柯尔克孜自治州	0.16
208	定西市	0.23	243	佳木斯市	0.16
209	湘潭市	0.22	244	遂宁市	0.16
210	伊春市	0.22	245	松原市	0.16
211	巴中市	0.22	246	铁岭市	0.16
212	河源市	0.22	247	鸡西市	0.15
213	本溪市	0.22	248	随州市	0.15
214	宿州市	0.22	249	博尔塔拉蒙古自治州	0.15
215	安阳市	0.22	250	海北藏族自治州	0.15

序号	城市名称	得分	序号	城市名称	得分
251	商洛市	0.15	277	铜川市	0.08
252	孝感市	0.15	278	大兴安岭地区	0.08
253	吴忠市	0.14	279	乌海市	0.08
254	通化市	0.14	280	果洛藏族自治州	0.08
255	四平市	0.14	281	朔州市	0.08
256	鹤岗市	0.14	282	吕梁市	0.07
257	海东市	0.14	283	承德市	0.07
258	金昌市	0.13	284	秦皇岛市	0.07
259	忻州市	0.13	285	兴安盟	0.06
260	咸宁市	0.13	286	咸阳市	0.06
261	营口市	0.13	287	鄂尔多斯市	0.06
262	马鞍山市	0.13	288	辽源市	0.06
263	三沙市	0.13	289	宝鸡市	0.05
264	阳泉市	0.13	290	黄南藏族自治州	0.05
265	鹤壁市	0.13	291	安庆市	0.05
266	焦作市	0.12	292	玉林市	0.04
267	娄底市	0.12	293	德州市	0.04
268	白城市	0.12	294	三明市	0.03
269	固原市	0.10	295	巴音郭楞蒙古自治州	0.03
270	黔西南布依族苗族自治州	0.10	296	梅州市	0.02
271	来宾市	0.10	297	泰安市	0.02
272	儋州市	0.09	298	广安市	0.02
273	七台河市	0.09	299	渭南市	0.01
274	呼伦贝尔市	0.09	300	铜陵市	0.01
275	双鸭山市	0.09	301	蚌埠市	0.01
276	辽阳市	0.08			

（三）中国不同经济圈城市的 Twitter 传播力指数分布

为考察我国城市集群的海外网络传播力建设情况，本报告重点分析了四大经济圈的城市的传播力指数分析情况。我国四大经济圈中京津冀经济圈的 Twitter 传播力指数均值最高（8.38），其后是长三角经济圈和珠三角经济圈的城市（分别是 4.32 和 2.86），成渝地区双城经济圈的传播力指数最低（1.66）。成渝地区双城经济圈是国家发展改革委于 2021年新设立的经济圈，它包含的城市与传统经济圈内城市的海外网络传播力平均水平仍有一定差距。

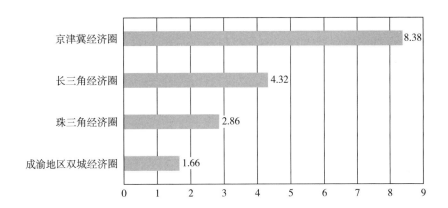

图 3-12　不同经济圈城市 Twitter 传播力指数均值

在京津冀经济圈中，Twitter 传播力指数排名靠前的城市依次是北京市、石家庄市、张家口市、唐山市以及保定市。该地区内部城市的传播力差异较大，北京市在 Twitter 上的传播力远高于其他城市，表现出"一骑绝尘"的态势。

表 3-16　京津冀经济圈城市的 Twitter 传播力指数

序号	城市名称	得分	序号	城市名称	得分
1	北京市	100	8	廊坊市	0.59
2	石家庄市	8.27	9	天津市	0.44
3	张家口市	2.10	10	邢台市	0.37
4	唐山市	2.02	11	衡水市	0.30
5	保定市	1.15	12	安阳市	0.22
6	邯郸市	1.05	13	承德市	0.07
7	沧州市	0.63	14	秦皇岛市	0.07

在长三角经济圈中，Twitter 传播力指数排名靠前的城市依次是上海市、合肥市、南京市、杭州市、台州市、苏州市、宁波市、无锡市、湖州市、舟山市。总体而言，该地区城市在 Twitter 的传播力呈现出"一超多强"的特点，上海市的传播力最强，合肥市、南京市、杭州市等传播力指数也较高。

表 3-17　长三角经济圈城市的 Twitter 传播力指数

序号	城市名称	得分	序号	城市名称	得分
1	上海市	38.17	5	台州市	3.61
2	合肥市	22.98	6	苏州市	3.05
3	南京市	14.23	7	宁波市	2.67
4	杭州市	11.35	8	无锡市	2.19

序号	城市名称	得分	序号	城市名称	得分
9	湖州市	1.75	18	泰州市	0.55
10	舟山市	1.64	19	滁州市	0.55
11	绍兴市	1.61	20	镇江市	0.50
12	常州市	1.48	21	池州市	0.33
13	扬州市	1.14	22	嘉兴市	0.29
14	盐城市	1.10	23	宣城市	0.26
15	南通市	1.09	24	马鞍山市	0.13
16	金华市	0.84	25	安庆市	0.05
17	芜湖市	0.73	26	铜陵市	0.01

在珠三角经济圈包含的9座地级市中，Twitter传播力指数排名靠前的城市依次是深圳市、广州市、佛山市、东莞市、珠海市。深圳市和广州市作为地区核心城市在Twitter上的传播力引领区域内其他城市。

表 3-18　珠三角经济圈城市的 Twitter 传播力指数

序号	城市名称	得分	序号	城市名称	得分
1	深圳市	5.88	6	惠州市	1.22
2	广州市	4.41	7	中山市	1.15
3	佛山市	2.71	8	江门市	0.86
4	东莞市	2.02	9	肇庆市	0.47
5	珠海市	1.85			

在成渝地区双城经济圈中，Twitter传播力指数排名靠前的城市为成都市、重庆市、雅安市、乐山市、宜宾市、眉山市、内江市、自贡市、绵阳市、南充市，其中，成都市和重庆市作为地区核心城市在Twitter上的传播力引领区域内其他城市。

表 3-19　成渝地区双城经济圈城市的 Twitter 传播力指数

序号	城市名称	得分	序号	城市名称	得分
1	成都市	13.80	9	绵阳市	0.44
2	重庆市	4.89	10	南充市	0.36
3	雅安市	1.52	11	达州市	0.34
4	乐山市	1.34	12	泸州市	0.26
5	宜宾市	1.03	13	德阳市	0.26
6	眉山市	0.80	14	资阳市	0.19
7	内江市	0.61	15	遂宁市	0.16
8	自贡市	0.56	16	广安市	0.02

（四）Twitter 平台城市案例分析

1. 成都：充满底蕴的"天府之国"

成都市，四川省辖地级市，简称"蓉"，别称蓉城、锦城，为四川省省会、副省级市、超大城市、国家中心城市、成渝地区双城经济圈核心城市。四川的自然和文化资源非常丰富，Twitter 上对于成都市的宣传主要从自然风光、历史文化、经济、交通等方面展开。

成都大熊猫繁育研究基地是成都市最受欢迎的旅游景点之一，也是世界著名的大熊猫迁地保护基地、科研繁育基地、公众教育基地和教育旅游基地，不仅让人们近距离观察熊猫并与其互动，而且向人们传授熊猫及其保护知识。2022 年中国农民丰收节在成都举办，彰显了成都作为"天府粮仓"重地的重要性。2022 年 ITTF 世乒赛团体赛在成都举办，全球乒乓球爱好者的目光聚焦于天府之国，是向海外人士宣传成都的很好的途径。成都也是美食之城，Twitter 有很多分享成都美食的推文和视频，有利于成都饮食文化走向世界。此外，成都绚丽的自然风景、悠久的历史文化等也在 Twitter 里有充分的展示。2022 年，成都的海外传播力排名第 6。

图 3-13　成都大熊猫繁育研究基地

在交通方面，成都成为国内首个依托既有铁路枢纽环线实现公交化运营的城市，助推成都平原经济区一体化发展。为响应《"十三五"现代综合交通运输体系发展规划》，成都未来五年的交通规划目标是基本建成国际性综合交通枢纽城市，强化国际人员往来、物流集散、中转服务等综合服务功能，打造通达全球、衔接高效、功能完善的交通中枢。

Chengdu China @Chengdu_China · Sep 23

Well-designed spectacular landscaped rice fields, and a series of colorful activities are all presented at the event to celebrate the harvest. Happy Harvest Festival! Many thanks to the farmers for their hard work!

How do you celebrate the Harvest Festival? @Nanchang_China

XIE Yongjun 解勇军 and 4 others

图 3-14　2022 年中国农民丰收节在成都举办

Chengdu China @Chengdu_China · Sep 30

The 2022 ITTF World Team Table Tennis Championships Finals #Chengdu officially starts today! ⚪

Good luck to all the players! ✳ ⚪

📷 锦观新闻
#WTT #ITTFWorlds2022 #Tabletennis #PingPong #China

World Table Tennis

图 3-15　2022 年 ITTF 世乒赛团体赛在成都举办

Chengdu China @Chengdu_China · Sep 30

Good morning everyone!
The National Day is coming soon█ Let #hotpot "hot" your holiday!

🚌The Hotpot Bus will be opened to the public in #Chengdu during the holiday~ Now, you can enjoy delicious #food, listen to #music and enjoy the streetscape of Chengdu at the same time! 😄

hina/status/1575661222908678144/photo/2

图 3-16　成都火锅巴士

CHENGDU PLUS @xwcd2015 · 10月12日

On October 11, #Chengdu officially included the #railway loop line in the daily operation of public transit. With a total length of 55.5 km, the #loopline connects the railway stations in the east, west, south and north, which is equivalent to a new "subway" line on the ground.

图 3-17　成都铁路环线

2. 杭州：古韵和国际化兼具的"人间天堂"

杭州西湖文化景观包括五大类景观组成要素：自然山水，"两堤三岛"、"三面云山一面城"的景观整体格局，系列题名景观"西湖十景"，10 处相关重要文化遗存，西湖龙井茶园。西湖的湖光山色引人赞叹，西湖园林极致地展现了中国景观的美学思想，对中国乃至世界的园林设计影响深远。杭州旅游文化中心注重向国外传播杭州深远悠久的历史文化，如西湖古筝俱乐部、西湖艺术博物馆等都在宣传古代艺术和文化，也向世界展示绝美的西湖风光。2022 年，杭州的海外传播力排名第 8。

图 3-18　西湖古筝俱乐部

图 3-19　中国古代女性图像展

　　杭州 2022 年第 19 届亚运会将于 2023 年 9 月 23 日至 10 月 8 日举行，杭州 2022 年亚运会以"中国新时代·杭州新亚运"为定位、"中国特色、浙江风采、杭州韵味、精彩纷呈"为目标，秉持"绿色、智能、节俭、文明"的办会理念，坚持"以杭州为主，全省共享"的办赛原则。将提高杭州的国际知名度，促进杭州经济、社会的全面发展，并将进一步推动奥林匹克运动在中国发展。

HANGZHOU TOURISM and CUL... @TOURISMHANGZ... · 4月2日
Beautiful sunset scenes at the West Lake
5
7
34

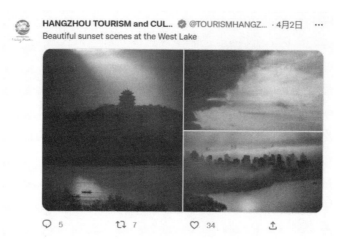

图 3-20 西湖

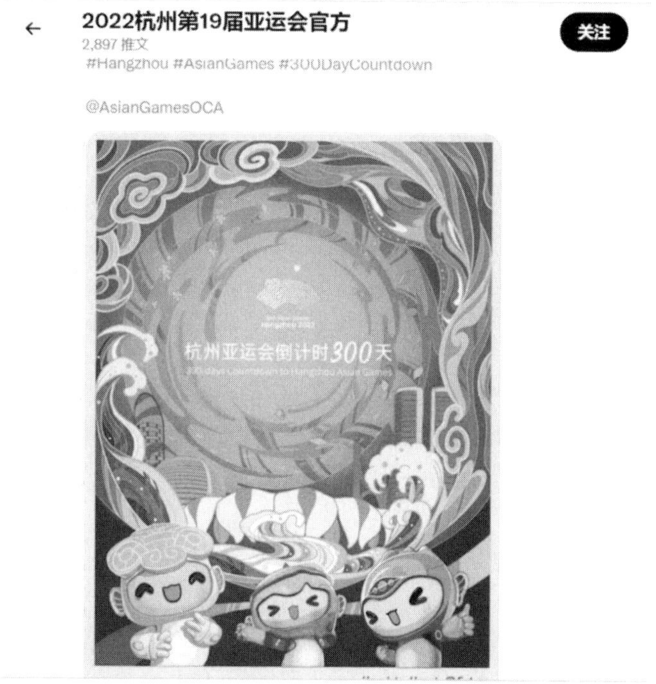

2022杭州第19届亚运会官方
2,897 推文
关注
#Hangzhou #AsianGames #300DayCountdown
@AsianGamesOCA
杭州亚运会倒计时300天

图 3-21 杭州 2022 年第 19 届亚运会

3. 南京：领略自然美景，感受人文关怀

南京在 Twitter 中以“南京”为标签的内容池中，从传播主体来看，既有“@ libijian2”等官方“蓝 V”，也有“@ rn2kKC4Y7SseB5z”等关注者较多的个人账号，而个体用户占据了绝大多数，这能够更大程度地打破“圈层”，引发海外受众的关注和兴趣；但城市传播同样需要政府部门人员、专业机构的参与和主导，以期更好地实现城市形象的建设，扩大影响力。

在传播机制上，大多数推文的语言都非常直接，如"谁人不爱金陵"、"the beautiful city"等，带有强烈的情感倾向。此类情绪化的语言容易让受众产生共鸣，从而增加互动、扩大传播范围。因此，情感触发在建设海外传播力中同样能够发挥重要作用。

在传播内容上，南京优美秀丽的风景、悠久的历史文化以及繁荣的经济是主要文化传播符号，推文中既有秋日满城金黄的法国梧桐，也有细数六朝旧事的风流与沧桑，更有如今发达的科技与工业成就，各方面相结合真正做到了自然与人文并重，让人们在欣赏南京自然景色的同时，能够感受其人文关怀。但是南京的城市传播各方面的具体内容中同质化较严重，在内容生产中需要更加注重多样性，推广宣传更多当地特色，不浪费得天独厚的自然与文化资源。

图 3-22　外交官李碧建展现南京市民生活的视频

图 3-23　网友对南京悠久历史的感叹

图3-24 网友对南京发达繁荣的赞叹

4. 济南：举办非遗博览会，展现城市风采

济南的形象建设往往体现浓厚的传统历史文化氛围。依托境内"山、泉、湖、河、城"的独特旅游风貌和悠久的历史文化，济南成功举办过亚洲杯、全运会、中国国际园林花卉博览会、中国艺术节等多项国际和国家级盛会。2022 年 8 月 25～29 日，济南举办了第七届中国非物质文化遗产博览会（The 7th China Intangible Cultural Heritage Expo），将"连接现代生活绽放迷人光彩"的主题宣言推向全世界，获得了一定的关注和曝光，济南的自然之美、文化之盛和中国太极拳、仰韶彩陶等非遗文化的灿烂辉煌也获得进一步的传播。

从外宣策略上看，济南非常注重官方视角的宣发，Jinan Official（＠ SpringCityJinan）和 Shandong Official（＠ iShandong）等账号都有大量的推文以主办者的角度和口吻详细介绍博览会的内容和细节，但是对国外网友兴趣的调动力度较小，以关键词"Jinan, China Intangible Cultural Heritage Expo"进行检索时，外国网友的推文相对较少，这也说明这场博览会的海外影响力较弱，在构建"他者印象"的方面可以做出更多努力，将传播落实到普通群众和网友的层面。

5. 重庆：文化繁荣与开放发展的典型城市

得益于独特的地理位置，重庆的自然风貌优美秀丽，文化活动丰富有趣。同时由于重庆地处多个战略枢纽，受到国家政策扶持，产业发展迅速。Twitter 关于重庆的内容大致围绕其自然景观、文化活动、经济产业等内容展开。

图 3-25　Shandong Official 对博览会的介绍

图 3-26　Jinan Official 对博览会细节的宣传

重庆雪宝山国家森林公园负有"巴山明珠，伊甸天国"的盛誉，每年秋天，落叶缤纷，色彩温暖绚丽。重庆的秋具有跨国界的魅力，通过图文的形式在 Twitter 上广泛传播。在文化设施方面，位于重庆云阳龙缸的云端彩虹秋千是目前世界上高度最高、速度最快、荡幅最大的秋千，在保障乘客安全情况下给予乘客最大的刺激体验，极具新闻价值。2021年6月，全球首对大熊猫双胞胎在重庆动物园诞生，大熊猫作为重庆的文化坐标之一，赢得海内外网友的喜欢。此外，重庆山城巷举办的京剧变脸表演、解放碑步行街的浪漫夜景，都在 Twitter 上获得展示。

Skiplagged | Travel ✈ ✅ @Skiplagged · 10月26日 ···
World's largest swing in Chongqing, China

Would you try this? 😳

🎬 Best Part Of World

0:02　2,461次观看

来自 🎬

图 3-27　旅行机构发布的重庆最高的秋千

 Ambasciata Repubblica Popolare Cinese i... ✅ @Amb... · 10月26日 ···
🏴 Cina - Organizzazione governativa
🐼🎀🎋Questi adorabili cuccioli di #panda gemelli nati a fine luglio hanno fatto il loro primo debutto pubblico allo zoo di #Chongqing.

Non sono dolcissimi?💕

💬 1　　🔁 4　　♡ 22　　↑

图 3-28　中华人民共和国驻意大利大使馆发布的双胞胎熊猫

　　重庆紧扣成渝地区双城经济圈为全国交通四极之一、国际性综合交通枢纽城市的战略定位，加快打造"轨道上的都市区"。重庆铁路枢纽东环线是重庆铁路枢纽环线的一部分，串联重庆东、重庆北、江北国际机场等综合交通枢纽，为节点客流转换提供快速客运通道，缓解中心城区交通压力。2022 年 10 月，重庆铁路枢纽东环线龙兴站站房正式完工，该站采用山城风格设计，融合地域文化。

图 3-29　两江新区发布的重庆铁路枢纽东环线相关信息

在外贸方面，根据 2021 年 4 月颁布的《重庆市服务业扩大开放综合试点总体方案》，重庆扩大试点计划，重庆市政府支持外资合资举办非营利性医疗机构、提供基本医疗卫生服务。值得一提的是，重庆市政府积极推进中新互联互通项目，由重庆市政府和新加坡贸工部共同主办的"2022 重庆·新加坡体验周"于 10 月 29 日拉开了帷幕，旨在进一步发挥中新互联互通项目示范作用，带动中国西部与东盟经贸和人文交流合作，助力国际消费中心城市建设，服务构建新发展格局。

图 3-30　国际事务所发布的重庆扩大试点计划

6. 福州：现代与传统相遇的海滨城市

2022年，福州的海外传播力总排名第11，比上年上涨了7位，Twitter传播力排名第5。在Twitter上，福州的历史、文化得到了广泛传播，不断打造城市名片。福州美食文化发达，福州菜是中国八大菜系之一的闽菜的代表。在著名景点三坊七巷中游客可以品尝地道的福州美食，如鱼丸、扁肉、芋泥等，这些菜肴都有悠久的历史。

图3-31　印度媒体发布的福州丸子新闻

福州以"茶"文化为名，世界茉莉花茶发源地为福建福州，其茶香与茉莉花香交互融合，有"窨的茉莉无上味，列作人间第一香"的美誉。2022年5月，在"国际茶日"即将到来之际，以"福润五洲、茶和天下"为主题的全球"福茶驿站"启动暨授牌仪式在福州举行。"福茶驿站"是由省侨联发起，以福茶为纽带，向世界开展茶文化交流的公益性平台。活动已与23个国家和地区的25个侨团，以及17家国内茶企签订了合作备忘录。

图3-32　"发现福建"账号发布的关于"福茶驿站"启动的新闻

除茶文化传播，福州还进行了木雕文化的宣传。2022年5月，"福地福见·福物福艺——福州木雕（象园）福文化主题展"在福州市博物馆开幕，展出作品包括丰富多样的传统建筑构件、生动活泼的民俗作品、栩栩如生的木雕人物，汇集了名家名作与新生代传承人的创意作品，促进"福文化"的传播。

作为"21世纪海上丝绸之路"建设枢纽城市，福州不断推进"一带一路"合作。2022年5月，21世纪海上合作委员会第二次全体会员大会暨"智慧海洋"主题论坛在福建省福州市开幕。委员会紧扣"一带一路"倡议，为亚太地区搭建了一个包容、共享、可持续发展的交流合作平台，推动海上丝绸之路沿线地方政府务实合作不断取得新成果。福州的产业发展与创新成果同样引人注目，其创业园孵化了一批科技型企业、带动大量就业，李克强总理于2022年7月到福州考察，对当地企业发展提出展望，这些都成为城市名片在海外平台传播，提高了福州的影响力。

图3-33　堪培拉用户发布的海上合作委员会信息

六、维度三:中国城市YouTube传播力

本研究利用Google英文搜索引擎检索来源为YouTube的各城市视频。采用对直辖市、省会城市和计划单列市输入带双引号的城市英文名称，对地级市采取输入带双引号的城市

和所在省份英文名称的方法，采集 2021 年 10 月 16 日至 2022 年 10 月 15 日的时间范围内，中国 337 座城市（自治州、地区、盟）的 YouTube 视频数量。研究也将视频内容的正负性纳入考量标准，按照相关性排序各抽取前 100 条样本，然后由 3 位编码员进行编码，使用霍斯提公式计算编码信度为 0.92，符合检验要求。根据算法得出 337 座城市的 YouTube 传播力指数。

（一）中国 337 座城市 YouTube 传播力指数分布

YouTube 传播力指数排名靠前的城市依次是上海市、北京市、广州市、成都市、深圳市、天津市、杭州市、重庆市、南京市以及武汉市，均属于直辖市、省会城市或计划单列市。与 2021 年相比，上海市、北京市、深圳市的 YouTube 传播力指数连续两年进入排名前五；YouTube 传播力指数排名前十囊括的城市没有发生变化，但是部分城市的排名发生了变化。其中，广州市的进步最大，上升了 4 位；武汉市的下降幅度较大，下降了 8 位。

表 3-20　337 座城市 YouTube 传播力指数

序号	城市名称	得分	序号	城市名称	得分
1	上海市	100.00	23	长春市	1.59
2	北京市	98.14	24	郑州市	1.54
3	广州市	39.96	25	安顺市	1.37
4	成都市	25.57	26	贵阳市	1.19
5	深圳市	21.48	27	珠海市	1.19
6	天津市	21.11	28	大连市	1.11
7	杭州市	20.64	29	济南市	1.08
8	重庆市	18.62	30	南昌市	1.07
9	南京市	12.08	31	梅州市	1.07
10	武汉市	11.73	32	中山市	0.98
11	青岛市	10.06	33	石家庄市	0.85
12	厦门市	8.37	34	南平市	0.81
13	哈尔滨市	5.39	35	西安市	0.77
14	福州市	4.02	36	佛山市	0.74
15	昆明市	3.92	37	临沂市	0.74
16	长沙市	3.43	38	乌鲁木齐市	0.72
17	沈阳市	3.32	39	张家界市	0.72
18	合肥市	3.12	40	绍兴市	0.66
19	拉萨市	2.76	41	东莞市	0.66
20	宁波市	2.72	42	丽江市	0.66
21	兰州市	2.66	43	苏州市	0.64
22	湘西土家族苗族自治州	2.33	44	开封市	0.58

序号	城市名称	得分	序号	城市名称	得分
45	喀什地区	0.54	80	迪庆藏族自治州	0.25
46	自贡市	0.54	81	西双版纳傣族自治州	0.24
47	徐州市	0.52	82	六盘水市	0.23
48	日照市	0.50	83	无锡市	0.22
49	太原市	0.50	84	呼伦贝尔市	0.21
50	大理白族自治州	0.50	85	南阳市	0.21
51	乐山市	0.42	86	扬州市	0.20
52	南宁市	0.42	87	常州市	0.20
53	眉山市	0.41	88	昌都市	0.20
54	桂林市	0.41	89	泸州市	0.20
55	惠州市	0.40	90	盐城市	0.20
56	泉州市	0.39	91	莆田市	0.19
57	汕头市	0.38	92	宜宾市	0.19
58	三亚市	0.38	93	菏泽市	0.17
59	潍坊市	0.37	94	怒江傈僳族自治州	0.17
60	威海市	0.37	95	淮安市	0.16
61	湛江市	0.37	96	随州市	0.16
62	肇庆市	0.36	97	清远市	0.15
63	甘孜藏族自治州	0.34	98	梧州市	0.14
64	潮州市	0.34	99	舟山市	0.14
65	江门市	0.34	100	张家口市	0.13
66	漳州市	0.33	101	金华市	0.13
67	抚州市	0.33	102	伊犁哈萨克自治州	0.13
68	揭阳市	0.33	103	和田地区	0.13
69	商丘市	0.33	104	烟台市	0.12
70	宿州市	0.29	105	雅安市	0.12
71	恩施土家族苗族自治州	0.29	106	大同市	0.12
72	洛阳市	0.29	107	运城市	0.12
73	阿坝藏族羌族自治州	0.28	108	韶关市	0.12
74	温州市	0.27	109	昭通市	0.12
75	海口市	0.26	110	黄山市	0.12
76	沧州市	0.25	111	景德镇市	0.12
77	黄冈市	0.25	112	日喀则市	0.12
78	吐鲁番市	0.25	113	西宁市	0.11
79	铜仁市	0.25	114	济宁市	0.11

序号	城市名称	得分	序号	城市名称	得分
115	绵阳市	0.11	150	茂名市	0.03
116	嘉兴市	0.11	151	上饶市	0.03
117	台州市	0.10	152	廊坊市	0.03
118	酒泉市	0.09	153	唐山市	0.03
119	凉山彝族自治州	0.09	154	鹤壁市	0.02
120	濮阳市	0.09	155	九江市	0.02
121	南通市	0.09	156	芜湖市	0.02
122	齐齐哈尔市	0.08	157	玉溪市	0.02
123	遵义市	0.08	158	驻马店市	0.02
124	吉林市	0.08	159	阿克苏地区	0.02
125	保定市	0.08	160	周口市	0.02
126	鄂州市	0.08	161	阿里地区	0.02
127	宁德市	0.08	162	儋州市	0.02
128	安阳市	0.08	163	镇江市	0.02
129	常德市	0.08	164	延安市	0.02
130	阿勒泰地区	0.08	165	株洲市	0.02
131	毕节市	0.07	166	盘锦市	0.02
132	连云港市	0.06	167	资阳市	0.02
133	宜昌市	0.06	168	郴州市	0.02
134	怀化市	0.06	169	呼和浩特市	0.02
135	龙岩市	0.06	170	滁州市	0.02
136	来宾市	0.06	171	淄博市	0.02
137	鹤岗市	0.06	172	柳州市	0.02
138	银川市	0.05	173	湖州市	0.02
139	朝阳市	0.05	174	丽水市	0.02
140	渭南市	0.05	175	天水市	0.02
141	临汾市	0.05	176	红河哈尼族彝族自治州	0.02
142	三明市	0.04	177	赤峰市	0.02
143	张掖市	0.04	178	阳江市	0.02
144	海西蒙古族藏族自治州	0.04	179	崇左市	0.02
145	定西市	0.04	180	克拉玛依市	0.02
146	新乡市	0.04	181	通辽市	0.02
147	锦州市	0.04	182	牡丹江市	0.02
148	赣州市	0.04	183	长治市	0.02
149	池州市	0.04	184	汕尾市	0.02

序号	城市名称	得分	序号	城市名称	得分
185	河源市	0.02	220	平顶山市	0.01
186	荆州市	0.02	221	佳木斯市	0.01
187	塔城地区	0.02	222	东营市	0.01
188	德州市	0.02	223	德宏傣族景颇族自治州	0.01
189	榆林市	0.02	224	聊城市	0.01
190	鞍山市	0.02	225	曲靖市	0.01
191	邯郸市	0.02	226	钦州市	0.01
192	黑河市	0.02	227	信阳市	0.01
193	百色市	0.02	228	十堰市	0.01
194	泰州市	0.02	229	那曲市	0.01
195	黔东南苗族侗族自治州	0.02	230	哈密市	0.01
196	滨州市	0.02	231	荆门市	0.01
197	北海市	0.02	232	嘉峪关市	0.01
198	内江市	0.02	233	中卫市	0.01
199	达州市	0.02	234	巴中市	0.01
200	益阳市	0.02	235	湘潭市	0.01
201	防城港市	0.02	236	庆阳市	0.01
202	鸡西市	0.02	237	吴忠市	0.01
203	焦作市	0.02	238	邢台市	0.01
204	广安市	0.02	239	南充市	0.01
205	鄂尔多斯市	0.02	240	衡水市	0.01
206	岳阳市	0.01	241	黔南布依族苗族自治州	0.01
207	襄阳市	0.01	242	普洱市	0.01
208	宿迁市	0.01	243	丹东市	0.01
209	包头市	0.01	244	永州市	0.01
210	保山市	0.01	245	玉林市	0.01
211	汉中市	0.01	246	锡林郭勒盟	0.01
212	衡阳市	0.01	247	许昌市	0.01
213	玉树藏族自治州	0.01	248	临夏回族自治州	0.01
214	淮北市	0.01	249	宣城市	0.01
215	甘南藏族自治州	0.01	250	伊春市	0.01
216	抚顺市	0.01	251	克孜勒苏柯尔克孜自治州	0.01
217	辽阳市	0.01	252	昌吉回族自治州	0.01
218	蚌埠市	0.01	253	亳州市	0.01
219	延边朝鲜族自治州	0.01	254	白山市	0.01

序号	城市名称	得分	序号	城市名称	得分
255	海东市	0.01	290	晋中市	0.00
256	承德市	0.01	291	晋城市	0.00
257	秦皇岛市	0.01	292	武威市	0.00
258	乌兰察布市	0.01	293	阜新市	0.00
259	枣庄市	0.01	294	巴彦淖尔市	0.00
260	通化市	0.01	295	攀枝花市	0.00
261	衢州市	0.01	296	云浮市	0.00
262	三门峡市	0.01	297	石嘴山市	0.00
263	阜阳市	0.01	298	松原市	0.00
264	阿拉善盟	0.01	299	海北藏族自治州	0.00
265	广元市	0.01	300	四平市	0.00
266	咸宁市	0.01	301	马鞍山市	0.00
267	临沧市	0.01	302	固原市	0.00
268	安康市	0.01	303	黔西南布依族苗族自治州	0.00
269	德阳市	0.01	304	朔州市	0.00
270	黄石市	0.01	305	巴音郭楞蒙古自治州	0.00
271	贺州市	0.01	306	文山壮族苗族自治州	0.00
272	六安市	0.01	307	吉安市	0.00
273	淮南市	0.01	308	山南市	0.00
274	漯河市	0.01	309	海南藏族自治州	0.00
275	邵阳市	0.01	310	白银市	0.00
276	萍乡市	0.01	311	葫芦岛市	0.00
277	遂宁市	0.01	312	河池市	0.00
278	娄底市	0.01	313	平凉市	0.00
279	七台河市	0.01	314	本溪市	0.00
280	泰安市	0.01	315	鹰潭市	0.00
281	宜春市	0.01	316	金昌市	0.00
282	营口市	0.00	317	铁岭市	0.00
283	大庆市	0.00	318	商洛市	0.00
284	陇南市	0.00	319	孝感市	0.00
285	林芝市	0.00	320	博尔塔拉蒙古自治州	0.00
286	楚雄彝族自治州	0.00	321	忻州市	0.00
287	绥化市	0.00	322	三沙市	0.00
288	新余市	0.00	323	阳泉市	0.00
289	贵港市	0.00	324	白城市	0.00

序号	城市名称	得分	序号	城市名称	得分
325	双鸭山市	0.00	332	兴安盟	0.00
326	咸阳市	0.00	333	辽源市	0.00
327	铜川市	0.00	334	黄南藏族自治州	0.00
328	大兴安岭地区	0.00	335	宝鸡市	0.00
329	乌海市	0.00	336	安庆市	0.00
330	果洛藏族自治州	0.00	337	铜陵市	0.00
331	吕梁市	0.00			

（二）中国不同行政级别城市 YouTube 传播力指数分布

从城市的行政划分来看，不同级别城市传播力存在较大差异，直辖市、省会城市及计划单列市的 YouTube 传播力指数均值为 11.95，地级市这一数值仅为 0.11，这表明直辖市、省会城市以及计划单列市在 YouTube 上的传播力水平明显高于其他地级市。

1. 直辖市、省会城市及计划单列市 YouTube 传播力指数分布

在我国 36 座直辖市、省会城市及计划单列市中，YouTube 传播力指数排名靠前的依次是上海市、北京市、广州市、成都市与深圳市。直辖市、省会城市和计划单列市整体传播力较高，但各城市之间仍然存在较大差异。

表 3-21　36 座直辖市、省会城市及计划单列市的 YouTube 传播力指数

序号	城市名称	得分	序号	城市名称	得分
1	上海市	100.00	16	长沙市	3.43
2	北京市	98.14	17	沈阳市	3.32
3	广州市	39.96	18	合肥市	3.12
4	成都市	25.57	19	拉萨市	2.76
5	深圳市	21.48	20	宁波市	2.72
6	天津市	21.11	21	兰州市	2.66
7	杭州市	20.64	22	长春市	1.59
8	重庆市	18.62	23	郑州市	1.54
9	南京市	12.08	24	贵阳市	1.19
10	武汉市	11.73	25	大连市	1.11
11	青岛市	10.06	26	济南市	1.08
12	厦门市	8.37	27	南昌市	1.07
13	哈尔滨市	5.39	28	石家庄市	0.85
14	福州市	4.02	29	西安市	0.77
15	昆明市	3.92	30	乌鲁木齐市	0.72

序号	城市名称	得分	序号	城市名称	得分
31	太原市	0.50	34	西宁市	0.11
32	南宁市	0.42	35	银川市	0.05
33	海口市	0.26	36	呼和浩特市	0.02

2. 地级城市（自治州、地区、盟）YouTube 传播力指数排名

与直辖市、省会城市及计划单列市的平均水平相比，地级市（自治州、地区、盟）的 YouTube 传播力指数相对较低，各城市间的传播力差异相对较小。排名靠前的城市为湘西土家族苗族自治州、安顺市、珠海市、梅州市、中山市、南平市、佛山市、临沂市、张家界市和绍兴市。

表 3-22　301 座地级市的 YouTube 传播力指数

序号	城市名称	得分	序号	城市名称	得分
1	湘西土家族苗族自治州	25.57	24	泉州市	0.74
2	安顺市	21.48	25	汕头市	0.74
3	珠海市	20.64	26	三亚市	0.72
4	梅州市	10.06	27	潍坊市	0.72
5	中山市	8.37	28	威海市	0.66
6	南平市	4.02	29	湛江市	0.66
7	佛山市	3.43	30	肇庆市	0.66
8	临沂市	3.32	31	甘孜藏族自治州	0.64
9	张家界市	2.76	32	潮州市	0.58
10	绍兴市	2.72	33	江门市	0.54
11	东莞市	2.66	34	漳州市	0.54
12	丽江市	2.33	35	抚州市	0.52
13	苏州市	1.59	36	揭阳市	0.50
14	开封市	1.54	37	商丘市	0.50
15	喀什地区	1.37	38	宿州市	0.50
16	自贡市	1.19	39	恩施土家族苗族自治州	0.42
17	徐州市	1.19	40	洛阳市	0.42
18	日照市	1.11	41	阿坝藏族羌族自治州	0.41
19	大理白族自治州	1.07	42	温州市	0.41
20	乐山市	1.07	43	沧州市	0.39
21	眉山市	0.85	44	黄冈市	0.38
22	桂林市	0.81	45	吐鲁番市	0.38
23	惠州市	0.77	46	铜仁市	0.37

序号	城市名称	得分	序号	城市名称	得分
47	迪庆藏族自治州	0.37	82	嘉兴市	0.16
48	西双版纳傣族自治州	0.37	83	台州市	0.15
49	六盘水市	0.36	84	酒泉市	0.14
50	无锡市	0.34	85	凉山彝族自治州	0.14
51	呼伦贝尔市	0.34	86	濮阳市	0.13
52	南阳市	0.34	87	南通市	0.13
53	扬州市	0.33	88	齐齐哈尔市	0.13
54	常州市	0.33	89	遵义市	0.13
55	昌都市	0.33	90	吉林市	0.12
56	泸州市	0.33	91	保定市	0.12
57	盐城市	0.29	92	鄂州市	0.12
58	莆田市	0.29	93	宁德市	0.12
59	宜宾市	0.29	94	安阳市	0.12
60	菏泽市	0.28	95	常德市	0.12
61	怒江傈僳族自治州	0.27	96	阿勒泰地区	0.12
62	淮安市	0.26	97	毕节市	0.12
63	随州市	0.25	98	连云港市	0.12
64	清远市	0.25	99	宜昌市	0.11
65	梧州市	0.25	100	怀化市	0.11
66	舟山市	0.25	101	龙岩市	0.11
67	张家口市	0.25	102	来宾市	0.11
68	金华市	0.24	103	鹤岗市	0.10
69	伊犁哈萨克自治州	0.23	104	朝阳市	0.09
70	和田地区	0.22	105	渭南市	0.09
71	烟台市	0.21	106	临汾市	0.09
72	雅安市	0.21	107	三明市	0.08
73	大同市	0.20	108	张掖市	0.08
74	运城市	0.20	109	海西蒙古族藏族自治州	0.08
75	韶关市	0.20	110	定西市	0.08
76	昭通市	0.20	111	新乡市	0.08
77	黄山市	0.20	112	锦州市	0.08
78	景德镇市	0.19	113	赣州市	0.08
79	日喀则市	0.19	114	池州市	0.08
80	济宁市	0.17	115	茂名市	0.08
81	绵阳市	0.16	116	上饶市	0.07

序号	城市名称	得分	序号	城市名称	得分
117	廊坊市	0.06	152	德州市	0.02
118	唐山市	0.06	153	榆林市	0.02
119	鹤壁市	0.06	154	鞍山市	0.02
120	九江市	0.06	155	邯郸市	0.02
121	芜湖市	0.06	156	黑河市	0.02
122	玉溪市	0.06	157	百色市	0.02
123	驻马店市	0.05	158	泰州市	0.02
124	阿克苏地区	0.05	159	黔东南苗族侗族自治州	0.02
125	周口市	0.05	160	滨州市	0.02
126	阿里地区	0.05	161	北海市	0.02
127	儋州市	0.04	162	内江市	0.02
128	镇江市	0.04	163	达州市	0.02
129	延安市	0.04	164	益阳市	0.02
130	株洲市	0.04	165	防城港市	0.02
131	盘锦市	0.04	166	鸡西市	0.02
132	资阳市	0.04	167	焦作市	0.02
133	郴州市	0.04	168	广安市	0.02
134	滁州市	0.03	169	鄂尔多斯市	0.02
135	淄博市	0.03	170	岳阳市	0.02
136	柳州市	0.03	171	襄阳市	0.02
137	湖州市	0.03	172	宿迁市	0.02
138	丽水市	0.02	173	包头市	0.02
139	天水市	0.02	174	保山市	0.02
140	红河哈尼族彝族自治州	0.02	175	汉中市	0.02
141	赤峰市	0.02	176	衡阳市	0.02
142	阳江市	0.02	177	玉树藏族自治州	0.02
143	崇左市	0.02	178	淮北市	0.02
144	克拉玛依市	0.02	179	甘南藏族自治州	0.02
145	通辽市	0.02	180	抚顺市	0.02
146	牡丹江市	0.02	181	辽阳市	0.02
147	长治市	0.02	182	蚌埠市	0.02
148	汕尾市	0.02	183	延边朝鲜族自治州	0.02
149	河源市	0.02	184	平顶山市	0.02
150	荆州市	0.02	185	佳木斯市	0.02
151	塔城地区	0.02	186	东营市	0.02

序号	城市名称	得分	序号	城市名称	得分
187	德宏傣族景颇族自治州	0.02	222	乌兰察布市	0.01
188	聊城市	0.02	223	枣庄市	0.01
189	曲靖市	0.02	224	通化市	0.01
190	钦州市	0.01	225	衢州市	0.01
191	信阳市	0.01	226	三门峡市	0.01
192	十堰市	0.01	227	阜阳市	0.01
193	那曲市	0.01	228	阿拉善盟	0.01
194	哈密市	0.01	229	广元市	0.01
195	荆门市	0.01	230	咸宁市	0.01
196	嘉峪关市	0.01	231	临沧市	0.01
197	中卫市	0.01	232	安康市	0.01
198	巴中市	0.01	233	德阳市	0.01
199	湘潭市	0.01	234	黄石市	0.01
200	庆阳市	0.01	235	贺州市	0.01
201	吴忠市	0.01	236	六安市	0.01
202	邢台市	0.01	237	淮南市	0.01
203	南充市	0.01	238	漯河市	0.01
204	衡水市	0.01	239	邵阳市	0.01
205	黔南布依族苗族自治州	0.01	240	萍乡市	0.01
206	普洱市	0.01	241	遂宁市	0.01
207	丹东市	0.01	242	娄底市	0.01
208	永州市	0.01	243	七台河市	0.01
209	玉林市	0.01	244	泰安市	0.01
210	锡林郭勒盟	0.01	245	宜春市	0.01
211	许昌市	0.01	246	营口市	0.01
212	临夏回族自治州	0.01	247	大庆市	0.01
213	宣城市	0.01	248	陇南市	0.01
214	伊春市	0.01	249	林芝市	0.01
215	克孜勒苏柯尔克孜自治州	0.01	250	楚雄彝族自治州	0.01
216	昌吉回族自治州	0.01	251	绥化市	0.01
217	亳州市	0.01	252	新余市	0.01
218	白山市	0.01	253	贵港市	0.01
219	海东市	0.01	254	晋中市	0.01
220	承德市	0.01	255	晋城市	0.01
221	秦皇岛市	0.01	256	武威市	0.01

续表

序号	城市名称	得分	序号	城市名称	得分
257	阜新市	0.01	280	金昌市	0.00
258	巴彦淖尔市	0.01	281	铁岭市	0.00
259	攀枝花市	0.01	282	商洛市	0.00
260	云浮市	0.01	283	孝感市	0.00
261	石嘴山市	0.01	284	博尔塔拉蒙古自治州	0.00
262	松原市	0.01	285	忻州市	0.00
263	海北藏族自治州	0.01	286	三沙市	0.00
264	四平市	0.01	287	阳泉市	0.00
265	马鞍山市	0.01	288	白城市	0.00
266	固原市	0.00	289	双鸭山市	0.00
267	黔西南布依族苗族自治州	0.00	290	咸阳市	0.00
268	朔州市	0.00	291	铜川市	0.00
269	巴音郭楞蒙古自治州	0.00	292	大兴安岭地区	0.00
270	文山壮族苗族自治州	0.00	293	乌海市	0.00
271	吉安市	0.00	294	果洛藏族自治州	0.00
272	山南市	0.00	295	吕梁市	0.00
273	海南藏族自治州	0.00	296	兴安盟	0.00
274	白银市	0.00	297	辽源市	0.00
275	葫芦岛市	0.00	298	黄南藏族自治州	0.00
276	河池市	0.00	299	宝鸡市	0.00
277	平凉市	0.00	300	安庆市	0.00
278	本溪市	0.00	301	铜陵市	0.00
279	鹰潭市	0.00			

（三）中国不同经济圈城市 YouTube 传播力指数分布

为考察我国城市集群的海外网络传播力建设情况，本报告重点分析了四大经济圈的城市传播力指数分析情况。我国四大经济圈中京津冀经济圈的 YouTube 传播力指数均值最高，以微弱优势处于领先地位（8.63）；其后是珠三角经济圈和长三角经济圈的城市（分别是 7.35 和 5.44），成渝地区双城经济圈的传播力指数最低（2.89）。总体而言，4 个经济圈的传播力水平比较接近。

在京津冀经济圈中，YouTube 传播力指数排名靠前的城市依次是北京市、天津市、石家庄市、沧州市以及张家口市。该经济圈内部城市的传播力差异较大，北京市以及天津市的传播力远高于区域内其他城市，呈现阶梯式分布的特征。

在长三角经济圈中，YouTube 传播力指数排名靠前的城市依次是上海市、杭州市、南京市、合肥市、宁波市、绍兴市、苏州市、无锡市、常州市、盐城市。马鞍山市、铜陵市和安庆市的传播力指数最低。

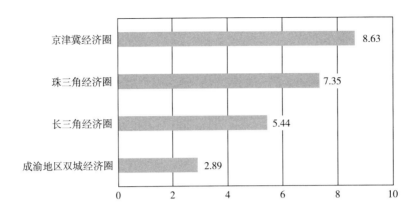

图 3-34 不同经济圈城市 YouTube 传播力指数均值

表 3-23 京津冀经济圈城市的 YouTube 传播力指数

序号	城市名称	得分	序号	城市名称	得分
1	北京市	98.14	8	唐山市	0.03
2	天津市	21.11	9	廊坊市	0.03
3	石家庄市	0.85	10	邯郸市	0.02
4	沧州市	0.25	11	秦皇岛市	0.01
5	张家口市	0.13	12	承德市	0.01
6	保定市	0.08	13	衡水市	0.01
7	安阳市	0.08	14	邢台市	0.01

表 3-24 长三角经济圈城市的 YouTube 传播力指数

序号	城市名称	得分	序号	城市名称	得分
1	上海市	100.00	14	嘉兴市	0.11
2	杭州市	20.64	15	台州市	0.10
3	南京市	12.08	16	南通市	0.09
4	合肥市	3.12	17	池州市	0.04
5	宁波市	2.72	18	镇江市	0.02
6	绍兴市	0.66	19	泰州市	0.02
7	苏州市	0.64	20	湖州市	0.02
8	无锡市	0.22	21	芜湖市	0.02
9	常州市	0.20	22	滁州市	0.02
10	盐城市	0.20	23	宣城市	0.01
11	扬州市	0.20	24	马鞍山市	0.00
12	舟山市	0.14	25	铜陵市	0.00
13	金华市	0.13	26	安庆市	0.00

在珠三角经济圈包含的9座地级市中，YouTube传播力指数排名靠前的城市依次是广州市、深圳市、珠海市、中山市、佛山市。其中，广州市和深圳市是该经济圈内YouTube传播力的领军城市。

表3-25　珠三角经济圈城市的YouTube传播力指数

序号	城市名称	得分	序号	城市名称	得分
1	广州市	39.96	6	东莞市	0.66
2	深圳市	21.48	7	惠州市	0.4
3	珠海市	1.19	8	肇庆市	0.36
4	中山市	0.98	9	江门市	0.34
5	佛山市	0.74			

在成渝地区双城经济圈中，YouTube传播力指数排名靠前的城市依次是成都市、重庆市、自贡市、乐山市、眉山市、泸州市、宜宾市、雅安市、绵阳市、内江市、广安市、达州市、资阳市、德阳市、遂宁市、南充市。其中，成都市和重庆市对该经济圈YouTube传播力的贡献最大。

表3-26　成渝双城经济圈城市的YouTube传播力指数

序号	城市名称	得分	序号	城市名称	得分
1	成都市	25.57	9	绵阳市	0.11
2	重庆市	18.62	10	内江市	0.02
3	自贡市	0.54	11	广安市	0.02
4	乐山市	0.42	12	达州市	0.02
5	眉山市	0.41	13	资阳市	0.02
6	泸州市	0.2	14	德阳市	0.01
7	宜宾市	0.19	15	遂宁市	0.01
8	雅安市	0.12	16	南充市	0.01

（四）Youtube平台城市案例分析

1. 广州市：具有悠久历史的现代化大都市

在YouTube上，关于广州的内容呈现出传统与现代交相辉映的特征，吸引了各国用户的广泛关注。在2022年YouTube传播力指数排名前十的城市中，广州市的排名上升最多，由第7上升到第3，在中国城市海外传播上取得了一定成绩。

YouTube的视频内容融合了听觉和视觉，展现了广州的美食、音乐、建筑等不同文化精粹，提升了城市传播的"感染力"。作为具有悠久历史的现代化大都市，广州市既有广州塔、海珠广场、天河体育中心、灯光秀、无人机表演等繁华的现代城市景观，也有粤语、老街区、早茶等浓缩广州千年文化的传统景观。越来越多的"YouTuber"来到广州，以第一视角拍摄在广州的所见所感。

在 YouTube 上拥有 6.2 万粉丝的"@ Nico"是一位旅游博主，2017 年，Nico 和丈夫 Jack 来到中国游历，并且选择用 YouTube 记录他们的中国之旅。在 Jack 的视频中，海珠广场的人们趴在灯柱上，只为目睹街头粤语歌王的风采；肠粉在毫不起眼的街头售卖，味道却让 Jack 连声称赞；圣心大教堂、骑楼等具有中西合璧风格的广州建筑屹立在夜色中，在 Jack 同街头市民问路、闲聊的过程中，中西文化交融的魅力一览无余。视频全程以第一视角拍摄，在视频中，广州的城市景观不再是抽象的符号和一过性的概览，而是一次次鲜活而生动的个人体验，呈现了一个生动而鲜活的广州。在视频下方的评论区，外国网友和中国网友不仅为 Jack 推荐游览路线，也在同彼此的互动中构建出中外文化交融后的"第三文化"，体现了视频的互动性激发的无限创造力，极大地推动了广州的城市传播力。

图 3-35　Nico 发布的关于广州的视频

作为改革开放的前沿地，广州强大的经济实力获得了广泛关注。在 YouTube 上，YouTuber 们来到广交会现场和服装街，在视频中描绘个人的所见所闻，提升了广州经济实力的"可感性"。

中国进出口商品交易会（以下简称广交会）是世界上最大的贸易博览会，聚集了来自世界各地的参展商、供应商和商务人士，是提升广州国际知名度和影响力的重要载体。在 YouTube 上，除了我国官方媒体"@ CGTN"全程跟踪报道，很多国外 YouTuber 们来到广交会现场，以第一视角展现广交会的"会展设计""产品设置""创新理念"等广交会元素。在 YouTube 上搜索广交会英文缩写"Canton fair"，可以直接跳出广交会英文版的官网链接，用户们可以通过直播的形式看展，以 VR 形式观看展厅，让外国友人足不出户就能"沉浸式"观展。很多 YouTuber 们也来到广州的服装街，观察广州服装市场的最新款式、各家店铺的生意，甚至同店主进行讨价还价，以个人化的方式展现了广东服装市场的发展现状，从"小"切口看"大"广州，极具吸引力。

Walking in China clothing store street | Chinese fashion clothes

Chinesegirl #walk #walkingtour #ChinastreetThis video maps: https://goo.gl/maps/aBHYeHkz9t5unceM9 中国广东省广州市天...

YouTube · Walk China street · 2022年8月26日

图 3-36　YouTuber 发布的广交会现场视频

2. 天津市："智慧零碳码头"渗透环保理念，"天津茉莉亚学院"促进文化交流

天津已经连续两年处于 YouTube 传播力指数榜单前十，并且排名由第 9 上升至第 7。

YouTuber"@大辉爱美食"以探店形式带领观众领略天津美食，以美食为窗口看天津。在视频里，他探索天津 10 年以上的老面馆，介绍天津地道的"黄汤拉面"；坐上天津现存的老摆渡，来到村庄中的老点心铺子；驱车 60 千米只为吃上传统的天津"肉火烧"，边吃边介绍地道"肉火烧"的制作方法；还来到南开区的鼓楼，品尝非物质文化遗产美食"蛤蟆吐蜜"，带领网友们观看其制作全流程……作为地道的天津人，大辉不仅能发现最地道的天津美食，也能在介绍美食的同时讲述美食背后的历史文化，有助于全方位呈现立体的天津形象。

Dahui brought his family to Tianjin Whole Fish Banquet, 10 ...

大辉带家人们吃天津全鱼宴，20斤花鲢10种吃法，陪伴是一种幸福【大辉爱美食】哈喽，大家好，我是人好话不多，爱吃又爱喝...

YouTube · 大辉爱美食 · 2021年8月28日

图 3-37　"@大辉爱美食"发布的天津"全鱼宴"视频

全球首个"智慧零碳码头"于 2021 年在天津投入使用，以"绿色+智慧"为运行理念，成为世界港口智能升级的中国范例。天津"智慧零碳"码头由绿色电力 100% 自主供应，全程零碳排放，同时码头全部采用环保材料、节能设备、节能工艺，率先实现码头全年生产消耗"碳中和"，较传统自动化集装箱码头能耗降低 17% 以上，彰显了天津作为国际航运枢纽的重要地位和责任担当。"智慧零碳码头"也是真正基于 AI 的"智能水平运输管理系统"，连接智能闸口、自动化场桥、智能加解锁站、自动化岸桥全作业链，实现

了水平布局自动化集装箱码头全流程自动化作业"完整版"。天津建设的全球首个"智慧零碳码头"为世界集装箱码头智能化升级和低碳发展提供了优秀的"中国方案",极大地提升了天津的海外影响力。

图 3-38　关于天津"智慧零碳码头"的视频报道

高校承载着其所在城市的对外形象,逐渐成为中外文化交流的重要渠道。根据天津茱莉亚学院官网介绍,天津茱莉亚学院是纽约茱莉亚学院开设在中国天津的一所崭新的地标性分校,开设研究生课程、大学预科课程、公共教育课程和继续教育课程,是连接享誉世界的茱莉亚音乐教育体系与中国公众之间的桥梁。在 YouTube 上,"@ The Juilliard School"发布的视频展现了天津茱莉亚学院的校园风景、师生演奏现场和办学理念等,很多视频还以留学生视角展现了留学生的校园生活,体现了音乐交流和文化交融的魅力,提升了天津市的国际形象和美誉度。

图 3-39　茱莉亚学院发布的官方视频

值得一提的是,官方宣传片《谈天论津》在 YouTube 获得了较好的反响。"谈天论津"纪录片由天津市外办与市委网信办共同出品,在 YouTube 账号"@ NewTV Documentary"上线。通过邀请国外学者、外国留学生、在天津工作的外籍人员以"第三人视角"讲述"天津故事",不仅以"我"的视角呈现"中国声音",也留出篇幅以"他"的视角展现"外国声音"。

在纪录片中,来自新加坡的中新天津生态城投资开发有限公司总裁张永昌热爱旅行,参观了天津的古老建筑,被天津的"古老"所感染;此外,作为中国新加坡合建的"天津生态城"的负责人,纪录片以张永昌的视角展现了天津在"减碳"过程中发挥的重要作用。从"第三者视角"讲述,极大地提升了纪录片的说服力,纪录片不再是"自说自话",而是一个呈现多方视角、展现城市魅力的重要载体。

图 3-40　《谈天论津》第二季第二集

3. 沈阳市：东北"历史名城"和"工业化创新城市"

"沈阳市"排在 YouTube 传播力指数第 17。在 YouTube 上，"沈阳故宫博物院"和"沈阳中街"这两大景点出镜率很高。在 YouTube 博主 John Thomas 的视频中，在感受过舒适的高铁和酒店后，他来到了中国第一条商业步行街——"沈阳中街"。镜头下，各大品牌的商铺和拥挤的人群随处可见，到处涌动着城市的烟火气；摄像头一转，John 来到了沈阳故宫博物院，他用指尖触摸沈阳故宫的大红墙，一边讲述感受，一边介绍沈阳故宫的历史和建筑设计。视频下方有用户评论，"我的印象里沈阳是一个工业化城市，看了你的视频我很想去参观一下"。当外国友人亲临现场介绍中国历史文化，可以为城市打造更为亮眼的文化名片，全方位提升城市的影响力。

图 3-41　John Thomas 发布的关于沈阳的视频

作为"共和国长子"和中国重要的工业化城市，沈阳的产业升级受到了瞩目。近年来，沈阳正由"工业大市"向"制造强国"转变，制造业转型升级迈出新步伐。其中，沈阳新松机器人自动化股份有限公司受到了广泛关注。该公司成立于 2000 年，是以机器人技术为核心，致力于全智能产品及服务的高科技企业。新松产品累计出口至 40 多个国家和地区，为全球 4000 余家国际企业提供产业升级服务。在 YouTube 上，新松的官方账号"@Siasun Robot & Automation Co.，Ltd"通过发布视频，展示厂房、产品设计、产品应用场景等，如全自动的第三代口罩生产线，能够帮助老人行走的电动站立助行器，能够负载从几十公斤至几吨不等的输送型移动机器人……新松机器人既展现了沈阳产业升级的成就，也体现了"中国智造"的强大力量。

Slasun Walk Assistant Robot Introduction

YouTube · Siasun Robot & Automation Co., Ltd.
2022年3月24日

图 3-42 "沈阳新松机器人自动化股份有限公司"发布的官方视频

作为宝马集团全球最大的生产基地，宝马集团的品牌影响力直接带动了沈阳市的海外传播力，而 YouTube 则进一步放大了这种影响力。"@ The Wheel Network"是一个汽车新闻频道，用视频的形式直击沈阳市的华晨宝马一线，近距离展现车间构造、生产器械和制作流程，在加深用户对汽车认知的同时提升了对沈阳的了解。此外，沈阳华晨宝马加速了对新能源汽车的布局，这既是汽车产业升级的表现，也是推动沈阳产业升级的重要力量，在 YouTube 上获得了良好反响，有助于打破对沈阳的刻板印象，建立沈阳"工业化创新城市"的海外形象。

七、维度四：中国城市TikTok传播力

TikTok 是一款字节跳动旗下的短视频社交平台，于 2017 年 5 月上线。在海外短视频兴起的背景下，TikTok 利用本土化运营策略，在海外获得了大量用户的喜爱，具有较大的影响力。本研究以城市名为标签在 TikTok 中进行检索（不带省份），采取随机抽样的方式剔除与城市无关的视频后获取浏览总量数据。根据算法，计算出城市的 TikTok 传播力指数。

（一）中国 337 座城市 TikTok 传播力指数分布

TikTok 传播力指数排名靠前的城市依次是北京市、上海市、武汉市、三亚市、成都市、兰州市、深圳市、重庆市、广州市、拉萨市。在排名前 30 的城市中，温州市、西安市、桂林市、普洱市、丽江市、西双版纳傣族自治州、洛阳等地级市表现突出，海外网络传播力较高。

在我国 337 座城市中，有 127 座城市在 TikTok 上的传播力指数小于 1，其中 179 座城市的传播力指数为 0，说明我国城市在 TikTok 上的传播力状况仍呈现出两极分化的特点。

表 3-27　337 座城市 TikTok 传播力指数

序号	城市名称	得分	序号	城市名称	得分
1	北京市	100.00	36	沈阳市	0.56
2	上海市	72.74	37	景德镇市	0.56
3	武汉市	35.31	38	苏州市	0.53
4	三亚市	21.94	39	长沙市	0.53
5	成都市	14.74	40	无锡市	0.47
6	兰州市	11.89	41	泰州市	0.44
7	深圳市	11.75	42	咸宁市	0.44
8	重庆市	8.57	43	扬州市	0.43
9	广州市	6.70	44	甘孜藏族自治州	0.43
10	拉萨市	6.08	45	合肥市	0.42
11	温州市	5.94	46	昆明市	0.41
12	济南市	5.22	47	舟山市	0.31
13	西安市	5.05	48	阳江市	0.30
14	杭州市	4.30	49	南昌市	0.28
15	天津市	4.28	50	贵阳市	0.27
16	南京市	3.66	51	汕头市	0.27
17	张家界市	3.40	52	唐山市	0.26
18	郑州市	3.00	53	安阳市	0.26
19	普洱市	2.75	54	佛山市	0.25
20	丽江市	2.15	55	张家口市	0.24
21	西双版纳傣族自治州	2.10	56	石家庄市	0.23
22	桂林市	1.93	57	晋城市	0.20
23	洛阳市	1.75	58	珠海市	0.19
24	金华市	1.67	59	喀什地区	0.19
25	厦门市	1.51	60	惠州市	0.18
26	大连市	1.40	61	海口市	0.16
27	南阳市	1.30	62	宁波市	0.15
28	福州市	1.29	63	乌鲁木齐市	0.15
29	陇南市	1.18	64	金昌市	0.15
30	哈尔滨市	1.01	65	江门市	0.14
31	黄山市	1.00	66	南宁市	0.13
32	玉林市	0.92	67	烟台市	0.12
33	通化市	0.90	68	保定市	0.12
34	青岛市	0.86	69	广安市	0.11
35	阿勒泰地区	0.73	70	淄博市	0.10

序号	城市名称	得分	序号	城市名称	得分
71	乐山市	0.10	106	泸州市	0.03
72	张掖市	0.10	107	荆州市	0.03
73	克孜勒苏柯尔克孜自治州	0.09	108	泉州市	0.03
74	襄阳市	0.09	109	潮州市	0.03
75	昭通市	0.09	110	鹤岗市	0.03
76	清远市	0.08	111	和田地区	0.03
77	锦州市	0.08	112	济宁市	0.03
78	眉山市	0.08	113	孝感市	0.03
79	德宏傣族景颇族自治州	0.08	114	漳州市	0.02
80	十堰市	0.08	115	玉树藏族自治州	0.02
81	莆田市	0.07	116	咸阳市	0.02
82	东莞市	0.07	117	林芝市	0.02
83	阜阳市	0.07	118	吐鲁番市	0.02
84	南通市	0.06	119	抚顺市	0.02
85	湘西土家族苗族自治州	0.06	120	毕节市	0.02
86	恩施土家族苗族自治州	0.06	121	德阳市	0.02
87	呼和浩特市	0.06	122	黄南藏族自治州	0.02
88	中山市	0.06	123	大庆市	0.02
89	菏泽市	0.05	124	定西市	0.02
90	泰安市	0.05	125	佳木斯市	0.02
91	长春市	0.05	126	郴州市	0.02
92	朝阳市	0.05	127	宁德市	0.02
93	绍兴市	0.05	128	邵阳市	0.02
94	威海市	0.05	129	九江市	0.02
95	鄂尔多斯市	0.04	130	昌都市	0.02
96	克拉玛依市	0.04	131	赤峰市	0.01
97	文山壮族苗族自治州	0.04	132	黄石市	0.01
98	萍乡市	0.04	133	邢台市	0.01
99	阿拉善盟	0.04	134	保山市	0.01
100	黑河市	0.04	135	酒泉市	0.01
101	太原市	0.04	136	东营市	0.01
102	那曲市	0.03	137	开封市	0.01
103	梧州市	0.03	138	鞍山市	0.01
104	常州市	0.03	139	新乡市	0.01
105	徐州市	0.03	140	柳州市	0.01

序号	城市名称	得分	序号	城市名称	得分
141	赣州市	0.01	176	渭南市	0.00
142	秦皇岛市	0.01	177	许昌市	0.00
143	宜昌市	0.01	178	连云港市	0.00
144	延边朝鲜族自治州	0.01	179	上饶市	0.00
145	丹东市	0.01	180	鹰潭市	0.00
146	铜陵市	0.01	181	嘉峪关市	0.00
147	银川市	0.01	182	辽源市	0.00
148	嘉兴市	0.01	183	滁州市	0.00
149	镇江市	0.01	184	白山市	0.00
150	西宁市	0.01	185	平顶山市	0.00
151	岳阳市	0.01	186	丽水市	0.00
152	潍坊市	0.01	187	三明市	0.00
153	大同市	0.01	188	茂名市	0.00
154	呼伦贝尔市	0.01	189	自贡市	0.00
155	甘南藏族自治州	0.01	190	齐齐哈尔市	0.00
156	凉山彝族自治州	0.01	191	承德市	0.00
157	天水市	0.01	192	盘锦市	0.00
158	宜宾市	0.01	193	内江市	0.00
159	黔东南苗族侗族自治州	0.00	194	湛江市	0.00
160	绵阳市	0.00	195	南充市	0.00
161	遂宁市	0.00	196	海西蒙古族藏族自治州	0.00
162	宿迁市	0.00	197	贵港市	0.00
163	平凉市	0.00	198	衡阳市	0.00
164	龙岩市	0.00	199	铜川市	0.00
165	宣城市	0.00	200	盐城市	0.00
166	湖州市	0.00	201	宜春市	0.00
167	海北藏族自治州	0.00	202	伊春市	0.00
168	红河哈尼族彝族自治州	0.00	203	日照市	0.00
169	临夏回族自治州	0.00	204	塔城地区	0.00
170	梅州市	0.00	205	安顺市	0.00
171	邯郸市	0.00	206	儋州市	0.00
172	濮阳市	0.00	207	黔南布依族苗族自治州	0.00
173	廊坊市	0.00	208	大理白族自治州	0.00
174	运城市	0.00	209	汉中市	0.00
175	临汾市	0.00	210	北海市	0.00

序号	城市名称	得分	序号	城市名称	得分
211	揭阳市	0.00	246	淮安市	0.00
212	防城港市	0.00	247	衡水市	0.00
213	巴中市	0.00	248	白银市	0.00
214	包头市	0.00	249	蚌埠市	0.00
215	安康市	0.00	250	迪庆藏族自治州	0.00
216	黄冈市	0.00	251	怀化市	0.00
217	松原市	0.00	252	葫芦岛市	0.00
218	韶关市	0.00	253	临沧市	0.00
219	鄂州市	0.00	254	果洛藏族自治州	0.00
220	常德市	0.00	255	巴彦淖尔市	0.00
221	沧州市	0.00	256	广元市	0.00
222	安庆市	0.00	257	曲靖市	0.00
223	钦州市	0.00	258	白城市	0.00
224	德州市	0.00	259	大兴安岭地区	0.00
225	六盘水市	0.00	260	攀枝花市	0.00
226	永州市	0.00	261	来宾市	0.00
227	汕尾市	0.00	262	怒江傈僳族自治州	0.00
228	楚雄彝族自治州	0.00	263	海南藏族自治州	0.00
229	枣庄市	0.00	264	通辽市	0.00
230	株洲市	0.00	265	长治市	0.00
231	中卫市	0.00	266	辽阳市	0.00
232	忻州市	0.00	267	吕梁市	0.00
233	南平市	0.00	268	周口市	0.00
234	遵义市	0.00	269	池州市	0.00
235	淮南市	0.00	270	三门峡市	0.00
236	晋中市	0.00	271	营口市	0.00
237	日喀则市	0.00	272	焦作市	0.00
238	乌兰察布市	0.00	273	巴音郭楞蒙古自治州	0.00
239	云浮市	0.00	274	驻马店市	0.00
240	淮北市	0.00	275	滨州市	0.00
241	牡丹江市	0.00	276	聊城市	0.00
242	吉林市	0.00	277	庆阳市	0.00
243	博尔塔拉蒙古自治州	0.00	278	崇左市	0.00
244	铁岭市	0.00	279	黔西南布依族苗族自治州	0.00
245	昌吉回族自治州	0.00	280	达州市	0.00

序号	城市名称	得分	序号	城市名称	得分
281	漯河市	0.00	310	新余市	0.00
282	台州市	0.00	311	河池市	0.00
283	临沂市	0.00	312	乌海市	0.00
284	芜湖市	0.00	313	延安市	0.00
285	商丘市	0.00	314	雅安市	0.00
286	信阳市	0.00	315	双鸭山市	0.00
287	湘潭市	0.00	316	阜新市	0.00
288	肇庆市	0.00	317	兴安盟	0.00
289	宝鸡市	0.00	318	海东市	0.00
290	马鞍山市	0.00	319	绥化市	0.00
291	宿州市	0.00	320	吴忠市	0.00
292	衢州市	0.00	321	鸡西市	0.00
293	河源市	0.00	322	贺州市	0.00
294	六安市	0.00	323	资阳市	0.00
295	榆林市	0.00	324	阳泉市	0.00
296	益阳市	0.00	325	商洛市	0.00
297	吉安市	0.00	326	阿坝藏族羌族自治州	0.00
298	抚州市	0.00	327	伊犁哈萨克自治州	0.00
299	娄底市	0.00	328	朔州市	0.00
300	玉溪市	0.00	329	石嘴山市	0.00
301	亳州市	0.00	330	武威市	0.00
302	铜仁市	0.00	331	固原市	0.00
303	荆门市	0.00	332	七台河市	0.00
304	四平市	0.00	333	哈密市	0.00
305	本溪市	0.00	334	阿里地区	0.00
306	百色市	0.00	335	阿克苏地区	0.00
307	锡林郭勒盟	0.00	336	山南市	0.00
308	鹤壁市	0.00	337	三沙市	0.00
309	随州市	0.00			

（二）中国不同行政级别城市的 TikTok 传播力指数分布

1. 直辖市、省会城市及计划单列市 TikTok 传播力指数分布

在 36 座直辖市、省会城市和计划单列市中，TikTok 传播力指数排名靠前的依次是北京市、上海市、武汉市、成都市、兰州市、深圳市、重庆市、广州市、拉萨市、济南市。

36 座城市的传播力指数均值为 8.41，传播力指数最高的城市北京市与最低的城市银川市和西宁市相差较大，呈现出不均衡的特点。

表 3-28　36 座直辖市、省会城市及计划单列市的 TikTok 传播力指数

序号	城市名称	得分	序号	城市名称	得分
1	北京市	100.00	19	哈尔滨市	1.01
2	上海市	72.74	20	青岛市	0.86
3	武汉市	35.31	21	沈阳市	0.56
4	成都市	14.74	22	长沙市	0.53
5	兰州市	11.89	23	合肥市	0.42
6	深圳市	11.75	24	昆明市	0.41
7	重庆市	8.57	25	南昌市	0.28
8	广州市	6.70	26	贵阳市	0.27
9	拉萨市	6.08	27	石家庄市	0.23
10	济南市	5.22	28	海口市	0.16
11	西安市	5.05	29	宁波市	0.15
12	杭州市	4.30	30	乌鲁木齐市	0.15
13	天津市	4.28	31	南宁市	0.13
14	南京市	3.66	32	呼和浩特市	0.06
15	郑州市	3.00	33	长春市	0.05
16	厦门市	1.51	34	太原市	0.04
17	大连市	1.40	35	银川市	0.01
18	福州市	1.29	36	西宁市	0.01

2. 地级城市（自治州、地区、盟）TikTok 传播力指数排名

在 301 座地级市（自治州、地区、盟）中，TikTok 传播力指数排名靠前的依次是三亚市、温州市、张家界市、普洱市、丽江市、西双版纳傣族自治州、桂林市、洛阳市、金华市、南阳市。301 座地级市（自治州、地区、盟）中有 100 座城市的传播力指数为 0.00（四舍五入后保留两位小数的结果，实际数值并不为 0），传播力指数均值为 0.20。

表 3-29　301 座地级市的 TikTok 传播力指数

序号	城市名称	得分	序号	城市名称	得分
1	三亚市	21.94	6	西双版纳傣族自治州	2.10
2	温州市	5.94	7	桂林市	1.93
3	张家界市	3.40	8	洛阳市	1.75
4	普洱市	2.75	9	金华市	1.67
5	丽江市	2.15	10	南阳市	1.30

序号	城市名称	得分	序号	城市名称	得分
11	陇南市	1.18	46	锦州市	0.08
12	黄山市	1.00	47	眉山市	0.08
13	玉林市	0.92	48	德宏傣族景颇族自治州	0.08
14	通化市	0.90	49	十堰市	0.08
15	阿勒泰地区	0.73	50	莆田市	0.07
16	景德镇市	0.56	51	东莞市	0.07
17	苏州市	0.53	52	阜阳市	0.07
18	无锡市	0.47	53	南通市	0.06
19	泰州市	0.44	54	湘西土家族苗族自治州	0.06
20	咸宁市	0.44	55	恩施土家族苗族自治州	0.06
21	扬州市	0.43	56	中山市	0.06
22	甘孜藏族自治州	0.43	57	菏泽市	0.05
23	舟山市	0.31	58	泰安市	0.05
24	阳江市	0.30	59	朝阳市	0.05
25	汕头市	0.27	60	绍兴市	0.05
26	唐山市	0.26	61	威海市	0.05
27	安阳市	0.26	62	鄂尔多斯市	0.04
28	佛山市	0.25	63	克拉玛依市	0.04
29	张家口市	0.24	64	文山壮族苗族自治州	0.04
30	晋城市	0.20	65	萍乡市	0.04
31	珠海市	0.19	66	阿拉善盟	0.04
32	喀什地区	0.19	67	黑河市	0.04
33	惠州市	0.18	68	那曲市	0.03
34	金昌市	0.15	69	梧州市	0.03
35	江门市	0.14	70	常州市	0.03
36	烟台市	0.12	71	徐州市	0.03
37	保定市	0.12	72	泸州市	0.03
38	广安市	0.11	73	荆州市	0.03
39	淄博市	0.10	74	泉州市	0.03
40	乐山市	0.10	75	潮州市	0.03
41	张掖市	0.10	76	鹤岗市	0.03
42	克孜勒苏柯尔克孜自治州	0.09	77	和田地区	0.03
43	襄阳市	0.09	78	济宁市	0.03
44	昭通市	0.09	79	孝感市	0.03
45	清远市	0.08	80	漳州市	0.02

序号	城市名称	得分	序号	城市名称	得分
81	玉树藏族自治州	0.02	116	潍坊市	0.01
82	咸阳市	0.02	117	大同市	0.01
83	林芝市	0.02	118	呼伦贝尔市	0.01
84	吐鲁番市	0.02	119	甘南藏族自治州	0.01
85	抚顺市	0.02	120	凉山彝族自治州	0.01
86	毕节市	0.02	121	天水市	0.01
87	德阳市	0.02	122	宜宾市	0.01
88	黄南藏族自治州	0.02	123	黔东南苗族侗族自治州	0.00
89	大庆市	0.02	124	绵阳市	0.00
90	定西市	0.02	125	遂宁市	0.00
91	佳木斯市	0.02	126	宿迁市	0.00
92	郴州市	0.02	127	平凉市	0.00
93	宁德市	0.02	128	龙岩市	0.00
94	邵阳市	0.02	129	宣城市	0.00
95	九江市	0.02	130	湖州市	0.00
96	昌都市	0.02	131	海北藏族自治州	0.00
97	赤峰市	0.01	132	红河哈尼族彝族自治州	0.00
98	黄石市	0.01	133	临夏回族自治州	0.00
99	邢台市	0.01	134	梅州市	0.00
100	保山市	0.01	135	邯郸市	0.00
101	酒泉市	0.01	136	濮阳市	0.00
102	东营市	0.01	137	廊坊市	0.00
103	开封市	0.01	138	运城市	0.00
104	鞍山市	0.01	139	临汾市	0.00
105	新乡市	0.01	140	渭南市	0.00
106	柳州市	0.01	141	许昌市	0.00
107	赣州市	0.01	142	连云港市	0.00
108	秦皇岛市	0.01	143	上饶市	0.00
109	宜昌市	0.01	144	鹰潭市	0.00
110	延边朝鲜族自治州	0.01	145	嘉峪关市	0.00
111	丹东市	0.01	146	辽源市	0.00
112	铜陵市	0.01	147	滁州市	0.00
113	嘉兴市	0.01	148	白山市	0.00
114	镇江市	0.01	149	平顶山市	0.00
115	岳阳市	0.01	150	丽水市	0.00

序号	城市名称	得分	序号	城市名称	得分
151	三明市	0.00	186	安庆市	0.00
152	茂名市	0.00	187	钦州市	0.00
153	自贡市	0.00	188	德州市	0.00
154	齐齐哈尔市	0.00	189	六盘水市	0.00
155	承德市	0.00	190	永州市	0.00
156	盘锦市	0.00	191	汕尾市	0.00
157	内江市	0.00	192	楚雄彝族自治州	0.00
158	湛江市	0.00	193	枣庄市	0.00
159	南充市	0.00	194	株洲市	0.00
160	海西蒙古族藏族自治州	0.00	195	中卫市	0.00
161	贵港市	0.00	196	忻州市	0.00
162	衡阳市	0.00	197	南平市	0.00
163	铜川市	0.00	198	遵义市	0.00
164	盐城市	0.00	199	淮南市	0.00
165	宜春市	0.00	200	晋中市	0.00
166	伊春市	0.00	201	日喀则市	0.00
167	日照市	0.00	202	乌兰察布市	0.00
168	塔城地区	0.00	203	云浮市	0.00
169	安顺市	0.00	204	淮北市	0.00
170	儋州市	0.00	205	牡丹江市	0.00
171	黔南布依族苗族自治州	0.00	206	吉林市	0.00
172	大理白族自治州	0.00	207	博尔塔拉蒙古自治州	0.00
173	汉中市	0.00	208	铁岭市	0.00
174	北海市	0.00	209	昌吉回族自治州	0.00
175	揭阳市	0.00	210	淮安市	0.00
176	防城港市	0.00	211	衡水市	0.00
177	巴中市	0.00	212	白银市	0.00
178	包头市	0.00	213	蚌埠市	0.00
179	安康市	0.00	214	迪庆藏族自治州	0.00
180	黄冈市	0.00	215	怀化市	0.00
181	松原市	0.00	216	葫芦岛市	0.00
182	韶关市	0.00	217	临沧市	0.00
183	鄂州市	0.00	218	果洛藏族自治州	0.00
184	常德市	0.00	219	巴彦淖尔市	0.00
185	沧州市	0.00	220	广元市	0.00

序号	城市名称	得分	序号	城市名称	得分
221	曲靖市	0.00	256	衢州市	0.00
222	白城市	0.00	257	河源市	0.00
223	大兴安岭地区	0.00	258	六安市	0.00
224	攀枝花市	0.00	259	榆林市	0.00
225	来宾市	0.00	260	益阳市	0.00
226	怒江傈僳族自治州	0.00	261	吉安市	0.00
227	海南藏族自治州	0.00	262	抚州市	0.00
228	通辽市	0.00	263	娄底市	0.00
229	长治市	0.00	264	玉溪市	0.00
230	辽阳市	0.00	265	亳州市	0.00
231	吕梁市	0.00	266	铜仁市	0.00
232	周口市	0.00	267	荆门市	0.00
233	池州市	0.00	268	四平市	0.00
234	三门峡市	0.00	269	本溪市	0.00
235	营口市	0.00	270	百色市	0.00
236	焦作市	0.00	271	锡林郭勒盟	0.00
237	巴音郭楞蒙古自治州	0.00	272	鹤壁市	0.00
238	驻马店市	0.00	273	随州市	0.00
239	滨州市	0.00	274	新余市	0.00
240	聊城市	0.00	275	河池市	0.00
241	庆阳市	0.00	276	乌海市	0.00
242	崇左市	0.00	277	延安市	0.00
243	黔西南布依族苗族自治州	0.00	278	雅安市	0.00
244	达州市	0.00	279	双鸭山市	0.00
245	漯河市	0.00	280	阜新市	0.00
246	台州市	0.00	281	兴安盟	0.00
247	临沂市	0.00	282	海东市	0.00
248	芜湖市	0.00	283	绥化市	0.00
249	商丘市	0.00	284	吴忠市	0.00
250	信阳市	0.00	285	鸡西市	0.00
251	湘潭市	0.00	286	贺州市	0.00
252	肇庆市	0.00	287	资阳市	0.00
253	宝鸡市	0.00	288	阳泉市	0.00
254	马鞍山市	0.00	289	商洛市	0.00
255	宿州市	0.00	290	阿坝藏族羌族自治州	0.00

序号	城市名称	得分	序号	城市名称	得分
291	伊犁哈萨克自治州	0.00	297	哈密市	0.00
292	朔州市	0.00	298	阿里地区	0.00
293	石嘴山市	0.00	299	阿克苏地区	0.00
294	武威市	0.00	300	山南市	0.00
295	固原市	0.00	301	三沙市	0.00
296	七台河市	0.00			

（三）中国不同经济圈城市在 TikTok 传播力指数分布

为考察我国城市集群的海外网络传播力建设情况，本报告重点分析了四大经济圈的城市的传播力指数分析情况。我国四大经济圈中，京津冀经济圈的 TikTok 传播力指数最高，均值为 7.53，其后是长三角经济圈（3.28）和珠三角经济圈（2.14），成渝地区双城经济圈的传播力指数最低，均值仅 1.48。

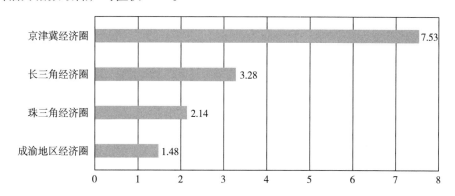

图 3-43　不同经济圈城市 TikTok 传播力指数均值

在京津冀经济圈中，TikTok 传播力指数排名靠前的城市依次是北京市、天津市、唐山市，这三座城市的传播力要远高于经济圈内其他城市，内部城市的传播力差异较大，北京市在 TikTok 上的传播力远远高于区域内其他城市。

表 3-30　京津冀经济圈城市 TikTok 传播力指数

序号	城市名称	得分	序号	城市名称	得分
1	北京市	100.00	8	邢台市	0.01
2	天津市	4.28	9	秦皇岛市	0.01
3	唐山市	0.26	10	邯郸市	0.00
4	安阳市	0.26	11	廊坊市	0.00
5	张家口市	0.24	12	承德市	0.00
6	石家庄市	0.23	13	沧州市	0.00
7	保定市	0.12	14	衡水市	0.00

在长三角经济圈中，TikTok 传播力指数排名靠前的城市依次是上海市、杭州市、南京市。上海市 TikTok 传播力位居第一，杭州市、南京市、金华市、苏州市、无锡市的传播力也保持着良好的势头。相比较而言，长三角经济圈内部城市的 TikTok 传播力同样呈现出两极分化的特点。

表 3-31 长三角经济圈城市 TikTok 传播力指数

序号	城市名称	得分	序号	城市名称	得分
1	上海市	72.74	14	常州市	0.03
2	杭州市	4.30	15	铜陵市	0.01
3	南京市	3.66	16	嘉兴市	0.01
4	金华市	1.67	17	镇江市	0.01
5	苏州市	0.53	18	宣城市	0.00
6	无锡市	0.47	19	湖州市	0.00
7	泰州市	0.44	20	滁州市	0.00
8	扬州市	0.43	21	盐城市	0.00
9	合肥市	0.42	22	安庆市	0.00
10	舟山市	0.31	23	池州市	0.00
11	宁波市	0.15	24	台州市	0.00
12	南通市	0.06	25	芜湖市	0.00
13	绍兴市	0.05	26	马鞍山市	0.00

在珠三角经济圈包含的 9 座地级市中，TikTok 传播力指数排名靠前的城市依次是深圳市、广州市、佛山市。深圳市和广州市作为珠三角经济圈的核心城市，呈现出较高的海外传播力水平。

表 3-32 珠三角经济圈城市 TikTok 传播力指数

序号	城市名称	得分	序号	城市名称	得分
1	深圳市	11.75	6	江门市	0.14
2	广州市	6.70	7	东莞市	0.07
3	佛山市	0.25	8	中山市	0.06
4	珠海市	0.19	9	肇庆市	0.00
5	惠州市	0.18			

在成渝地区双城经济圈中，成都市和重庆市的 TikTok 传播力指数占据绝对优势，广安市和乐山市紧随其后，但经济圈内部的大部分城市传播力依然较为薄弱。

表 3-33　成渝地区经济圈城市 TikTok 传播力指数

序号	城市名称	得分	序号	城市名称	得分
1	成都市	14.74	9	绵阳市	0.00
2	重庆市	8.57	10	遂宁市	0.00
3	广安市	0.11	11	自贡市	0.00
4	乐山市	0.10	12	内江市	0.00
5	眉山市	0.08	13	南充市	0.00
6	泸州市	0.03	14	达州市	0.00
7	德阳市	0.02	15	雅安市	0.00
8	宜宾市	0.01	16	资阳市	0.00

（四）TikTok 平台城市案例分析

1. 兰州市：美食文化符号的视频展现

兰州市在 TikTok 传播力指数中排名第 6，与排在其之前的地级市（盟、自治州）相比，兰州市并非依靠自然资源或城市景点作为主要传播符号，而是依靠"美食"这一文化符号。兰州的特色美食丰富，如兰州牛肉面、酿皮子、浆水面、千层牛肉饼等，都是地地道道的陇上风味，但在标签搜索的视频池中展示最多的是兰州拉面。它始于光绪年间，系回族老人马保子首创，在近百年的漫长岁月里，以一碗面而享誉金城，以肉烂汤鲜、面质精细而蜚声中外，打入了全国各地。其间凝聚着马保子及后来无数专营清汤牛肉面厨师的智慧与心血。

短视频为海外用户提供了解美食文化的途径。在"兰州"为标签的内容池中，账号名为"lanzhou.kz"的用户，发布大量外国人品尝兰州拉面视频。在当下的传播语境中，物质符号的作用逐渐隐去，取而代之的是视频的影像符号。视频语言为海外用户了解中国文化提供了窗口，也为城市对外传播提供了新的契机。在现代先进技术的加持下，"美食"符号在网络世界中拥有强大影响力，实现短视频将中国文化符号快速对外传播。

内容池中大量视频是围绕"兰州美食"这一文化符号展开构建的，主要包括知识讲解、符号呈现、食客体验三大类别。视频技术将实在的文化符号快速传播出去，在影响力上则实现了传统文化资源的生动展现，这对于具有中国优秀文化符号的城市传播来说具有重要的现实意义。

2. 拉萨市：视频符号间接输出传统文化

拉萨市在 TikTok 传播力指数中排名第 10。与排在其地级市（盟、自治州）相比，拉萨虽然以风光秀丽、历史悠久、风俗民情独特、宗教色彩浓厚而闻名于世，但拉萨犬的影响力远远大于自然风景等。在现代视频技术的加持下，用户可以做到全面了解拉萨文化，在网络世界中通过搜索会最先看到短视频有感染力的画面和幽默的话术，它可以吸引目标群体，实现了中国文化对外传播。这对于城市的对外传播来说具有重要启发意义。

图 3-44　TikTok 视频平台中"Lanzhou"标签下的视频内容

图 3-45　TikTok 视频平台中"Lhasa"标签下的视频内容

3. 双版纳傣族自治州：多种符号语言构建"异域"胜地

西双版纳傣族自治州 TikTok 传播力指数排名第 21，在 30 个自治州中排名第 1。Tik-Tok 中以"西双版纳"为标签的视频主要呈现出发布主体多元化、内容聚焦明显、呈现异域风情等特点，以上因素可以视为西双版纳傣族自治州传播力较强的原因。

TikTok 以"西双版纳"为标签的内容池中，从传播主体来看，主要为"tailuegirl"、"tiktoksaodai"、"nicolajiang"等个人账号，其发布内容取得较多关注。传播路径呈现出扁平化、集中式的特征，这在一定程度上得益于与文字生产相对比，短视频平台的内容生产展现生活更生动，每个用户都可以运用自己的镜头呈现感兴趣的事物，技术赋权使得用户拥有更多机会去分享，并营造了不同话题的对话空间，针对不同话题形成不同群体社区，从而实现跨文化传播。

从传播内容来看，TikTok 中以"西双版纳"为标签的视频在符号生产上主要有"傣族风格写真"、"饮食文化"与"城市景观"三大指向。告庄西双景湄公河星光夜市成为众多视频的主要"原产地"，夜幕下的湄公河星光夜市为此类视频赢得用户高参与度的原因之一。

触动有兴趣的目标用户，产生情感共振。用户观看短视频会注意到，夜幕下，澜沧江畔的告庄西双景湄公河·星光夜市逐渐热闹起来，各式各样的美食、琳琅满目的文创产品、傣泰风格的写真、精彩纷呈的歌舞表演吸引着游客的视线。景区在吃、住、行、游、购、娱各环节植入形式多样的民族文化元素，营造出一种别样的异域风情。因此网红打卡地，这种"符号生产"与"城市形象传播"形成相互推动、相互促进的关系。

这三种符号生产方式之所以能够聚集较多的用户注意力，也在于此类符号拥有生活化、低意识形态化的特征。日常日活的视频内容，更容易引起广泛的传播与讨论。在此基础上，西双版纳的东南亚建筑风格可以防止用户对日常内容的"审美疲劳"，但如何持续输出西双版纳的网红打卡胜地，仍然是要关注的问题。

图 3-46　TikTok 视频平台中"Xishuangbanna"标签下的视频内容

八、结论与分析

（一）北京市的海外网络传播力连续两年排名第 1，北京市和上海市的头部效应显著

2022 年，我国 337 座城市（自治州、地区、盟）海外网络传播力综合指数排名靠前的依次是北京市、上海市、武汉市、哈尔滨市、广州市、成都市、深圳市、杭州市、重庆市、南京市。

我国 301 座地级市（自治州、地区、盟）海外网络传播力综合指数排名靠前的依次是三亚市、温州市、张家界市、西双版纳傣族自治州、洛阳市、桂林市、普洱市、苏州市、柳州市、徐州市。

从各省份的传播力指数均值来看，2022 年排名靠前的省份（不包括直辖市）依次是海南省、湖北省、黑龙江省、广东省、浙江省、福建省、江苏省、四川省、山东省、西藏自治区。

2018～2022 年入选我国城市海外网络传播力综合指数排名靠前的频次分别为上海市、北京市、深圳市、广州市、武汉市、杭州市、重庆市 5 次,成都市和天津市 4 次,南京市 3 次,西安市 2 次,大连和哈尔滨市各 1 次。

表 3-34　2018～2022 年中国城市海外网络传播力综合指数分布

序号	2018 年		2019 年		2020 年		2021 年		2022 年	
1	上海市	100.00	上海市	100.00	上海市	96.9	北京市	100.00	北京市	100.00
2	北京市	96.2	北京市	91.6	北京市	95.1	上海市	99.26	上海市	75.28
3	深圳市	81.0	深圳市	85.3	武汉市	93.2	武汉市	89.13	武汉市	22.37
4	广州市	77.8	广州市	80.0	深圳市	77.4	广州市	73.34	哈尔滨市	20.84
5	杭州市	73.9	成都市	79.8	广州市	75.6	深圳市	72.57	广州市	14.81
6	天津市	72.7	武汉市	78.5	成都市	74.2	成都市	72.07	成都市	13.37
7	重庆市	71.9	天津市	78.1	天津市	71.4	重庆市	68.41	深圳市	10.46
8	南京市	70.3	杭州市	78.1	重庆市	71.3	杭州市	67.32	杭州市	9.23
9	大连市	69.0	重庆市	70.1	杭州市	71.1	南京市	60.72	重庆市	8.16
10	武汉市	68.6	西安市	70.1	西安市	70.1	天津市	55.23	南京市	7.29

（二）城市传播力差距较大，两极分化明显

综合来看,我国 337 座城市中,北京市、上海市、武汉市、广州市、成都市和深圳市等头部城市的海外网络传播力排名与往年相比具有相对稳定性,哈尔滨市在 2022 年海外网络传播力总排名位列第 4。与直辖市、省会城市及计划单列市相比,地级市的平均海外网络传播力明显偏低。即使是属于同一行政级别的城市,其传播力综合指数上也存在较大差异。从传播力综合指数上来看,达到 1% 传播力指数以上的地级市仅有 6 个,占所有 301 座地级市数量的 1.99%。从分平台来看,头部城市在 Google、Twitter、YouTube 和 TikTok 都存在较高的传播力指数,城市对外传播的媒体矩阵构建情况较好。从分经济圈来看,在京津冀经济圈中,北京市的传播力指数遥遥领先;在长三角经济圈中,上海市、杭州市、南京市、合肥市、宁波市呈现出"一超多强"的格局;在珠三角经济圈中,广州市和深圳市是双主心骨城市;成都市和重庆市是成渝地区双城经济圈的传播力"双核"。从分自然地理区来看,排名第 1 的北京来自华北地区,传播力综合指数排名前 20 中,华东地区占主要部分,共 8 座城市;华南地区和西南地区分别拥有 3 座城市;东北地区和华北地区各占 2 座城市;华中地区和西北地区各占 1 座城市,分别为武汉市和兰州市。

（三）成都市、长沙市、秦皇岛市等城市传播与网红地标结合

在对外传播过程中,不少城市将对外传播与网红地标相结合。不少视频聚焦到长沙市

和成都市的 IFS（成都国际金融中心）的网红打卡点，成都市的 IFS（成都国际金融中心）在大厦的装饰上选用成都的"标志元素"大熊猫作为外墙装饰，一只超有辨识度活泼可爱的大熊猫"趴"在墙上作为网红打卡胜地，吸引一大批动物爱好者以及网红地打卡爱好者。在 TikTok 上关于在秦皇岛市举办的"2023 年 Louis Vuitton 阿那亚男装大秀"的视频广为传播。秦皇岛市与国际奢侈品中的"蓝血"Louis Vuitton 合作，打造平地而起的"时尚游乐场"，开启"奢侈品牌开始和我们的日常生活息息相关"创意文化之旅。这种将城市宣传与时尚元素结合，创造更多新颖性、可能性，可以加深人们对城市的印象，营造城市的国际氛围感，从而树立良好的城市品牌和口碑。

（四）泰州市、邢台市、聊城市等地级市以当地知名企业带动地级市宣传

一些企业充分利用短视频平台进行对外宣传。在 TikTok 上，泰州市相关的视频都为"hassanplas"发布，这是江苏的一家玻璃制造厂商，该厂短视频内容主要为玻璃制作过程。邢台市的相关视频，是由 kronos5. ru、tractortrc 等用户宣传邢台市生产的拖拉机。在一些地级市中，主要依靠企业进行对外的城市传播，我国制造生产能力强，中国制造的商品在全球随处可见，"中国制造"也一直是国际感兴趣的话题，"中国制造"的过程自然是吸引国际用户的热点视频内容。

（五）天津市、兰州市、西双版纳傣族自治州等城市借助网红博主等个人视角建构立体的城市国际形象

城市对外传播越来越多使用网红博主视角来刻画城市形象。在 TikTok 上，兰州市借助用户名为"lanzhou. kz"的美食博主，讲述博主邀请不同人品尝兰州美食，讲述如何享用美食的正确顺序，以及背后文化。YouTube 博主"@ 大辉爱美食"，天津人，视频中，他亲自带领网友们探索天津 10 年以上的老面馆、20 年的明星老店和天津路边摊上的肉夹馍。除美食博主外，还有旅游博主对城市进行展现。YouTube 上，拥有 6.2 万粉丝的博主 Nico。她的视频以个人化的第一视角对广州市进行呈现，城市景观不再是宏大的符号，而是一次次鲜活而生动的体验。TikTok 上则有"tailuegirl"、"tiktoksaodai"、"nicolajiang"等多个人账号展示西双版纳傣族自治州"异域"建筑以及傣族服饰。实际上视频展示的城市美食与城市景观，让用户感受中国特色文化，也向海外世界展现了一个生动、真实、立体的中国城市形象。

（六）广州市、拉萨市、西双版纳傣族自治州等城市借助长短视频，制造视觉盛宴

与文字、图片形式相比，视频在呈现城市景观上更具感染力和视觉冲击力。在 YouTube 视频中，广州市的广州塔、海珠广场、天河体育中心等城市景观以"俯拍"的方式尽收眼底，灯光秀、无人机表演等城市夜景带来了强烈的视觉冲击力，视频对老街区、早茶等广州传统景观的细节化呈现使得城市传播更具"烟火气"。TikTok 视频将拉萨"旅游

城市"的标签具象化,"拉萨犬"凭借极为可爱的外表引发外国网友们的喜爱,使城市形象更加真实可感。在西双版纳傣族自治州的相关视频中,夜幕下的澜沧江畔的夜市逐渐热闹起来,各式各样的美食、琳琅满目的文创产品、傣泰风格的写真、精彩纷呈的歌舞逐一呈现,营造出一种别样的异域风情。

(七) 济南市、广州市、杭州市等城市通过举办大型国际活动,制造媒介议程,提升城市知名度

大型国际活动是城市对外展示的重要窗口,有利于提升城市在国际上的知名度。2022年 8 月 25~29 日,济南市举办了第七届中国非物质文化遗产博览会,将"连接现代生活、绽放迷人光彩"的主题宣言推向全世界,推动济南市的中国太极拳、仰韶彩陶等非遗文化在国际上的传播。中国进出口商品交易会是世界上最大的贸易博览会,因历届都于广州市举办,逐渐成为广州提升国际知名度和影响力的重要载体。杭州市 2022 年第 19 届亚运会以"中国新时代·杭州新亚运"为定位、"中国特色、浙江风采、杭州韵味、精彩纷呈"为目标,秉持"绿色、智能、节俭、文明"的办会理念,成为世界看杭州的重要窗口。虽然本届亚运会推迟至 2023 年举办,但是在国际上已经产生了一定的影响力。

(八) 南京市、福州市、兰州市等城市重视打造"文化名片"

文化是一个城市的灵魂,在城市传播中打造"文化名片",有利于推动城市文化"走出去",潜移默化提升城市的国际影响力。作为"六朝古都"、"十朝都会",南京市在城市传播中注重打造文化名片,推文中既有秋日满城金黄的法国梧桐,也有细数六朝旧事的风流与历史沧桑,让人们在欣赏南京自然景色的同时,能够了解南京厚重的历史文化。福州市是中国八大菜系之一的闽菜的代表、世界茉莉花茶发源地,诞生了众多的木雕名家。在 Twitter 上,福州的美食文化、茶文化和木雕文化成为福州最突出的城市标签。YouTube博主 John Thomas 来到了在素有"一朝发祥地,两代帝王都"之称的沈阳,徒步在中国第一条商业步行街——"沈阳中街",在镜头下,记录各大品牌的商铺和人头攒动的拥挤人群游客随处可见;摄像头一转,John 还来到了在沈阳故宫博物院,用指尖触摸沈阳故宫的大红墙,一边讲述感受,一边介绍沈阳故宫的历史和建筑设计,该视频在 YouTube 上得到众多粉丝点赞和转发。

(九) 天津市、宜宾市、潍坊市等城市重视传播产业升级中的绿色理念,以"城市担当"彰显"大国担当"

在"新发展理念"的号召下,我国城市的产业升级迈出坚实步伐,并且重视传播产业升级中的绿色理念,以"城市担当"彰显"大国担当"。天津市在外海传播中努力塑造"智慧零碳码头"形象。全球首个"智慧零碳码头"于 2021 年在天津投入使用,该码头以"绿色+智慧"为运行理念,由绿色电力 100% 自主供应,全程零碳排放,同时码头全部采用环保材料、节能设备、节能工艺,率先实现码头全年生产消耗"碳中和",彰显了

天津市作为国际航运枢纽的重要地位和责任担当。近年来，宜宾市正迅速进行着从传统工业向新兴科技的转型，根据收集到的新闻样本可以发现，海外媒体关于宜宾的报道多聚焦于该城市锂电电池、光伏等零碳新能源事业，"坚决不要带污染的 GDP"、"打造长江生态第一城"等口号也在媒体报道中被提到，体现了实现"碳中和"的中国担当。据 Google News 报道，在新能源方面，潍坊市成立了燃料电池开发公司，公司试运营期间，建成了全球规模最大的氢燃料电池发动机制造工厂，在全产业链和燃料电池产业化方面也取得多项突破，推动了汽车产业"绿色"发展，获得了海外媒体的广泛关注。

总体而言，2022 年中国城市海外传播在传播内容、传播形式、传播渠道上都有所创新。在传播内容上，城市传播往往关注城市的某个具体元素，如城市中的网红地标、知名企业、举办的大型国际活动，将城市的形象化"抽象"为"具体"。此外，城市传播在内容上更加重视"文化"层面，为城市打造"文化名片"，提升了城市传播的厚重感和趣味性。在传播形式上，视频在城市海外传播中得到了广泛的应用，使得城市传播更加具象化、更具感染力，呈现了一场场缤纷多彩的视觉盛宴。在传播渠道上，中国城市海外传播不再局限于官方渠道，众多的网红意见领袖纷纷参与城市传播的队伍中来，以更具亲和力的个人视角，打造了更加立体的城市国际形象。

但仍有一些有待完善的地方。具体而言，一是有一些城市之间的内容雷同性较高，如过分集中在几个网红景点的打造上等。二是在反映当前城市百姓生活面貌方面内容偏少，一些城市文化内涵有待提炼并呈现出来。三是要形成社交媒体平台网民的自发性转发效果还值得进一步提升。四是城市群还缺乏联动效应。数据分析发现，京津冀经济圈、长三角经济圈、珠三角经济圈、成渝地区双城经济圈的传播力，每个经济圈中的城市传播主要集中于中心城市。在城市传播中，通过发挥"城市群"效应，有助于发挥不同城市间的"协同效应"。